中國詩學研究

第十五辑

安徽师范大学中国诗学研究中心 编

安徽师范大学出版社
·芜湖·

责任编辑:刘　佳
装帧设计:丁奕奕

图书在版编目(CIP)数据

中国诗学研究. 第15辑 / 安徽师范大学中国诗学研究中心编.—芜湖 : 安徽师范大学出版社, 2018.12

ISBN 978-7-5676-3808-2

Ⅰ. ①中… Ⅱ. ①安… Ⅲ. ①诗歌研究-中国-丛刊 Ⅳ. ①I207.22-55

中国版本图书馆CIP数据核字(2018)第229928号

中国诗学研究

第15辑

安徽师范大学中国诗学研究中心　编

出版发行:安徽师范大学出版社
芜湖市九华南路189号安徽师范大学花津校区　　邮政编码:241002
网　　址:http://www.ahnupress.com/
发 行 部:0553-3883578　5910327　5910310(传真)　E-mail:asdcbsfxb@126.com
印　　刷:浙江新华数码印务有限公司
版　　次:2018年12月第1版
印　　次:2018年12月第1次印刷
开　　本:787 mm×1092 mm　1/16
印　　张:15.75
字　　数:300千字
书　　号:ISBN 978-7-5676-3808-2
定　　价:50.00元

目　录

· 诗赋研究

· 词学研究

诗赋研究

论陶渊明的读书及治学

◇于东新

摘　要：作为学者，陶渊明一生以书为伴，综赅百家，弥纶经史，“历览千载书”，书籍和田园一样，成了他安身立命的精神家园。随着人生境遇的不同，其阅读内容也呈现出不同阶段性特点。他还提出了独具特色的读书方法，以解决“怎样读书”的问题：“好读书，不求甚解，每有会意，便欣然忘食。”这种读书理论与时代语境、文本特性以及他个人的性格和人生态度密切相关。关于“为什么读书”，他有两个目的，一是“乐琴书以消忧”，另一个是将读书、治学与切实的人生联系起来，他更看重读书对人生实践的指导作用。并且，他的治学之道也是文学批评的重要原则：一方面，其“会意”理论强调了文学批评应注重文本的精神实质；另一方面，从“读者接受”的角度更强调读者的权利。

关键词：陶渊明；读书治学；阅读理论；为己之学；文学批评

据陶氏传世作品统计，陶渊明写得最多的内容是饮酒，故萧统才说“疑篇篇有酒”，而占据次席的则是读书。陶渊明为人的可贵之处在于，无论何时何地，他始终对生活都保有一种热忱和洒脱，这不是一般人所能达到的境界。而他快乐生活的法宝很多，其中之一就是读书。他一生都是在“半耕半读”中度过的，书是他排遣孤独时光、摆脱贫乏生活、战胜人生苦难的宝器，读书在他的生活中占有十分重要的地位。他"少学琴书"[①](《与子俨等疏》),到临终前还"欣以素牍,和以七弦"(《自祭文》),一生都孜孜以学,可谓综赅百家,弥纶经史,是一位真正博览群书、学识丰富的学者。

一、读什么书:"历览千载书"

陶渊明读了些什么书?颜延之说他"心好异书",也就是说他喜欢《山海经》《穆天子传》一类奇异险怪的书。但他自己又常说:"少年罕人事,游好在六经"(《饮酒》其十六)、"谈谐无俗调,所说圣人篇"(《和郭主簿二首》其一),可见他从小就喜欢读儒家的经典。从他诗文中所征引的词句或典故来看,他也非常喜欢道家的书,故其作品关于老庄的典故最多,有49处,其次才是《论语》,有37处,《列子》21处。对于他读书的书目,朱光潜归纳说:"他摩挲最熟底是《诗经》《楚辞》《庄子》《列子》《史记》《汉书》六部书;从偶尔谈到隐逸神仙的话看,他读过皇甫谧的《高士传》和刘向的《列仙传》那一类书。他很爱读传记,特别流连于他所景仰底人物,如伯夷、叔齐、荆轲、四皓、二疏、杨伦、邵平、袁安、荣启期、张仲蔚等。"[②]可以说,陶渊明好学不倦,一生都保持着浓厚的阅读兴趣,"历览千载书",因而才建立起他强大的精神世界。但其阅读又呈现出明显的阶段性,即随着人生境遇的不同,他读书有一定侧重性,显出不同的特点。

青年时期,29岁入仕之前,陶渊明读书主要侧重在儒家经典上,这和他建功立业、大济苍生的志向有关。作为陶侃的玄孙、陶门后人,陶渊明从小就接受了正统的儒家教育,"弱龄寄事外,委怀在琴书"(《始作镇军参军经曲阿作》),所谓"寄事外"不是有学者所解释的"寄托于世事之外,指不愿出仕"[③],而是指不关心读书之外的事,所谓"两耳不闻窗外事,一心只读圣贤书",也即心无旁骛,努力学习儒家的典籍,这自然是为未来出仕为官做准备的。并且,年轻的陶渊明用世的志向很高,"忆我少壮时,无乐自欣豫。猛志逸四海,骞翮思远翥"(《杂诗》其五),志气干云,甚至还想北伐中原,统一天下;其《拟古》其八曰:"少时壮且厉,抚剑独行游。谁言行游近,张掖至幽州!"有此远大的功业志向,自然就要下苦功读书了。按,人们读书,一般有两种目的,一是为"有用"而读书。所谓"书中自有黄金

① 本文所引陶渊明诗文作品,皆见于逯钦立校注《陶渊明集》(中国古典文学基本丛书),中华书局1979年版。恕不一一注出。

② 北京大学中文系、北京师范大学中文系编:《古典文学研究资料汇编·陶渊明卷》(上编),中华书局1962年版,第362—363页。

③ 吴泽顺校注:《陶渊明集》,岳麓书社1996年版,第30页。

屋，书中自有颜如玉”，“万般皆下品，唯有读书高”，读书会让人获得种种好处，功名富贵、锦衣玉食，所谓“吃得苦中苦，方为人上人”，这是一种为功利目的而读书，也是大多数人发愤苦读的动力之源。另一种是为“无用”而读书。这是回归阅读本身的读书，纯粹地为读而读，通过读书使自己获得心灵的愉悦、精神的提升，阅读超越了现实的平凡，使内心变得丰盈强大、幸福快乐。显然陶渊明青年时期的阅读更多的是一种“有用”之读，他的鹏程之志寄寓在青灯黄卷之中，寄托在书山学海之间。

从29岁到41岁，陶渊明的人生进入亦仕亦隐时期。理想和现实的矛盾难以调和，“遥遥从羁役，一心处两端”（《杂诗》其九），诗人的身体走在仕途上，可心灵却是后悔着、矛盾着，“误落尘网中，一去三十年。羁鸟恋旧林，池鱼思故渊”（《归园田居》其一）。此期诗人写的诗，如《荣木》《庚子岁五月中从都还阻风于规林二首》《始作镇军参军经曲阿作》《辛丑岁七月赴假还江陵夜行涂口》等二十几首作品，差不多有一个共同的主题，就是视仕途为“尘网”“樊笼”，将田园看作是自由美好，慨叹自己误入歧途，深情地回忆、歌颂着田园，那里环境和谐优美，生活恬静安宁，心情自在舒畅，而其中最让人愉快的事情，就是能读心爱的书。读书成了他与现实对抗、追求人生自由的赏心乐事，“息交游闲业，卧起弄书琴”（《和郭主簿》其一）、“诗书敦宿好，园林无世情”（《辛丑岁七月赴假江陵夜行涂口》）、“既耕亦已种，时还读我书”（《读山海经》其一），可见此期的阅读既有“有用”的阅读，更多的是为“无用”而读。他读得最多的大概就是老庄的书。道家摆脱人间枷锁，崇尚自然天性的精神，深契诗人之心，所以他对老庄情有独钟，《辛丑岁七月赴假还江陵夜行涂口》说：“商歌非吾事，依依在耦耕。投冠旋旧墟，不为好爵萦。养真衡茅下，庶以善自名”——是道家的先哲给了他一种战胜庸繁世俗的力量。与此同时，诗人对仕途并没有完全绝望，历史上那些循吏、志士、贤哲的事迹常常给予他澄清天下的激情。所以读史书也是此期阅读的重点，他在《癸卯岁十二月中作与从弟敬远》中说：“萧索空宇中，了无一可悦。历览千载书，时时见遗烈。高操非所攀，谬得固穷节”；《荣木》诗也说：“先师遗训，余岂云坠。四十无闻，斯不足畏。脂我名车，策我名骥。千里虽遥，孰敢不至。”此外还有《读史述九章》中的《管鲍》《屈贾》《韩非》《七十二弟子》诸篇，通过这些“遗烈”的事迹、先师孔子的遗训，本来“一心处两端”的陶渊明，又重新鼓起勇气，毅然离开家园，或江陵、或京口、或建康，奔波在求仕的路上，试图以此实现少小就树立的鹏程之志。

义熙元年（405），陶渊明辞官彭泽，从此走上了隐逸之路。“衣沾不足惜，但使愿无违”（《归园田居》其三），诗人从此坚定了隐志，拒绝朝廷的“纳贤”“田父”的

"好怀"，"登东皋以舒啸，临清流而赋诗"(《归去来兮辞》)，在田园中过着自己想要的生活，"久在樊笼里，复得返自然"(《归园田居》其一)，他如鱼回故渊，鸟返旧林，终于得其所乐。因而此时期的读书，就以"适性"为原则，为"无用"而读书，他说："悦亲戚之情话，乐琴书以消忧"(《归去来兮辞》)、"衡门之下，有琴有书"(《答庞参军》)、"既耕亦已种，时还读我书"(《读山海经》其一)、"曰琴曰书，顾盼有俦"(《扇上画赞》)，以及"欣以素牍，和以七弦"(《自祭文》)等，读书成了他获得生活乐趣的精神享受，愉心悦性，陶冶情怀，其"孤云独无依"的心灵找到了归宿，归田后的困苦生活充满了艺术的趣味，书籍和田园一样，成了陶渊明安身立命的精神家园。关于此期的阅读活动，陶渊明在《读山海经》(其一)、《移居》(其一)中有较集中的描写："既耕亦已种，时还读我书。……泛览周王传，流观山海图。俯仰终宇宙，不乐复何如"；"邻曲时时来，抗言谈在昔。奇文共欣赏，疑义相与析"。在陶渊明看来，风调雨顺的孟夏时节，草木欣欣向荣，树上鸟鸣婉转，园中长满菜蔬，加上杯中的薄酒，案头的闲书，再有时时来访的友朋，志同道合地谈古论今、赏文析义，没有比这样的生活更令人喜悦的了。这是陶渊明归田后最美好的生活图景，也是他多少年来梦寐以求的理想人生。

归田后陶渊明随心所欲地读书，"有一种业余的消遣和从容"，"不慌不忙地浏览"①，《山海经》《穆天子传》《列仙传》等一些"闲书"进入他的视野，《史记》《汉书》《三国志》等史书也是经常翻阅的爱物，并且一些文士的诗文也成为他玩味研习的对象，如贾谊、董仲舒、扬雄、蔡邕、张衡、曹植、王粲、陈琳、应玚、阮籍、张华、左思等人的诗文，均有涉猎。比如他说"余读《史记》，有所感而述之"(《读史述九章并序》)；"昔董仲舒作《士不遇赋》，司马子长又为之。余尝以三余之日，讲习之暇，读其文，慨然惆怅"(《感士不遇赋序》)。至于从小就读的儒家之书，他也会常常读起，只不过不再是青年时期那种"苦其心志"般地阅读，他更看重其中独善其身、安贫乐道的志节，正如他所写的："奉上天之成命，师圣人之遗书"(《感士不遇赋》)、"不赖固穷节，百世当谁传"(《饮酒》其二)、"竟抱固穷节，饥寒饱所更"(《饮酒》其十六)、"斯滥岂攸志，固穷夙所归"(《有会而作》)等，通过领会古圣先贤的思想和事迹，来化解归隐后"贫富长交战""有志不获骋"的矛盾，开辟出一片审美的天地。所以，此期的阅读最为广泛，儒家经典、诸子百家、志怪志人、亦玄亦史，无所不包，无所不读，既有读儒家作品不喜章句之学，重于领悟精神的自乐欣然，也有观小说神话不避奇崛险怪、陶醉其中而欣然忘食的感受，这样，"读书生活与

① 钱锺书：《写在人生的边上·序》，中国社会科学出版社1990年版，第1页。

他虚静自然、泯灭物我的人生境界融为一体，成为他生命的本质需要”[1]。

二、怎样读书："不求甚解"与"会意"

如前所论，陶渊明读书视野非常广泛，无所不读，后来根据自己的经验，他还总结出了一套读书的方法，就是“好读书，不求甚解；每有会意，便欣然忘食”（《五柳先生传》）。王瑶认为这篇《五柳先生传》作于陶渊明二十八岁时，逯钦立则断为“陶渊明五十六岁前后”[2]，究竟系于何年，此处搁置不论，但就总结读书方法而言，显然二十八岁、“学无称师”的陶渊明是做不到的，这样《五柳先生传》应是陶氏晚年的作品，此读书方法其实是其一生读书实践的总结。

（一）何为“不求甚解”？

关于“不求甚解”的含义，关键是“甚”字，一般有“很”“极”“过分”的意思，“甚解”就是超过原书（原文）的原意，硬要“挖掘”其“内涵”，或曰所谓“深层意蕴”，捕风捉影地以求其“微言大义”，也即如詹福瑞先生所说的：“甚解”就是深解和旁解，所谓过度阐释，不仅“望风捕影”，还“无中生有”[3]，陶渊明明确表示他不这样读书，不去钻牛角尖，读书要领会要旨而不过于在字句上花工夫，反对穿凿附会离题万里，以避免走到斜路上去。这就是陶渊明的读书法。其实这种读书法也不是陶渊明孤明先发，早在王粲《英雄记钞》中就记载过诸葛亮“观其大略”的读书法，说诸葛亮、徐庶、石广元、孟公威等人一起读书，“三人务于精熟，而亮独观其大略”[4]，这当与陶渊明“不求甚解”相类。那么读书为什么要“不求甚解”呢？

一是和陶渊明所处的历史文化学术语境有关。陶氏这种读书态度和方法是魏晋以来学风的继承和发扬，也是对两汉学风的批判和否定。清人陶澍指出：“所谓甚解者，如郑康成之《礼》、毛公之《诗》也。”[5]自汉武帝“罢黜百家，独尊儒术”以后，尤其是东汉学界“修起太学，稽式古典”[6]，训诂考据之学大兴，所谓“一经说至百余万言”。据桓谭《新论》说，一位叫秦延君的经师讲解《尚书》上“尧典”

① 左健：《陶渊明“好读书，不求甚解”论》，《云南社会科学》1994年第5期。
② 逯钦立：《陶渊明事迹诗文系年》，《陶渊明集》，中华书局1979年版，第287页。
③ 詹福瑞：《不求甚解——解读民国古典文学研究十八篇》，中华书局2008年版，第2页。
④ 转引自邓拓：《燕山夜话》，北京十月文艺出版社2010年版，第196页。
⑤ 陶渊明著，龚斌校点：《陶渊明全集》，上海古籍出版社2015年版，第220页。
⑥ 范晔：《后汉书》卷七十九上《儒林传》，中华书局1965年版，第2545页。

这两个字，竟达十余万言，说“曰若稽古”四字多至三万言[①]。这样，读书人一辈子钻在经书里，多数成为不知时变的鄙儒，以至三国时期，读书人“以儒家为迂阔，不周世用”了。鱼豢的《魏略》记录了汉末至魏儒学衰颓的情形：“从初平之元，至建安之末，天下分崩，人怀苟且，纲纪既衰，儒道尤甚。至黄初元年之后，新主乃复……而诸博士率皆粗疏，无以教弟子。弟子本亦避役，竟无能习学，冬来春去，岁岁如是。……（正始中），朝堂公卿以下四百余人，其能操笔者未有十人，多皆相从饱食而退。”[②]真可谓“章句之学，破碎大道”。这种窒息人思想的方法，虽早就受到班固、王充、桓谭等有识之士的批判，甚至连皇帝都无法忍受，史载光武帝刘秀曾下诏，命钟兴等删汰《春秋经》章句之繁冗者；汉明帝刘庄时，儒生桓荣将朱普所作四十万字的《尚书章句》删削为二十三万字，后来其子桓郁又加删减，至十二万字。即便如此，魏晋时期仍有繁缛章句之流衍，如郭璞就认为训诂是“九流之津涉，六艺之钤健，学者之潭奥，摛翰之华苑”[③]，东晋大儒范宣及弟子周续之等也极力推崇汉人“贵经术”、重考据的学风。

但时代潮流一去不返，随着儒学势力的式微，章句之学逐渐为魏晋玄学之“得意忘言”及简约之风所荡涤，删繁就简成为魏晋学术的必然趋势。《晋书》即称赞阮瞻：“性清虚寡欲，自得于怀。读书不甚研求，而默识其要，遇理而辩，辞不足而旨有余。”[④]《世说新语》等文献也表彰这种简约之风，如《轻诋》篇注引《支遁传》，说支遁“解释章句，或有所漏，文字之徒，多以为疑。谢安石闻而善之，曰：此九方皋之相马也，略其玄黄而取其俊逸”[⑤]。其以九方皋相马重其神韵略其形色为喻，认为读书与治学应“得其精，亡其粗；在其内，亡其外；见其所见，不见其所不见；视其所视，遗其所不视”（《轻诋》篇注引《列子》）。刘宋颜延之之所以推重“竹林七贤”之一的向秀，就是因为“向秀甘淡薄，深心托毫素。探道好渊玄，观书鄙章句”[⑥]；齐梁时的任昉倡导“才同文锦，学非书肆”[⑦]，认为要领悟天人事理的真谛，决非书肆章句所能胜任。对此，汤用彤指出：“汉代经学依于文句，故朴实说

① 张国刚、乔治忠：《中国学术史》，东方出版社2002年版，第150页。

② 陈寿撰，裴松之注：《三国志》，卷十三《魏书·王肃传》注引，中华书局1999年版，第316页。

③ 郭璞：《尔雅注·序》，浙江古籍出版社2011年版，第1页。

④ 房玄龄：《晋书》卷四十九《阮籍传附阮瞻传》，中华书局1974年版，第1363页。

⑤ 刘义庆等撰，余嘉锡笺疏：《世说新语笺疏》，中华书局1983年版，第843页。

⑥ 颜延之：《五君咏·向常侍》，逯钦立：《先秦两汉魏晋南北朝诗》，中华书局1983年版，第1236页。

⑦ 任昉：《答刘居士诗》，逯钦立：《先秦两汉魏晋南北朝诗》，中华书局1983年版，第1595页。

理，而不免拘泥。魏世以后，学尚玄远，虽颇乖于圣道，而因主得意，思想言论乃较为自由。"[①]正是这样的文化语境之下，陶潜才提出了"好读书，不求甚解"的见解。对此，明人杨慎也曾有论曰："《晋书》云：陶渊明读书不求甚解。此语俗士之见，后世不晓也。余思其故：自两汉来训诂盛行，说五经之文至于二三万言。陶心知厌之，故超然真见，独契古初。而晚废训诂，俗士不达，便谓其不求甚解矣。又是时周续之与学士祖企、谢景夷，从刺史檀韶聘，讲《礼》城北，加以雠校，所住公廨，近于马肆。渊明示以诗云：'周生述孔业，祖谢响然臻。马队非讲肆，校书亦以勤。'盖不屑之也。观其诗云'先师遗训，今岂云坠'，又曰'诗书敦夙好'；又云'游好在六经'，又云'泛览《周王传》，流观《山海图》'。……岂世之卤莽不到心者耶？"[②]

另一方面，陶渊明"不求甚解"的理论，还基于"文章事物中确有许多不可思议、难以言传之性征"[③]。《老子》的名言是："道可道，非常道。名可名，非常名。"[④]《庄子·天道》亦说："世之所贵道者书也，书不过语，语有贵也。语之所贵者意也，意有所随。意之所随者，不可以言传也，而世因贵言传书。世虽贵之，我犹不足贵也，为其贵非其贵也。"[⑤]庄子在这里明确指出"道"这种最珍贵的东西是"不可言传"的，"意"的丰富深刻与"言"的有限传达之间存在着差距、距离和不对等。同样的意思，西方的学者，如黑格尔也看到："语言实质上只表达普遍的东西；但人们所想的却是特殊的、个别的东西。因此，不能用语言来表达人们所想的东西。"[⑥]所以，陶渊明才有"此中有真意，欲辨已忘言"（《饮酒二十首》其五），"形骸久已化，心在复何言"（《连雨独饮》）的诗句，这说明"真意"只可体悟，语言难以表述。如果我们死抠真意，即"求甚解"，就不免陷入"望风捕影"，"无中生有"[⑦]的境地上去，反而远离了"真意"。故明人有言曰："读书不求甚解，此语如何？曰静中看书，大意了然。唯有一等人，穿凿附会，反致背戾，可笑。"[⑧]

① 汤用彤：《魏晋玄学论稿》，生活·读书·新知三联书店2009年版，第29页。

② 陶渊明著，龚斌校点：《陶渊明全集》，上海古籍出版社2015年版，第216页。

③ 左健：《陶渊明"好读书，不求甚解"论》，《云南社会科学》1994年第5期。

④ 陈鼓应：《老子注译及评介》，中华书局1984年版，第53页。

⑤ 陈鼓应：《庄子今注今译》，中华书局1983年版，第356页。

⑥ 转引自王希杰：《汉语修辞学》（第3版），商务印书馆2014年版，第42页。

⑦ 詹福瑞：《不求甚解——解读民国古典文学研究十八篇》，中华书局2008年版，第2页。

⑧ 朱国祯：《涌幢小品·已丑馆选》卷十，《明清笔记丛刊》，中华书局1959年版，第224页。

（二）什么是“会意”？

“会意”是指读者以自我之心去体验作品，达到与“古人”相通的程度，所谓正契我心，心领神会。或者“会意”是指读者“开卷有得”，进入浑然忘我、欣然忘食的境界。一般说来，“善于读书的人充满悟性和灵气，能会其意而忽略非本质的内容；死读书的人则执着于皮相，求其面面俱到的‘甚解’，结果是什么也解不了。”①

“不求甚解”与“会意”是什么关系呢？有些人把“不求甚解”和“每有意会，便欣然忘食”割裂开来，不考虑它们之间的联系。“不求甚解”正是为了求“深解”，试想不理解书籍的主旨大义，哪来的心得体会？没有心得体会，不解其中之滋味，又怎么会“欣然忘食”呢？二者实际是指读书的两个阶段，一个是早期阶段，在于领会要旨而不过于在字句上“死抠”；二是读书到了最高境界——“会意”而“忘食”，其方法就是熟读深思。而“观其大略”在先，重在博览；“务于精熟”在后，期在“会意”，这无疑是治学视域下的读书过程。朱熹在谈做学问时也说：“学须先理会那大底。理会得大底了，将来那里面的小底，自然通透。”②同样的看法，还有陆九渊的：“未晓处且放过，不必太滞”，“未晓不妨权放过”，也即“且放过”与“权放过”③。这是“不求甚解”的具体运用，其实都是在强调“不放过”，只有“不放过”才会有突破难关的时候，也才会迎来喜出望外的收获，即“有会意”，这正是做学问、写文章经常会发生的情况。或者，“不求甚解”与“会意”又是指两种读书法，“解”与“会意”的内涵虽有交汇，但性质之不同还是明显的，“‘解’以认知分析为特征，是科学型的；‘会’是以情感体验为特征，是艺术型的”④。对于后者，一般会应用在文学批评上，读者或批评家，能把握文本的要旨、大节、精粹，会其意，在无形中实现与作者的对话谋面，所谓“不着一字，尽得风流”（司空图语）。

陶渊明这种读书理论，除了与时代语境、文本事物中确有许多不可思议、难以言传之特性有关，还与他个人适性的性格、崇尚自然的哲学思想、人生态度有关。颜延之说他：“心好异书，性乐酒德，简弃烦促，就成省旷”（《陶徵士诔》），这里所说的“简弃烦促，就成省旷”，既说出他的性格作风的特征，也说出了他的学风、诗风的特征。他为人“偶爱闲静”，“闲静少言”，“少无适俗韵，性本爱丘山”，

① 王定璋：《陶渊明的读书观——“好读书，不求甚解”新解》，《文史杂志》1996年第2期。

② 黎靖德编，黄珅、曹姗姗注评：《朱子语类》，中华书局1986年版，凤凰出版社2013年版，第34页。

③ 转引自邓拓：《燕山夜话》，北京十月文艺出版社2010年版，第32页。

④ 左健：《陶渊明“好读书，不求甚解”论》，《云南社会科学》1994年第5期。

耽于幻想，天真浪漫，不喜雕章琢句，这种性格的读书自然是“不求甚解”，不会陷入“死读书，读死书”的境地。其读书与他弹琴、饮酒一样，皆“适性”使然，捧一卷书在手，心与书通，每到会心处不禁拊掌，真是赏心乐事！其读书就是为表现自己“得意”时所特有的精神满足和乐趣，是为了表现自己忽忘形骸、纵浪大化的生活理想。所以，“好读书，不求甚解，每有会意，便欣然忘食”就是他这种人生思想的产物。

总之，概括起来，陶氏读书方法论有四点值得注意：一是要喜于读书，以读书为乐事；二是不因片言只语而苦恼，不为难尽之理所困扰；三是突出“会意”，即领会文章旨意，有心得体会，独到见解；四是进入读书的最高境界，也就是要置身于以致游心于诗文的意境之中，品味作品的审美特质，达到欣然忘食也欣然忘我的地步。[①]这是陶渊明数十年读书经验的总结，无疑是正确的理论和方法。

三、为什么读书：“得知千载外，正赖古人书”

如前所论，陶渊明读书是出于他内心的需要，其“不戚戚于贫贱，不汲汲于富贵”，读书如同“著文章”一样，皆为“自娱”，注重陶冶情怀、愉悦心性，快乐地读书。即如有学者所反复强调的：“渊明读书一如其人，不拘一格，任性而已。即如讲究‘开卷有得’，意在求知；提倡泛读、浏览，既获取知识又调节生活求得娱乐。”[②]同时，作为一个学者的陶渊明，他并没有将学问高悬起来，而是和切实的人生相联系，成为解决其人生矛盾、安顿心灵的途径和方法。

（一）陶渊明的读书之意

读书是陶渊明生活中一个重要的消遣，是他寻求生活乐趣的精神享受。“衔觞赋诗，以乐其志”（《五柳先生传》），诗人以洒脱的审美眼光来对待生活，哪怕生活陷入困顿，即如《五柳先生传》所描绘的：“环堵萧然，不蔽风日。短褐穿结，瓢箪屡空”，但意义对大自然和人生的挚爱，仍使他眼中的田园充盈着诗意和韵味。“乐琴书以消忧”，“欣然忘食”，说的正是从艺术鉴赏中所得到的审美愉悦。固然，《山海经》《穆天子传》《列仙传》等书并不是纯文学著作，但这些典籍中的神话传说、奇闻逸事、传奇人物都有很强的文学色彩。更重要的是，他读书的兴趣不都是为探讨义理、研究学术，而为艺术的欣赏，在于丰盈贫乏的生活。为此，他

① 张玉声：《由陶渊明之读书论及读陶渊明之书》，《新疆师范大学学报》1994年第4期。

② 张玉声：《由“奇文共欣赏，疑义相与析”说起——〈由陶渊明之读书论及读陶渊明之书〉续一》，《新疆师范大学学报》1995年第4期。

不管书中内容之虚实真假,只留意于书中人物形象的事迹和思想情感。从书中的西王母、穆天子、精卫、夸父、刑天等神话人物身上,所谓“泛览周王传,流观山海图”,找到了自己内心关于宇宙、人生的妙想。可以说,这不是一般的读书求知,而是他精神和心灵上的自我观照。在现实人生里,他“与物多忤”,落落寡合,但在精神世界中,却可呼朋引伴,“从吾所好”,“奇文共欣赏,疑义相与析”(《移居》其一),“翳翳衡门,洋洋泌流,曰琴曰书,顾盼有俦”(《扇上画赞》),“情欣新知欢,言咏遂赋诗”(《乞食》),因此,他读书,可以无意于文字,贵在会意;他弄琴,可以无心于琴弦,贵在自得。其会心自得处,原不在书、琴本身,而在乎那言外之意、弦外之音。①

即如他读《山海经》。对于这类“异书”的阅读,没有别的目的,就是轻松、自在的消遣,如同今人“追剧”、阅读玄幻小说一样,不带任何功利的目的。他一生循性而行,顺乎自然,从不愿矫饰作态,故读书亦然。书中关于神话世界的描述,对仙境优雅、精神自由的景象的书写,使他似乎进入了心目中的美好社会,这里凤自歌、鸾自舞,这里有不死国、不死民还有令人不死的神奇药物,这里有夸父、精卫、刑天等神奇而无私的英雄……这种阅读给陶渊明带来极大的愉悦,以至于连饭都忘记吃了。他在“心好异书”的同时,还“性乐酒德”。何谓“酒德”?就是指醉酒后达到的一种陶然自乐心境。陶渊明自称“挥兹一觞,怡然自乐”(《时运》),“何以称我情,浊酒且自陶”(《己酉岁九月九日》)。每当进入陶然醉态以后,他便在幻觉中暂时摆脱了这纷乱而污浊的现实,从而忘却了一切忧愁与烦恼,所谓“泛此忘忧物,远我遗世情”(《饮酒》其七)、“试酌百情远,重觞忽忘天”(《连雨独饮》),各种情感都远他而去,忧愁、烦恼当然也不复存在了。正因为只有在醉乡中才能达到悠然的境界,所以陶渊明才那么喜欢酒。他用读书、饮酒、弹琴、赋诗等形式“修复了人类生活未被异化之前的原生状态”②,从而使他的人生成了诗意人生。

读书不仅是陶渊明的消遣方式,而且是使他加深对现实人生的认识,提高自己的道德修养的途径。必须看到,归隐后的陶渊明是孤独的,一者他的归隐以及后来拒绝朝廷的“征召”,是不被官场人物如檀道济等所认同的;二者归隐后的躬耕更是与传统文化以及士风格格不入,这就是《饮酒》(其九)的诗旨,甚至他“恨邻靡二仲,室无莱妇”(《与子俨等疏》),所以他是孤独的,没有知音,即如其诗中所感叹的:“栖栖失群鸟,日暮犹独飞”(《饮酒》其四)、“慷慨独悲歌,钟期信为贤”

① 刘文刚:《“不求甚解”辨兼谈其美学内涵》,《辽宁师范大学学报》1986年第6期。

② 莫砺锋:《隐逸诗人陶渊明》(下),《古典文学知识》2014年第3期。

(《怨诗楚调示庞主簿邓治中》)。并且,诗人在很长的时间内内心都是矛盾的,出与处、生与死、贫乏与富足、理想与现实的矛盾,都如影随形地纠缠着他,"日月掷人去,有志不获骋"(《杂诗十二首》其二),"此理将不胜,无为忽去兹"(《移居》其二),"贫富长交战,道胜无戚颜"(《咏贫士七首》其五)等等。现实没有知音怎么办?又如何化解缠绕于心的矛盾?于是他就将目光投向古人,"颂其诗,读其书",他读古代文化与历史的典籍,以寻找精神的榜样,以古人为师友,激励自己树立高洁人格,坚守归耕之路。这些先哲,具体的像隐士伯夷、叔齐、张挚、杨伦,像安贫乐道的颜回、荣启期、袁安、原宪,还有功成身退的"二疏"疏广、疏受,为国尽忠的三良,以及除暴安良、敢为知己而死的荆轲等,这些仁人志士都是陶渊明在书中神交的先师益友。他以自己的审美情趣、审美理想去领略古人的精神品格、志向怀抱,从中求得精神上的默契和共鸣("会意")。从他们身上,找到了自己的精神同调和归宿,"何以慰吾怀,赖古多此贤"(《咏贫士七首》其二)、"奉上天之成命,师圣人之遗书"(《感士不遇赋》)、"得知千载外,正赖古人书"(《赠羊长史》),这是他战胜饥寒、顶住社会舆论的压力,化解人生矛盾,勉励自己坚守自我人格、立善成名的方法。

(二)陶渊明的治学之道

陶渊明不死读书、读死书。孟子有言:"尽信书,不如无书。"作为传统文化载体的书籍,不过是特定历史条件下人们对客观世界的认识的产物,必然会带有时代和个人局限。因而,典籍之中既有真知灼见,也难免会有落伍的观念,甚至是谬误。如果对前人的成果不加判断,一概盲从,那种重复前人的思想、重复前人的劳动是没价值的。这是陶渊明对待书籍、前人思想成果的态度,这使他成为一个有独立识见的学者,其关于自然的哲学思想、生命思想、隐逸思想、审美理想,甚至交友观、读书理论等,既有前人的思想资源,更有自己的独立探究,最终形成了陶氏独特的思想体系。所以,陶氏许多有价值的治学经验值得总结。

首先,陶渊明治学转益多师,兼取诸家之长。颜延之称他"学无称师"(《陶徵士诔》),可见他没有具体的老师和师承,这当然会给他读书、治学造成了一定的困难,他需要自己去摸索着学习求知,但同时这也使他没有门户之见,对各家学问、各类思想、各种流派都能做到兼容并蓄,为己所用。他的思想里既有清晰的儒道思想的底蕴，也有墨家的侠义思想、农家思想（躬身力行的“农夫哲学”）[1]，甚至还有佛教的思想观念，他喜欢神仙故事、传奇人物，他还读了许多文学名家的诗赋作品，受时代熏染，他也精通玄学，崇尚他外祖父孟嘉那样的魏晋风度。可以说，他一生转益多师，兼取诸家之长，不拘一家，不执一体，博采众长，最终自成一家。这是他治学、读书最重要的特点。

其次，陶渊明治学与人生相结合，主张学问为现实服务，反对空洞的章句之学。他读书的目的是为解决生活中的困扰，抑或说有指导人生实践的用意。但他又不是“尽信书”的，书是为他所用的。清代方宗诚《陶诗真诠》指出：“渊明诗曰：‘区区诸老翁，为事诚殷勤’，盖深嘉汉儒之抱残守缺及章句训诂有功于六经也。然又曰：‘好读书，不求甚解’。盖又嫌汉儒章句训诂之多穿凿附会，失孔子之旨也。是真持平之论，正得读经之法。”[2]所以，陶渊明熟读儒家经典，但他从来不教条地亦步亦趋，而是有自己的眼光，如名诗《癸卯岁始春怀古田舍二首》，这里诗人尊奉孔子为“先师”，说“先师有遗训，忧道不忧贫”，此句语出《论语·卫灵公》：“子曰：君子谋道不谋食。耕也，馁在其中矣。学也，禄在其中矣。君子忧道不忧贫。”[3]这是孔子的一个基本主张，君子应该大济苍生，以道济天下为己任，小人才会整日只顾个人的利益而“谋食”。但归隐后的陶渊明，对躬耕有自己的认识，认为耕田是对“自然”之道的践行，认为夫子之论“瞻望邈难逮”——自己赶不上也达不到，故转而致力于“长勤”。诗中还引用长沮桀溺的典故：“行者无问津”，以此来感慨后世再无像孔夫子那样为天下奔走、为社会寻找出路的人了。这里他没有将孔子当成至高无上的圣贤，他一方面不认同夫子“君子谋道不谋食”的思想，另一方面又对孔子心忧天下持肯定、赞扬态度，这就是陶渊明的治学，他不盲从，圆通融汇，一切从实际出发，从自己立身行事的实践去考量，他的学问既源于先哲，又有自己的识见。他不是空头思想家，更像一个稳健的实践派。所以有学者说：“陶渊明虽然奉孔子为‘先师’，并不是为了谋求仕途的‘荣利’；也读《老子》《庄子》，却不必用来非议孔子，……他虽然为生活所迫而去‘谋食’，却依然坚守‘君子固穷’的道德信念”[4]。可见，他读书为学皆为现实人生计，这是他思考生死之忧、人生哲学的出发点。他常常将读书的心得体会写成诗文，借以表达其学术观点，比如读《史记》，他就写了《读史述九章》，读了《山海经》就

---

① 魏耕原：《陶渊明论》，北京大学出版社2011年版，第7页。

② 方宗诚：《陶诗真诠》，见《柏堂读书笔记》，光绪八年（1882）刻本。

③ 杨伯峻：《论语译注》，中华书局1983年版，第168页。

④ 于翠玲：《读〈论语〉：“不求甚解”“欣然忘食”——从陶渊明〈癸卯岁始春怀古田舍〉说起》，《文史知识》2007年第10期。

写了《读〈山海经〉十三首》，其他的像《咏三良》《咏荆轲》《咏二疏》《咏贫士》等，都是读书为学的产物，表达了陶渊明的历史观、侠义观、隐逸思思等等。

还有一个最典型的例子，那就是桃花源社会理想的产生过程，这也是陶渊明读书为学、独立思考的结果。他似乎认识到，其诗文里所描绘的生活理想，诸如“方宅十余亩，草屋八九间。榆柳荫后檐，桃李罗堂前。暧暧远人村，依依墟里烟。狗吠深巷中，鸡鸣桑树巅”（《归园田居》其一），在现实社会里其实也是难以真正实现或长期确保的。于是他思索着、寻求着，希冀找到一种适合人们生存的理想的社会模式。在读书过程中，《诗经·国风》的理想“乐土”启发着他；隐士们无忧无虑、无人欺压的生活是他神往的；历史上许多逃避赋税而隐居深山的人物故事也激励着他；身边人物如刘子骥、羊松龄等亲历或耳闻的真实事件，也敦促他构思自己心目中的理想王国；特别是当他对社会、历史有了较为深刻的认识，长期的躬耕使他经受了生活的洗礼、饥寒交迫的威胁，感受到了农村的残破、农民的贫困，“徘徊丘陇间，依依昔人居。井灶有遗处，桑竹残朽株。借问采薪者，此人皆焉如？薪者向我言：“死殁无复余”（《归园田居》其四）等，上述诸种因素，促成了他思想的飞跃，于是理想的社会——桃花源产生了。即如后世王阳明所说的：学问不是悬空的，只有把它和实践相结合，才是它最好的归宿。

朱熹曾提出过“为己之学”的治学理论。所谓“为己之学”就是重在内心的修行，追求自我道德的完善。朱熹说：“为己，欲得之于己也。为人，欲见之于人也。”[①]“为己”不是为记住词句，向人炫耀学问，而是通过读书以修其身，它是向内的，而“为人之学”的目的是向外的，雕章琢句，逞才使气，显示才华，“以钓声名，取利禄而已”。以此来衡量，陶渊明之学显然是“为己之学”，他“不为‘荣利’所役使，不为‘固穷’所烦恼，也不拿孔子做靶子，真正‘好读书，不求甚解’，默默地与‘先师’相沟通，并坚守道德自我完善的境界”[②]。这样的例子很多，还可举《形影神》组诗，诗人采取“主客问答”的形式，回答了其关于生死的理解，这实际是说服他自己的探索，最后归结为：“纵浪大化中，不喜亦不惧。应尽便须尽，无复独多虑”，所谓委运任化、顺应自然。朱光潜在《诗论》中评价陶氏诗风时说：“陶诗的特色正在不平不奇、不枯不腴、不质不绮，因为它恰到好处，适得其中；也正因为这个缘故，它一眼看去，却是亦平亦奇、亦枯亦腴、亦质亦绮。这是艺术的最高境界。可以说是‘化境’，渊明所以达到这个境界，因为像他做人一样，有最深厚的

---

① 朱熹：《四书章句集注·论语集注》卷七《宪问》，中华书局1983年版，第155页。

② 于翠玲：《读〈论语〉：“不求甚解”“欣然忘食”——从陶渊明〈癸卯岁始春怀古田舍〉说起》，《文史知识》2007年第10期。

修养，又有最率真的表现。”[①]但如果以此来评判陶渊明的治学之道，何尝不是切评呢？

第三，陶氏“不求甚解，每有会意，便欣然忘食”的读书方法论，既适用于一般书籍的阅读，更适宜于文学作品的阅读和批评，它是文学批评的重要原则。作为以形象思维为主的文学艺术，除给人以理性的启迪以外，它更重要的给人以情感上的愉悦，使读者获得悲壮、崇高、恬淡、和谐等审美感受。而这种审美感受不仅是作者给予的，更是读者创造的，所以孟子讲“以意逆志”，陶渊明讲“会意”“忘食”。尤其是后者强调的是读者的情感体悟和共鸣。这当然与魏晋时期“崇无”“体道”的玄学思潮有关，但更多的是陶渊明的自我创见：其一，作为文学批评，首先要理解文本内容的精神实质，会通其意，反对爬罗剔抉，断章取义，要对作品有整体的观照。一般读者也没有爬罗剔抉的心思，其阅读不过是一种消遣，只想从中获得一种“契于我心”的感受，“会心一笑”而已，这就是陶氏所谓的“不求甚解”，是一种“此中有真意”的体验，是指读者与作品的情感共鸣。其二，文学批评强调读者的权利，而其个人“体悟”的能力尤其缺失不得。任何一部文学文本，它既是一个完成了的、自足的系统，同时它又是一个未完成的、待开发的系统，而这未完成、待开发的使命就落在读者的头上。所以，现代西方阐释学派就将读者置于审美创造的地位上，比如姚斯指出：“文学作品并不是对于每一个时代每一个观察者以同一种面貌出现的自在客体，并不是一座自言自语地宣告其超时代性质的纪念碑，而像一部乐谱，时刻等待着阅读活动才能将作品从死的语言材料中拯救出来，并赋予它现实的生命。”[②]同样的意思，清人沈德潜也讲过：“古人之言包含无尽，后人读之，随其性情浅深高下，各有会心，如好《晨风》而慈父感悟，讲《鹿鸣》则兄弟同食，斯为得之。”[③]读者接受作品，既要诉诸感性，也要诉诸理性；既要有情感的领会，也要做理性的分析。而陶渊明的“会意，欣然忘食”显然更侧重读者情感“体验”的能力，即其自身的直觉、兴趣、感受能否与作品内容的契合，它靠的是感悟，而不是知解。实际上，“会意”，即所会之“意”是先于作品就存在于读者（批评者）心中的，读者阅读的时候不是去“发现”，而是去“验证”“体验”，将作品中与己相通的“意”引出来，协调、契合、融汇，证明自我主体精神的存在[④]。因而，阅读（批评）是一种个性化的思维活动，所谓“一千个观众有一千个哈

---

① 朱光潜：《诗论》，见《朱光潜全集》（第三卷），安徽教育出版社1991年版，第266页。

② 姚斯：《文学史作为文学学科的挑战》，见毛荣贵《翻译美学》，上海交通大学出版社2006年版，第335页。

③ 沈德潜：《唐诗别裁·凡例》，中华书局1975年版，第1页。

④ 李正春：《释“以意逆志”与“不求甚解”》，《铁道师院学报》1990年第4期。

姆雷特”，用刘勰的话说就是：“慷慨者逆声而击节，蕴藉者见密而高蹈，浮慧者观绮而跃心，爱奇者闻诡而惊听。”[①]这是陶渊明读书方法论在文学批评中的具体运用，他与钟嵘的“滋味说”、司空图的“不着一字，尽得风流”、严羽“别材别趣”理论，以及明代的竟陵派、清代王夫之的“自得”说等，都具有本质上的贯通之处，是文学批评史上最重要的美学原则之一。

综上所论，作为一个学者的陶渊明，一生以书为伴，综赅百家，弥纶经史，“历览千载书”，无所不读，书籍和田园一样，成了他安身立命的精神家园。并且他提出了独具特色的读书方法，以解决“怎样读书”的问题：“好读书，不求甚解，每有会意，便欣然忘食”。此理论的提出既有时代学术文化的影响，更多的是陶氏的慧心感悟，即读书要掌握要旨大端，不做断章取义的章句之徒，同时更强调自我的心得体会，进入一种高级的阅读境界。并且，他读书、治学有两个目的，一个是“乐琴书以消忧”，另一个是将读书、治学与切实的人生联系起来，用来解决人生中的各种困惑，因而他的治学不是高谈阔论，与玄学家的清谈体玄迥然有异，他更看重对人生实践的指导作用。所以，陶渊明的读书、为学都是和他的生命遭际有关，是“为己之学”，是获得心灵安宁的一种重要方式。

［作者简介：于东新，内蒙古民族大学文学院教授。主要从事辽金元民族文学、陶渊明及陶渊明接受史研究。出版有《金词风貌研究》等。］

① 刘勰：《文心雕龙·知音》，中华书局1986年版，第437页。

梅尧臣未为宋诗典范探论

◇王秀云

摘　要:梅尧臣一生专力为诗,其独特的诗歌风格,生前即享有盛名,如"初喜为清丽闲肆平淡,久则涵演深远,间亦琢刻以出怪巧"、"气完力余,益老以劲"(欧阳修语)、"新诗独步名"(刘攽语)、"留为子孙宝,胜有千年珠"(司马光语)等。然其下世后仅三十一年,"今世已不尚"(黄庭坚语),诗名不显,亦不为世喜。南宋陆游虽高度揄扬梅诗,以为"李杜不复作,梅公真壮哉",仍未能引起共鸣。自生前"主盟诗坛,人争传之",至身故后"天地寂然收雷声",诗人地位转变的原因实值得探究,此为文动机也。本文以梅尧臣作品为中心,先析论其诗歌特色,继而就诗人主体条件及外在客观因素分别探论,以明梅尧臣未能成为宋诗典范,仅成名家之因。

关键词:梅尧臣;宋诗典范;名家

宋仁宗天圣(1023—1032)年间,以钱惟演(977—1034)为中心的西京文人群体,在诗坊和文坛逐渐崭露头角。钱惟演以亦主亦友的游从方式,将年轻的文士绾合成一个群体,相互切磋、揄扬、提携,在寻索诗文内涵价值的道路上,尝试择取新的典范,有别于唐诗的宋诗特质亦于焉开始。

钱惟演博学能文,并以"敏思清才,著称当时"[①],尤喜奖掖后进。天圣九年(1031)任西京留守,幕下延揽如谢绛(995—1039)、梅尧臣(1002—1060)、欧阳修

① 脱脱等撰:《宋史》卷三一七,中华书局1985年版,第10352页。

(1007—1072)、尹源(1005—1054)、尹洙(1001—1047)、富弼(1004—1083)等人,"皆当世贤材知名士,故其幕府号为天下之盛"[①]。梅尧臣曾追述当时西京文士群体在钱、谢二人的领导下,对于诗坛风气和诗歌创作,渐有新变的意识,《依韵和王平甫(安国)见寄》:

谢公唱西都,予预欧尹观,乃复元和盛,一变将为难。[②]

这群年轻文士以元和时期韩孟、元白为楷模,力变西昆骈俪文风的余习,开始注入现实主义的元素。梅虽谦逊地表达了他和欧、谢、尹的关系,但以开启宋诗风貌特质而言,梅尧臣的贡献,显然超过欧、谢诸人。

一、梅尧臣诗之特质

(一)遍参诸体,以清丽出之

梅尧臣(字圣俞)幼习诗,庆历六年(1046)所作《谢晏相公》有"刻意向诗笔,行将三十年,尝经长者目,未及古人肩"[③]语,知其学作诗约在十四五岁时。所谓"尝经长者目",应指其作诗曾受叔父梅询所指导。梅询(964—1041)"好学有文,尤喜为诗"[④],其诗"虽不用事,意思宏深"[⑤],"冠裳伟丽,字字天然"[⑥]。圣俞少从梅询宦游,其作诗当受询指画甚深。

除受梅询指点外,圣俞亦曾自述学诗之初,多模法前贤,《依韵答吴安勖太祝》:"我于文字无一精,少学五言希李陵。"[⑦]又《和杨子聪会董尉家》:"吾爱曹公诗,古来不敢非。"[⑧]欧阳修评梅诗"初喜为清丽",王曙(963—1034)亦曾誉梅诗

① 欧阳修:《河南府司录张君汝士墓表》,欧阳修著,洪本健校笺:《欧阳修诗文集校笺》卷二十四,上海古籍出版社2009年版,第683页。

② 朱东润:《梅尧臣集编年校注》,上海古籍出版社2012年版,第833页。诗作于至和三年(1056),时梅五十五岁。

③ 朱东润:《梅尧臣集编年校注》,上海古籍出版社2012年版,第367页。

④ 欧阳修:《翰林侍读学士给事中梅公墓志铭》,见欧阳修著,洪本健校笺:《欧阳修诗文集校笺》卷二七,上海古籍出版社2009年版,第730页。

⑤ 刘攽:《中山诗话》,见《历代诗话》,艺文印书馆(台北)1974年版,第169页。

⑥ 胡应麟:《诗薮·外编五·宋》,广文书局1973年版,第651页。

⑦ 朱东润:《梅尧臣集编年校注》,上海古籍出版社2012年版,第879页。

⑧ 朱东润:《梅尧臣集编年校注》,上海古籍出版社2012年版,第8页。诗作于天圣九年。又:杨子聪即杨愈,为西京七交之一,欧阳修有《七交诗·赠杨户曹》《送杨子聪户曹序》可参。

"有晋宋遗风"[①],即表达了梅诗学汉魏正音所呈现的特质。

在百花纷呈的唐诗国度中,梅圣俞亦转益多师,如杜衍(978—1057)即尝云"李、杜诗垂不朽名,君能刻意继芳馨"[②],王曙誉梅诗是"自杜子美没后,二百余年不见此作"。又其清丽的风格,亦得益于韦应物诗;朱弁《风月堂诗话》卷上:"圣俞少时,专学韦苏州。"[③]梅圣俞对宋初隐逸诗人林逋亦极为仰慕,《林和靖先生诗集序》曰:

> 天圣中,闻宁海西湖之上有林君,崭崭有声,若高峰瀑泉,望之可爱,即之逾清,挹之甘洁而不厌也。是时予因适会稽还,访于雪中。[④]

据《送韩六玉汝(缜)宰钱塘》:"顷寻高士庐,正值浸湖雪。……今逾二十年,志愿徒切切。"自注:"余尝访林逋湖上。"[⑤]诗作于庆历七年(1047),上数"逾二十年",其访林逋至晚在天圣五年(1027)春。[⑥]林逋诗学晚唐,梅既慕和靖先生之风而访,由和靖先生谈道论诗之丰采"平淡邃美,读之令人忘百事",[⑦]可见圣俞对于晚唐体所表现出"似淡而实深"的特质,亦极赞赏。[⑧]

(二)以文入诗,涵演深远

天圣九年(1031),梅圣俞首次尝试"以文入诗"的创作手法,《子聪惠书备言

① 曾敏行:《独醒杂志》卷一,《影印文渊阁四库全书》第1039册,第530页。

② 杜衍:《圣俞诗名闻固久矣,加有好事者时传新什至此,每一讽诵,益使人忻慕,故书五十六字以记》,见《全宋诗》卷一四四,北京大学出版社1993年版,第1599页。按:诗作于嘉祐元年(1056),时杜衍以太子少师致仕,退居南阳。杜衍另有评梅诗,先作于皇祐五年(1053),诗中有"清如韶濩谐音律,逸似鸾皇振羽毛",两作均以"清""逸"二字评梅诗,可见在杜衍的审美角度中,梅诗是清逸的表征,此与梅诗素来之评价"硬""峭"有异。

③ 朱弁:《风月堂诗话》卷中,广文书局1973年版,第28页。

④ 梅圣俞:《林和靖先生诗集序》,朱东润:《梅尧臣集编年校注》,上海古籍出版社2012年版,第1150页。

⑤ 梅圣俞:《送韩六玉汝宰钱塘》,朱东润:《梅尧臣集编年校注》,上海古籍出版社2012年版,第405—406页。

⑥ 林和靖:《和梅圣俞雪中同虚白上人见访》:"湖上玩佳雪,相将唯道林。早烟村意远,春涨岸痕深。"知梅来访在初春时节。至于梅原唱已不存。又据李一飞:《梅尧臣早期事迹考》,梅适会稽应是寻访其先祖梅福之遗迹,见《文学遗产》2002年第2期。

⑦ 梅圣俞:《林和靖先生诗集序》,朱东润:《梅尧臣集编年校注》,上海古籍出版社2012年版,第1150页。

⑧ 本年梅圣俞尚有《对雪忆往岁钱塘西湖访林逋三首》,见朱东润:《梅尧臣集编年校注》,上海古籍出版社2012年版,第421页。

行路及游王屋物趣因以答》曰：

……尺书忽见遗，经由皆可纪。"草草始辞家，匆匆渡河水。前村客心速，入暮阴风起。修路隘且长，疲骖未能止。茅居聒夜舂，寒犬吠墟里。明发西北行，岗峦踰迤逦。丛蓁但蒙密，未见山中美。谷开逢邑闾，岂谓连都鄙。冠带一二同，麏麇左右比。"问子奚所之，俛眉聊启齿："瞥往登天坛，烟云随步趾。傍邻日观低，却望嵩丘迩。屑屑视尘埃，纷纷若蝼蚁。便有林壑心，期将荣宦委。"我昔爱青苍，无时常徙倚；今朝羡君游，胜事空牟企。①

"草草始辞家""瞥往登天坛"等句实即将杨愈的来信，改写为诗，并以设问体的方式"问子奚所之"，将杨愈游赏之趣，嵌入诗中。次年（1032）秋，又有《希深惠书，言与师鲁、永叔、子聪，几道游嵩，因诵而韵之》百句，以五百字长篇，逐段演绎谢绛来书。如：

（谢文）是时秋清日阴，天未甚寒，晚花幽草，蔽亏岩壁。正当人力清壮之际，加有朋簪谈燕之适，升高蹑险，气豪心果。遇盘石，过大树，必休其上下，酌酒饮茗，傲然者久之。道径差平则腰舆以行，崭崒陡甚，则芒以进。窥玉女窗、捣衣石，石诚异，窗则亡有。迤逦至八仙坛，憩三醉石，徧视墨迹，不复存矣。

（梅诗）是时天清阴，力气勇奔骤。云岩杳亏蔽，花草藏涧窦。傍林有珍禽，惊聒若避彀。盘石暂憩休，泓泉助吞漱。上窥玉女窗，崭绝非可构；下玩捣衣砧，焜耀金纹透。

（谢文）又峭壁有若四字云"神清之洞"，体法雄妙，盖薛老峰之比。诸君疑古苔藓自成文，又意造化者笔焉，莫得究其本末。问道士及近居之民，皆曰"向无此异，不知也"。

（梅诗）霞壁几千寻，四字侔篆籀。咸意苔藓文，诚为造化授。标之神清洞，民俗未尝遘。②

在参酌谢绛原文的同时，梅不仅以诗详述备言，又以锻炼的句法——语重，和僻字入诗——韵险，以形成其"无一字浮靡，无一字涉缪""精""劲"的特质。在诗、文相互参照、切劘下，深化了诗歌的美感特征，情辞毕俱，成为其"涵演深远"风格形成的重要因素。

① 朱东润：《梅尧臣集编年校注》，上海古籍出版社2012年版，第22页。

② 朱东润：《梅尧臣集编年校注》，上海古籍出版社2012年版，第36—37页。

这种以文人诗、以诗为记的表现手法，在西京文人群体中，亦引起回响；天圣九年夏，欧、梅等人同游大字院①，欧阳修有《游大字院记》《普明院避暑》，梅则作《与诸友普明院亭纳凉分题》诗。②明道元年（1032），钱惟演于府第建双桂楼、临辕馆，欧阳修、尹洙除各有记外③，欧、梅又各作《双桂楼》诗④。明道二年（1033），欧阳修有《代书寄尹十一兄（源）、杨十六（愈）、王三（复）》诗⑤，"代书"二字表露了欧公在形式上模拟梅《希深惠书，言与师鲁、永叔、子聪、几道游嵩，因诵而韵之》的痕迹。就创作时间的先后而言，似不可忽视梅有例在前的影响。

（三）间以琢刻，而呈怪巧

天圣末年，以钱、谢为中心的西京文人群体，在求新变的自觉意识下，除以文入诗的创作尝试外，梅、欧等人连环式的唱和模式，不论在立意、结构或技法上，亦呈现出刻意求工，以难见巧的特色。《依韵答吴安勖太祝》曰：

> 还思三十（一作二十）居洛阳，公侯接迹论文章；文章自此日怪奇，每出一篇争诵之。其锋虽锐我敢犯，新语能如夏侯湛。⑥

"公侯"二句说明了文士群体间经由相互论辩、探索、实践，因而激荡出"怪奇"的倾向。梅对怪奇风格的心仪，或始于天圣六年（1028）任桐城主簿时，《逢雷太简（简夫）殿丞》"又会在桐乡，谈诗多孟、卢"⑦；同时，梅亦有意识地欲师法韩愈，《依韵和王平甫见寄》曰：

> 文章革浮浇，近世无如韩；健笔走霹雳，龙蛇奋潜蟠。扬风何端倪，鼓荡巨浸澜。明珠及百怪，容畜知旷宽。其后渐衰微，余袭犹未弹。我朝三四公，合力兴愤叹。幸时构明堂，愿为栌与栾；期琢宗庙器，愿备次玉玕。谢公

① 所谓"大字院"，据梅圣俞《依韵和希深游大字院》原注"白傅旧宅"，见朱东润：《梅尧臣集编年校注》，上海古籍出版社2012年版，第5页。

② 朱东润：《梅尧臣集编年校注》，上海古籍出版社2012年版，第24页。又据张耒《明道杂志》："余游洛阳大字院，见欧公、谢希深、尹师鲁、梅圣俞等避暑唱和诗牌。"知谢绛、尹洙亦有作。

③ 邵伯温：《邵氏闻见录》卷八。

④ 欧诗：欧阳修著，洪本健校笺：《欧阳修诗文集校笺》卷六，上海古籍出版社2009年版，第1431页。梅诗：朱东润：《梅尧臣集编年校注》，上海古籍出版社2012年版，第29页。

⑤ 欧阳修著，洪本健校笺：《欧阳修诗文集校笺·外集》卷一，上海古籍出版社2009年版，第1281页。

⑥ 朱东润：《梅尧臣集编年校注》，上海古籍出版社2012年版，第879页。

⑦ 朱东润：《梅尧臣集编年校注》，上海古籍出版社2012年版，第984页。

唱西都，予预欧尹观。乃复元和盛，一变将为难。[①]

梅将韩愈推举为改革浮靡文风的理想代表人物，同时对于其豪健奇厉的诗风，表示由衷地赞叹，亦表达其愿继踵韩文公，上承元和精神的企图。

《伤白鸡》一诗，应是梅圣俞现存诗歌中，首篇“以物为诗”之作。[②]就题材而言，梅较韩愈的以俗物为诗更进一层，即更俚俗琐碎，更倾向于日常俗物。就语言文字而言，“涌血被其颈，胁甲气甚危”“悯心欲之活，碎脑安能治”“犹看零落毛，荡漾随风吹”等句，则是以俗字丑语入诗，实际体现韩愈诗“以僻生新”的特质。欧阳修《书梅圣俞稿后》评梅诗“其体长于本人情，状风物，英华雅正，变态百出”，其中“状风物，变态百出”数字，概括说明了梅圣俞在这个阶段创作的特征；值得注意的是，欧公誉韩愈诗“叙人情，状物态，一寓以诗，而曲尽其妙”[③]，二者评语几乎无异。可见在欧公的标准中，梅诗状物的造诣已达致与韩诗可相提并论之程度。景祐元年（1034），梅作《余居御桥南夜闻妖鸟鸣效昌黎体》，首度明言“效昌黎体”，以七古写祆鸟夜鸣，幽奇怪戾的意象，出以粗豪狠重之语，志异搜奇，有议有叙，意味着其力扛新变大旗的路途正式开始。

（四）愈老以劲，如食橄榄

景祐元年（1034），欧阳修《书怀感事寄梅圣俞》云“圣俞善吟哦，共嘲为阆仙”，[④]指梅圣俞严谨、专注的创作态度有如贾岛。贾岛为诗“跨驴张盖，横截天衢”，“虽行坐寝食，苦吟不辍”[⑤]，梅圣俞则常“奋笔书一小纸，内算袋中”[⑥]，可见梅诗重锤炼之一斑。庆历四年（1044），欧阳修《水谷夜行寄子美、圣俞》则以苏舜钦（1008—1048）为对比，将梅诗做了进一步的阐发：“近诗尤古硬，咀嚼苦难嘬；初如食橄榄，真味久愈在。”说明梅诗“古硬”“苦涩”，有着向韩、孟（郊）“思苦奇涩”[⑦]渐近的趋势。

庆历五年（1045），欧阳修《读蟠桃诗寄子美》，始将梅比为孟郊，“郊死不为

① 朱东润：《梅尧臣集编年校注》，上海古籍出版社2012年版，第833页。

② 此从朱东润先生之说，见朱东润：《梅尧臣集编年校注》，上海古籍出版社2012年版，第5页。天圣九年作。

③ 欧阳修：《六一诗话》，《历代诗话》，艺文印书馆（台北）1974年版，第162页。

④ 欧阳修著，洪本健校笺：《欧阳修诗文集校笺·外集》卷二，上海古籍出版社2009年版，第1288页。

⑤ 参傅璇琮主编：《唐才子传校笺》卷五，中华书局2002年版，第324页。

⑥ 赵与虤：《娱书堂诗话》卷下，《影印文渊阁四库全书》第1481册。

⑦ 《新唐书》卷一七六《孟郊传》，中华书局2006年版，第5265页。

岛，圣俞发其藏”。[①]庆历六年(1046)，欧阳修《〈梅圣俞诗集〉序》进一步地将其穷厄的遭际与作品结合在一起：

> 凡士之蕴其所有而不得施于世者……见虫鱼、草木、风云、鸟兽之状类，往往探其奇怪。内有忧思感愤之郁积，其兴于怨刺，以道羁臣、寡妇之所叹，而写人情之难言，盖愈穷则愈工。[②]

困顿的遭遇，通常影响着诗人的审美取向；当其怀抱着郁积感愤的心情投射于外物时，其所观照的角度与生发的感怀，所写虫鱼物类之情，皆是其羁愁伤叹之言。“屈原作离骚，自哀其志穷。愤世嫉邪意，寄在草木虫。”[③]以诗文作为心灵对应的产物，以其内心的愤懑过甚，在语言的表现上，自然不会有泰然舒缓、冲淡恬静的平和之气。所谓“情激则调变”，为了要将情感的冲突与波动透过语言辞气表达出来，打破传统的句式或意新而语工的手法以呈现瘦、硬、涩、劲的美感特质，成为遇与不遇冲突的表征。

梅早期对孟郊诗怪奇的一面，虽心生倾想，但对于欧公将其比拟为孟郊之举，初并不以为然。“吾交有永叔，劲正语多要，尝评吾二人，放检不同调。其于文字间，苦硬与恶少。虽然趋尚殊，握手幸相笑。”[④]随着庆历新政的失败，好友如蔡襄、苏舜钦、杜衍、范仲淹、韩琦、欧阳修等人，或罢相，或贬外；复以夫人谢氏之殁，次子夭折，接二连三地对诗人袭来。在自觉与不自觉间，梅从原本对孟郊诗风的倾慕渐趋向于际遇困穷的一面。如《正月十五夜出回》“不出只愁感，出游将自宽。贵贱依俦匹，心复殊不欢。”[⑤]明显可看出其拟孟郊“食荠肠易苦，强歌声无欢；出门如有碍，谁谓天地宽”[⑥]句。稍后的《因目痛有作》“已为贫孟郊，拼作瞎张

---

① 欧阳修著，洪本健校笺：《欧阳修诗文集校笺·居士集》卷二，上海古籍出版社2009年版，第59页。

② 欧阳修著，洪本健校笺：《欧阳修诗文集校笺·居士集》卷四二，上海古籍出版社2009年版，第1092页。

③ 梅圣俞：《答韩三子华、韩五持国、韩六玉汝见赠述诗》，见朱东润：《梅尧臣集编年校注》，上海古籍出版社2012年版，第336页。

④ 梅圣俞：《偶书寄苏子美》，又朱注：“此诗为欧阳修《水谷夜行寄子美圣俞》作也。”见朱东润：《梅尧臣集编年校注》，上海古籍出版社2012年版，第251页。

⑤ 梅圣俞：《正月十五夜出回》，朱东润：《梅尧臣集编年校注》，上海古籍出版社2012年版，第268页。

⑥ 孟郊：《赠(别)崔纯亮》，见韩泉欣校注：《孟郊集校注》，浙江古籍出版社2012年版，第246页。

籍"[①]语中的"已"字,更可为穷愁不遇的窘境佐证。继如《送苏子美》以"勇""不惧""锯""怒""可怖""损"等有力道的动词,辅以一连串令人胆寒的形物"鸮""崄石""毒草""短狐""瘴雾""蜃鼍",用语狠重,意象幽奇,遂形成奇峭的风格。他如《梦登河汉》《日蚀》[②]二诗以"张目""盘结""骇汗""闪避""乖暴"等具体动态,以形成神官与众星辰、虾蟇与老鸦间冲突的张力,以意境上的不和谐,再次展现其瘦、硬而劲的审美取向。刘熙载《艺概·诗概》云"梅圣俞出于东野",又云"孟东野诗好处,黄山谷得之,无软熟句;梅圣俞得之,无一热俗句"[③]。钱基博《中国文学史》亦云梅诗"瘦硬而腴,其源自出孟郊",[④]即是看出了梅、孟二人因穷饿而诗工的同构型。从琢刻到怪巧到硬劲,梅圣俞亦从似孟郊而逐步建立起自己独特的风格。

二、未为宋诗典范析论

梅诗所展现的艺术特质,开启了宋诗价值的新页,于宋诗有开拓之功;但梅诗甚或梅圣俞个人,却未能成为宋代诗歌发展过程中的典范。自欧公之后,宋人极少推崇梅诗,其身后之名,始终不能大显,亦少有喜者。黄庭坚《跋梅圣俞赠欧阳晦夫(辟)诗》言欧阳辟以"圣俞之律作诗数千篇,今世虽已不尚,而晦夫自信确然。"侧面说明了仅三十一年的时间[⑤],梅诗即已不显,亦不为时喜的实际状况。曾季貍(1118—1180)[⑥]对梅诗不见重于世,且未能有一适当的定位,首先提出了质疑:

> 东莱《江西诗派序》,所论本朝古文始于穆伯长(修),成于欧阳公,此论诚当。但论诗不及梅圣俞,似可恨也。诗之有圣俞,犹文之有穆伯长(修)也。[⑦]

曾季貍将梅与古文运动先驱者穆修(979—1032)并举,显然认为梅对宋诗的开拓

① 朱东润:《梅尧臣集编年校注》,上海古籍出版社2012年版,第469页。诗作于庆历八年(1048)。

② 分见朱东润:《梅尧臣集编年校注》,上海古籍出版社2012年版,第304、305页。

③ 刘熙载:《艺概·诗概》,汉京文化事业有限公司(台北)1985年版,第66、64页。

④ 钱基博:《中国文学史》,中华书局1996年版,第513页。

⑤ 黄庭坚自署作于元祐五年(1090),距梅圣俞下世(1060)正三十一年。文见郑永晓整理:《黄庭坚全集辑校编年》,江西人民出版社2011年版,第575页。

⑥ 关于曾季貍生卒年之考订及其诗学主张,可参拙文《曾季貍及其〈艇斋诗话〉考论》,收录于《新国学》第八卷,巴蜀书社2010年版,第246—283页。

⑦ 见曾季貍:《艇斋诗话　续历代诗话》,艺文印书馆(台北)1974年版,第333页。

之功不可漠视。稍后的陆游虽高度誉扬梅诗，以为梅诗的成就远远超过元和时期的作家，为李杜之后最伟大的诗人，但亦未能引起共鸣。其崇梅的回响直至南宋末期刘克庄，方始为梅诗的地位定调：

> 李、杜，唐之集大成者也；梅、陆，本朝之集大成者也。①
> 本朝诗，惟宛陵为开山祖师。②

从欧阳修到刘克庄，自北宋中期至南宋末年，从宋诗渐渐定调到宋诗发展趋于尾声，梅圣俞的声名沉寂了近二百年。终宋一朝，梅诗始终未能登上诗坛的典范，其间原因为何，以下将就个人观察所得，一一试析之。

（一）主体条件

1.科举不第

就诗歌创作而言，梅圣俞诗固然存在着以恶、俗物为诗，言浅意尽，过于求新的弊病，但就接受读者而言，嗜新好奇或俚俗直白，并不完全构成诗的好坏或能否传世的决定性因素。梅诗未能成为宋诗典范，或者说未能在宋诗发展过程中造成永久性的影响，主要仍在于诗人主体条件的不能配合，以至于未能蓄积成一股丰沛的能量，无人可以为继，持续地阐述发挥。影响力不能扩展，围绕着作品所产生的讨论、揣摩、研究、模拟者亦相对阙如；难以对后世造成影响，或许才是其未能成为典范的关键原因。就诗人主体而论，科举不第应是首要之原因。

梅圣俞幼习于诗，既长"学乎六经仁义之说"，③但科举一途却极不顺利，累举皆不第。后以从父荫补太庙斋郎，开始其一生屈沉下僚的仕宦生涯。在极其看重进士出身的封建体制中，荫补为郎又累举不第，显然是梅心中挥之不去的巨大阴影。《和淮阳燕秀才》曰：

> 惭予延荫人，安得结子韈；心虽羡名场，才命甘汩没。禄仕二十年，屡遘龙榜揭，在昔见麻衣，于今尽超越。④

---

① 刘克庄：《李贾（友山）县尉诗卷》，见刘克庄著，辛更儒笺校：《刘克庄集笺校》卷九十九，中华书局2011年版，第4175页。

② 刘克庄：《后村诗话》，见刘克庄著，辛更儒笺校：《刘克庄集笺校》卷一七四，中华书局2011年版，第6721页。

③ 欧阳修：《梅圣俞诗集序》，见欧阳修著，洪本健校笺：《欧阳修诗文集校笺·居士集》卷四十二，上海古籍出版社2009年版，第1093页。

④ 朱东润：《梅尧臣集编年校注》，上海古籍出版社2012年版，第505页。

诗作于庆历八年(1048),时任国子博士;即使已是衣绯悬鱼,但对于早年的出身和屡试不第,自始至终,其自卑的心理均未尝稍减。[①]在生理上,随着岁月的迁移,头白齿疏的老迈退化,亦带给诗人“时不我与”的愤惋,《回自青龙呈谢师直》云:

> 共君相别三四年,岩岩瘦骨还依然;唯髭比旧多且黑,学术久已不可肩。嗟余老大无所用,白发冉冉将侵颠,文章自是与时背,妻饿儿啼无一钱。[②]

此年梅四十三岁(1044),距其最后一次应举下第(景祐元年1034),已逾十年。十年蹉跎,所增的只是须发尽白,而任官仍然只是小小的监湖州盐税一卑职。囊俸屡空,妻儿饿哭,怎不令人心衰气沮。

于梅圣俞相知最深的欧公,对于好友的不遇,虽然勉力宽解,华衮之荣未必胜于布衣寒士之能自得其乐[③],然而在梅猝逝后,仍难掩对梅一生际遇坎坷的伤感:

> 若使其幸得用于朝廷,作为《雅》《颂》,以歌咏大宋之功德,荐之清庙,而追《商》《周》《鲁颂》之作者,岂不伟欤![④]

文中推崇其才学富赡雅正,足与三代之诗家媲美;然而“若使其幸得用”数字,却也道出了梅一生“所蓄不得奋见于事业”[⑤]的遗憾。

2.从学者寡

黄金榜上未能得到天颜眷顾,和礼部官员的青睐,意味着学与识不能得到肯定。对于这些涵泳于六经,出入经史百子的文士而言,首当其冲的影响,就是从学者寡的窘境。

就现存数据检索,明载梅圣俞之“门人”“从学”者,仅欧阳辟一人;梅圣俞有《送门人欧阳秀才游江西》诗:

---

① 梅尧臣:《赐绯鱼》:“蹉跎四十七,腰间始悬鱼;茜袍虽可贵,发短齿已疏。”见朱东润:《梅尧臣集编年校注》,上海古籍出版社2012年版,第428页。

② 朱东润:《梅尧臣集编年校注》,上海古籍出版社2012年版,第232页。谢景字师直,绛子,皇祐元年进士。

③ 欧阳修:《与梅圣俞书》第二十简,《全宋文》卷七一〇,巴蜀书社1988年版,第322页。

④《梅圣俞诗集序》,欧阳修著,洪本健校笺:《欧阳修诗文集校笺·居士集》卷四十二,上海古籍出版社2009年版,第1093页。

⑤《梅圣俞诗集序》,欧阳修著,洪本健校笺:《欧阳修诗文集校笺·居士集》卷四十二,上海古籍出版社2009年版,第1093页。

客心如萌芽，忽与春风动。又随落花飞，去作西江梦。我家无梧桐，安可久留凤。凤巢在桂林，乌哺不得共。无忘桂枝荣，举酒一以送。①

查欧阳秀才，即欧阳辟（1035—？），字晦夫，桂州灵川人，元祐六年（1091）进士。黄庭坚《跋梅圣俞赠欧阳晦夫诗》："余三十年前，钦慕圣俞诗句之高妙，未及识面而圣俞下世。二十年前官于汝州叶县，闻欧阳君学诗于圣俞，又得赠行诗，而叶人能诵其诗。欧阳君已行，又不及识。元祐己巳、庚午，乃见欧阳君于京师，其人长鬣，眉目深沉，宜在丘壑中也。"②据此，元祐四年至五年，欧阳辟在京师，应是为科举事也。东坡《书圣俞赠欧阳辟诗后》："圣俞没，今四十年矣。南迁过合浦，见其门人欧阳晦夫，出所为送行诗。晦夫年六十六，予尚少一岁，须鬓皆皓然，固穷亦略相似。"③又据《广西通志·乡贤》："欧阳辟字晦夫，灵川人，至和（1054—1055）间与弟简同学于梅圣俞之门。……元祐六年举进士，任雷州石康令，严操持，尚俭约，节民费，一时誉望所归。任石康六年，乞休归，民攀援不忍别，行李萧然。居无完壁，尝诛茅为舍，乐琴书以终身焉。"④其为官廉洁、自律简约据此可知。至于其弟欧阳简，则梅集未见记载。⑤

而另一诗人郭祥正（1035—1113）虽"尝以师礼见圣俞"，然梅并未以师自居；⑥梅、郭二人往还诗章如《依韵和郭祥正秘校遇雨宿昭亭见怀》《采石月赠郭功甫〉》《依韵和郭秘校苦寒》《依韵和郭秘校昭亭山偶作》《送郭功甫还青山》《次韵答德化尉郭功甫遂以送之》等，皆称"郭秘校""郭功甫"，未尝以门人视之，故亦可不论。⑦刘挚（1030—1097）《还郭祥正诗卷》亦曰："当时未冠人已识，知音第一惟梅翁。翁主诗盟世少可，一见旗鼓欣相逢。当友不敢当师礼，呼以谪仙名甚隆。"⑧亦可证梅、郭二人并无师生之谊。

如众所认可，欧公所以能成为文坛盟主的原因，除其本身的学识与终生不懈

---

① 朱东润：《梅尧臣集编年校注》，上海古籍出版社2012年版，第1078页。嘉祐四年（1059）作。

② 见郑永晓整理：《黄庭坚全集辑校编年》，江西人民出版社2011年版，第575页。

③ 查苏轼自署文作于元符三年（1100），故上溯六十六，知欧阳辟之生年为景祐二年（1035）。

④《广西通志》卷七六，四库全书本。

⑤ 王梓材、冯云濠：《宋元学案补遗》"梅氏门人"条下，列"欧阳先生辟、欧阳先生简"二人，或是据《广西通志》所记而得。见《宋元学案补遗》卷四，中华书局2012年版，第554页。

⑥ 郭祥正《哭梅直讲》："篇篇被许可，当友不当师。"原注："予尝以师礼见圣俞，圣俞不予当也。"见《全宋诗》卷七六七，北京大学出版社1993年版，第8897页。

⑦ 别朱东润：《梅尧臣集编年校注》，上海古籍出版社2012年版，第756、757、758、1032页。

⑧ 刘挚著，裴汝诚、陈晓平点校：《忠肃集》卷十六，中华书局2002年版，第351页。

的努力外，其培养后进、奖掖人才，有意识地团结当时文士学子，以期形成一具有共同倾向和影响力之文学集团，方是助其成为一代文宗的重要原因。据《宋元学案补遗·庐陵学案》所载，欧阳修门人有焦千之、刘敞、刘攽、曾巩、王回、徐无党、张舜民、王莘、蒋之奇、曾布等。[①]其中刘敞、刘攽，甚或曾布、蒋之奇等，均为当时或稍后政坛重要人物。而唐宋八大家中之三苏父子、王安石、曾巩等早年在文学的道路上，亦均曾得到欧公的揄扬或提携。以及门弟子的影响力扩及至文学，此为仅有门生一人的梅圣俞所不能到也。

其次，梅圣俞在政治上并无显著地位，"一时伟人合力挽之，而竟不得进。晚始为国子监直讲。《唐书》置局，仅得与讨论。书成，将用为馆职而死矣。"[②]其本身并不具有充分的外在条件以吸引后生从学；坎坷的宦途，亦无能力提携后进，如此从学者自然较少。

至若以门生、从学者之条件而论，若能位居要职或仕至卿相，或可光大师门，发挥师门文学主张；所谓"久而众胜之"，"久""众"二字即是"时间"与"群体"累积的力量。就梅圣俞门生观之，不论是欧阳辟，甚或欲以师事之的郭祥正，终其一生，亦仅是簿书小吏，政治地位所产生的效应，实难与苏轼、曾巩等人等量齐观，此梅最大之遗憾也。

3.理论指导之不足

就文学理论的具体指导而言，作品是否能传世，不在乎创作量的多寡，而在于为文心得的整理与阐述。以书信体裁为例，书信可以讨论为文之道，亦可具体分析篇章得失，更可表达作者个人文学创作之理念。以书信为载体以论诗文，较著者如曹丕《与吴质书》、曹植《与杨德祖书》、陈琳《答东阿王笺》、陆云《与兄平原书》等。而这些书信无形中亦成为论文的名篇，并构成文学批评史上一个个重要的环节。

至于现存《宛陵先生文集》六十卷本，其中五十九卷为诗，杂文与赋仅占一卷，其中并无书信。欧阳修《梅圣俞诗集序》云："其为文章，简古纯粹，不求苟说于世，世之人徒知其诗而已。"刘敞《同永叔哭圣俞》："遗草大小三千篇，白玉落落珠联联。"司马光《梅圣俞挽歌二首》："世俗那能识，伤嗟只为诗。"均可说明梅"无意于文""诗多于文"创作领域失衡的现象。

除了缺乏书信的往复讨论之外，梅圣俞似乎亦少有替他人诗、文集为序，所

① 王梓材、冯云濠：《宋元学案补遗》，中华书局2012年版，第499—546页。

② 李之仪：《跋梅圣俞与郭功甫诗》之二，见《全宋文》卷二四二三，巴蜀书社1988年版，第160页。

作《林和靖先生诗集序》乃是应和靖孙大年之请而作，亦仅此一篇而已。[①]诗、文集序本属赠序性质，作序者除了赞扬对方在诗文上的表现，或予以劝勉外，亦常寄寓个人的创作心得或文学观。如欧阳修《苏氏文集序》中竭力阐扬好友苏舜钦力矫时文之弊的用心：

> 天圣之间，予举进士于有司，见时学者务以言语声偶擿裂，号为『时文』，以相夸尚。而子美独与其兄才翁（舜元）及穆参军伯长（修），作为古歌诗杂文，时人颇共非笑之，而子美不顾也。其后天子患时文之弊，下诏书，讽勉学者以近古，由是其风渐息，而学者稍趋于古焉。独子美为于举世不为之时，其始终自守，不牵世俗趋舍，可谓特立之士也。

同时亦表述自己对文章政理、衰盛相会的观察所得：

> 予尝考前世文章政理之盛衰，而怪唐太宗致治几乎三王之盛，而文章不能革五代之余习。后百有余年，韩、李之徒出，然后元和之文始复于古。唐衰兵乱，又百余年而圣宋兴，天下一定，晏然无事。又百余年，而古文始盛于今。自古治时少而乱时多，幸时治矣，文章或不能纯粹，或迟久而不相及，何其难之若是欤！岂非难得其人欤？苟一有其人，又幸而及出于治世，世其可不为之贵重而爱惜之欤？[②]

借此以抒发对好友"能文"却"屈于今世"不遇的愤懑。

以梅圣俞交游而言，天圣、明道时期常相过从者有谢绛、尹洙、王复等，景祐年间有范仲淹、刘敞兄弟等，庆历时期有裴煜、苏舜钦、宋敏求兄弟、韩绛兄弟等，嘉祐时期有吴充、江邻几、王珪、王安国等人，其中并不乏以文学知名者。现存《宛陵先生文集》中，大多保留了梅与诸人往复酬答的诗歌，却缺少梅为他人诗文集作序的篇章。少了个人对文学观念的表述，对继起的读者和创作者而言，便是缺乏对话的窗口与理念的融通。

循此线索继续观察，凡现今所引述梅圣俞论诗之记载，几全出于欧阳修之《六一诗话》（计有八则）与刘攽（1023—1089）之《中山诗话》（计有四则）。易言之，读者所获致有关梅圣俞的文学主张，乃是间接由他人传达而来，并非是梅个人的著作。或云梅圣俞曾撰《续金针诗格》一卷，晁公武《郡斋读书志》卷二十：

① 朱东润：《梅尧臣集编年校注》，上海古籍出版社2012年版，第1150页。韩淲《涧泉日记》卷下："梅圣俞之文高古，但《宣城集》中止有《和靖诗序》，其它无有也。"

② 欧阳修著，洪本健校笺：《欧阳修诗文集校笺·居士集》卷四一，上海古籍出版社2009年版，第1063页。

“《续金针诗格》一卷，右皇朝梅尧臣圣俞撰。圣俞游庐山，宿西林，与僧希白谈诗，因广乐天所述云。”[①]唯欧阳修《梅圣俞墓志铭》：“尝奏其所撰《唐载》二十六卷，多补正旧史阙谬。……学长于《毛氏诗》，为《小传》二十卷，其文集四十卷，注《孙子》十三篇。”[②]并不见有《续金针诗格》一书。胡仔《苕溪渔隐丛话·后集》卷三十四：“梅圣俞有《续金针诗格》，张天觉有《律诗格》，洪觉范有《禁脔》，此三书皆论诗也。”[③]明言梅圣俞撰有《续金针诗格》一书，但《苕溪渔隐丛话》引梅论诗之言却无一则从《续金针诗格》出。陈振孙《直斋书录解题》则认为题梅尧臣续撰，一如谓白居易撰《金针诗格》，“大抵皆假托”。显然此书是否真为梅圣俞所著，尚有正反不同的意见，而作者的不明确，或亦影响后人研讨的动机。

缺乏门生后学与其讨论，其论诗主张或作诗所得便很难落实，亦无处落实，更无所谓理论深化的影响力。没有理论或诗法的指导，就接受读者而言，既缺少了对话的窗口，原作相对就失去吸引力，引发不起接受群体的模拟动机。这可从梅圣俞殁后，少有“效圣俞体”“效宛陵体”的创作现象看出。模拟与仿作，不仅仅是求与原作的形似，更意味着接受读者对典范的一种选择。有创作的仿效，又有理论作为支撑，才能在袭故中继续前进。以梅圣俞殁后几百年，始有陆游一人多次“效宛陵先生体”，放翁之后，仍是乏人问津，个中原因，不得不归之于从学者寡与缺少具体理论所致。邵长蘅《渔洋诗钞序》曰：

> 夫所以为一代之宗者，其才足以包孕余子，其学足以贯穿古今，其识足以别裁伪体；而又有其地，有其时。夫人与学与识，人也；地与时，天也；五者兼焉，故难也。

所谓“才足以包孕余子”，指的即是奖掖后进，以本身的文才吸引、结合后生学子，以形成具有影响力的文学群体。而“足以别裁伪体”的“识”，指的就是具体的理论识见。欧阳修的成功，正是兼具了“包孕余子”——从学者众、“学贯古今”——著作涵括经史子集、“识”见理论——《六一诗话》与《归田录》、政治“地”位的高度、掌握新变的“时”机，结合政治家、文学家、史学家三位于一体的卓越表现。以邵序所提“人、学、识、地、时”五项条件而论，“学”与“识”两项，梅圣俞应可当之无

① 晁公武：《郡斋读书志》卷二十，上海古籍出版社2006年版，第1078页。

② 欧阳修著，洪本健校笺：《欧阳修诗文集校笺·居士集》卷三四，上海古籍出版社2009年版，第881页。

③ 胡仔：《苕溪渔隐丛话》后集卷三十四，人民文学出版社1962年版，第259页。

愧;[①]就"地"而言,梅一生"历德兴令,知建德、襄城县,监湖州税,签书忠武、镇安判官,监永济仓。"[②]皆是地方小吏,毫无政治影响力。迁徙不定,栖栖仕途,即潜藏了诗人无暇他顾的因子;无暇(时间)、无机缘(天时)、又无地利等诸多因素的凑集下,自然形成了未能包孕余子的遗憾。

(二)客观因素

1.欧阳修等人推誉太过

若论梅圣俞一生知己,欧阳修可谓当之无愧。欧、梅二人交谊,始于天圣九年(1031),时欧阳修为西京留守推官,"逢君伊水畔,一见已开颜"[③]。时二人正值少壮,读书饮酒,把手言欢,品诗论文,谈辩锋出。自后三十年,二人虽乖离会合,但情谊未曾或减。[④]天圣时期与欧阳修相从之挚友,有"七交"之称,但七人中,欧与梅相识最早,"与君结交游,我最先众人"[⑤],其相互影响亦最深。

作为梅圣俞一生的知己,欧阳修对梅诗的揄扬,可谓不遗余力。从"长于本人情,状风物,英华雅正,变态百出"[⑥]具有强烈感染力的特质,复强调其"善吟哦"[⑦],及"初如食橄榄,真味久愈在""郊死不为岛,圣俞发其藏"的赞誉。庆历六年(1046),再度提出梅诗"愈穷则愈工"的艺术造诣。嘉祐六年(1061),欧阳修《梅圣俞墓志铭》中对梅诗歌艺术风格的变化,做了整体的总评:"其初喜为清丽闲肆平淡,久则涵演深远,间亦琢刻以出怪巧,然气完力余,益老以劲。"全面概括

---

① 欧阳修《梅圣俞墓志铭》:"尝奏其所撰《唐载》二十六卷,多补正旧史阙谬。……学长于《毛氏诗》,为《小传》二十卷,其文集四十卷,注《孙子》十三篇。"见欧阳修著,洪本健校笺:《欧阳修诗文集校笺·居士集》卷三十四,上海古籍出版社2009年版,第881页。

② 见《宋史》卷四四三《梅尧臣传》,中华书局1985年版,第13091页。《宋史》本传作"永丰仓",此据欧阳修《梅圣俞墓志铭》。

③ 欧阳修:《书怀感事寄梅圣俞》,见欧阳修著,洪本健校笺:《欧阳修诗文集校笺·外集》卷二,上海古籍出版社2009年版,第1288页。

④ 欧阳修:《祭梅圣俞文》:"昔始见子,伊川之上,余仕方初,子年亦壮。读书饮酒,握手相欢,谈辩锋出,贤豪满前。谓言仕宦,所至皆然,但当行乐,何有忧患?子去河南,余贬山峡,三十年间,乖离会合。"见欧阳修著,洪本健校笺:《欧阳修诗文集校笺·居士集》卷五〇,上海古籍出版社2009年版,第1236页。

⑤ 欧阳修:《依韵奉酬圣俞二十五兄见赠之作》,见欧阳修著,洪本健校笺:《欧阳修诗文集校笺·居士集》卷八,上海古籍出版社2009年版,第223页。

⑥ 欧阳修:《书梅圣俞稿后》,见欧阳修著,洪本健校笺:《欧阳修诗文集校笺·外集》卷二十三,上海古籍出版社2009年版,第1906页。天圣十年(1032)作。

⑦ 欧阳修:《书怀感事寄梅圣俞》,见欧阳修著,洪本健校笺:《欧阳修诗文集校笺·外集》卷二,上海古籍出版社2009年版,第1288页。景祐元年(1034)作。

了梅诗在各个时期的艺术特征。缅怀之余，更给予了“自从苏、梅二子死，天地寂然收雷声”的高度评价。[①]

自明道元年（1032）至嘉祐六年（1061），欧公尽其半生之力，为梅诗不断地背书。三十年间，对梅诗的推崇，从不因二人贵贱穷达、地位的悬殊而稍有减损，并屡屡以具体的行动实践之，梅圣俞《高车再过谢永叔内翰》：

> 世人重贵不重旧，重旧今见欧阳公；昨朝喜我都门入，高车临岸进船蓬。俯躬拜我礼愈下，驺徒窃语音微通：我公声名压朝右，何厚于此瘦老翁！[②]

诗作于嘉祐元年（1056），时梅圣俞自泗入京；[③]欧公以翰林学士之尊，亲至汴京都门外迎接，并两度造访，复“邀以新诗出古律”。[④]其中所展现的意义，自然非比寻常。

欧阳修除尽一己之力推誉梅圣俞外，亦企图援引他人之力以助梅，如嘉祐元年翰林学士赵槩（996—1083）等十余人（欧公亦预其中）共列言于朝，荐梅“与国子诸生讲论道德”；[⑤]次年（1057），欧与韩子华（绛）、王禹玉（珪）、范景仁（镇）、梅公仪（挚）同知礼部贡举，并辟梅为参详官。[⑥]又欲倩韩琦、韩绛之力共举之。[⑦]欧阳修深切地体认到，作为一个读者，或身为接受群体中的一员，必得有振臂一呼，四方云集而应的雄厚实力与影响力，方能使得作品传世广远，其推誉亦才能获致成效。从时间历程，对比欧阳修政治上的地位，恰恰说明了这点。欧阳修自庆历元年权武成军节度判官厅公事，感叹“嗟予身贱不敢荐”，[⑧]到庆历四年除龙图阁

① 欧阳修：《感二子》，见欧阳修著，洪本健校笺：《欧阳修诗文集校笺·居士集》卷九，上海古籍出版社2009年版，第246页。

② 朱东润：《梅尧臣集编年校注》，上海古籍出版社2012年版，第877页。

③ 参《二梅公年谱·宛陵先生年谱》，《四库全书存目丛书》，齐鲁书社1996年版，第109页。

④ 梅圣俞：《高车再过谢永叔内翰》，朱东润：《梅尧臣集编年校注》，上海古籍出版社2012年版，第877页。

⑤ 欧阳修：《梅圣俞墓志铭》，欧阳修著，洪本健校笺：《欧阳修诗文集校笺·居士集》卷三十三，上海古籍出版社2009年版，第881页。

⑥ 参《二梅公年谱·宛陵先生年谱》，《四库全书存目丛书》，齐鲁书社1996年版，第881页。

⑦ 欧阳修《与韩忠献王书》第十九简：“窃见国子监直讲梅某，以文行知名。以梅之名而公之乐善，宜不待修言，固已知之久矣。中外士大夫之议，皆愿公荐之馆阁。”书作于嘉祐三年，欧书见《全宋文》卷七〇四，巴蜀书社1988年版，第193页。又《梅圣俞墓志铭》：“（嘉祐）三年冬，袷于太庙，御史中丞韩绛言，天子且亲祀，当更制乐章以荐祖考，惟梅某为宜。”见欧阳修著，洪本健校笺：《欧阳修诗文集校笺·居士集》卷三十三，上海古籍出版社2009年版，第881页。

⑧ 欧阳修《圣俞会饮》题下注：“庆历元年作。”见欧阳修著，洪本健校笺：《欧阳修诗文集校笺·居士集》卷一，上海古籍出版社2009年版，第24页。时梅将赴监湖州盐税任。

直学士后，大量且集中的赞扬梅诗，再至嘉祐三年以翰林学士兼龙图阁学士权知开封府，[①]并荐梅入史馆、与修《唐书》，其对梅的揄扬，始终不减。除以文坛领袖的身份大力延誉外，其意欲联合当时政坛贵重者以制造出一股气候与声势，以全面拉抬梅，"心实扶助"的动机，[②]其实十分明显。

就接受读者的成员而论，除王曙外，司马光（1019—1086）亦曾求教于梅圣俞，以为梅诗"坚重比白玉"[③]，其贵重的价值足以"留为子孙宝，胜有千年珠"[④]。刘敞（1019—1068）推举梅诗是"诗老最前辈，名声三十秋"[⑤]。刘攽（1023—1089）则言其"新诗独步名"[⑥]，刘挚（1030—1097）亦言梅的地位是"主诗盟"[⑦]。余者尚有杜衍、赵槩等人。值得玩味的是，这些人或多或少均与欧公有涉，或为欧公之门人（如二刘兄弟）、或曾为欧公僚属（如司马光）、或为欧公好友（如杜衍）、或与欧公同值芸台（如赵槩）。随着欧公谢世，崇誉梅诗的声浪，再无人复起。从在世时"主盟诗坛，人争传之"，到身故后"天地寂然收誉声"，葛立方（1092—1164）首先观察到这一微妙的转变：

> 欧公一世文宗，其集中美圣俞诗者，十几四五。称之甚者，如……圣俞诗佳处固多，然非欧公标榜之重，诗名亦安能至如此之重哉？[⑧]

葛立方将他的观察所得，归之于欧公标榜太重；易言之，梅诗佳处固多，但不佳处亦不在少，致有推誉太重（名）与实际创作质量（实）不相称之情形。至于佳与不佳的标准，以及欧公推誉的原因，葛氏则并未触及。个人拟于下节中继续说明。

2.欧阳修自拟"韩、孟"的群体意识

梅诗不佳处，或有题材过于俗、恶、表现手法过于直露之处，若推求欧公推誉梅诗的原始心理，或可与提倡韩文相比对，《记旧本韩文后》云：

---

① 参刘德清：《欧阳修纪年录》，上海古籍出版社2006年版，第313页。

② 梅圣俞：《依韵和永叔澄心堂纸》："公之此心实扶助，更后有力谁论哉。"见朱东润：《梅尧臣集编年校注》，上海古籍出版社2012年版，第800页。

③ 司马光：《投圣俞》，见李之亮笺注《司马温公集编年笺注》卷三，巴蜀书社2008年版，第147页。诗作于嘉祐三年，温公时以开封府推官乞知虢州。

④ 司马光：《梅圣俞惠诗，复以二章为谢》，巴蜀书社2008年版，第159页。亦嘉祐三年之作。

⑤ 刘敞：《和圣俞十二韵》，见《全宋诗》卷四七五，北京大学出版社1993年版，第5751页。

⑥ 刘攽：《寄梅圣俞》，见《全宋诗》卷六〇六，中华书局1985年版，北京大学出版社1993年版，第7168页。

⑦ 刘挚：《还郭祥正诗卷》，《忠肃集》卷十六，中华书局1985年版，第351页。

⑧ 葛立方：《韵语阳秋》卷一，见《历代诗话》，艺文印书馆（台北）1974年版，第297页。

予少家汉东。汉东僻陋，无学者；吾家又贫，无藏书。州南有大姓李氏者，其子尧辅颇好学，予为儿童时，多游其家，见有弊筐贮故书在壁间，发而视之，得唐《昌黎先生文集》六卷，脱落颠倒无次序。因乞李氏以归，读之，见其言深厚而雄博。然予犹少，未能悉究其义，徒见其浩然无涯，若可爱。……时官于洛阳而尹师鲁之徒皆在，遂相与作为古文。因出所藏《昌黎集》补缀之。求人家所有旧本而校定之。其后天下学者渐趋于古，韩文遂行于世。至于今盖三十余年矣。①

从喜嗜韩愈古文深厚雄博到对韩诗笔力雄健恣肆的欣赏叹服，进而在相似的文化背景下，对韩愈力复古道的接受，欧阳修对韩愈的尊崇与模拟，是全面性的。也因为天圣初期先蕴蓄了石介等人崇韩的氛围，欧公很自然地融进了这样的时代氛围中，响应了当时整个文化背景对韩愈思想、文学的召唤，并欲一肩扛起艰巨的使命。"以奇矫薄骇群愚，用此犹得追韩徒"，"诚知非所敌，但欲继前芳"，明白道出欲继踵"韩徒"——以韩愈为中心的创作群体——以矫时风的企图。而在学韩、崇韩、继韩的过程中，欧阳修对梅诗的推誉亦几乎同步进行着。

试以欧阳修与梅圣俞、韩愈与孟郊二组比较之；其一，以年龄而论，梅长欧六岁，此与孟郊长韩愈十八岁相似。其二，天圣八年(1030)欧公进士及第，时梅虽不第，但诗名早已有成，此亦与贞元八年(792)韩愈进士及第，孟虽不第，但已"作诗三百首"，其诗风已有"窅默咸池音"情形近似。②其三，就诗歌的创作过程而论，欧公不止一次提到梅对他的影响，"论诗赖子初指迷""作诗三十年，视我犹后辈"，在难以匹敌的状况下，实为"周旋二纪陪唱和，凡翼每并鸾皇栖。有时争胜不量力，何异弱鲁攻强齐"③。此亦与韩诗略逊于孟郊近似"吾愿身为云，东野变为龙，四方上下逐东野，虽有离别何由逢"④。其四，就诗歌风格的差异性而言，欧、梅之不同，一如韩、孟二人"孟穷苦累累，韩富浩穰穰"，但"二律虽不同，合奏

① 据欧公自署，文作于嘉祐六年(1061)，上数"三十余年"为天圣九年，正"官于洛阳"，补西京留守推官。见欧阳修著，洪本健校笺：《欧阳修诗文集校笺·外集》卷二三，上海古籍出版社2009年版，第1927页。又，黄震《欧公年谱》："年十岁，借书李氏，得昌黎文于敝簏中，乞得之，力学焉。"

② 韩愈：《孟生诗》，钱仲联《韩昌黎诗系年集释》卷一，上海古籍出版社1998年版，第12页。

③ 欧阳修：《再和圣俞见答》，见欧阳修著，洪本健校笺：《欧阳修诗文集校笺·居士集》卷五，上海古籍出版社2009年版，第139页。

④ 韩愈：《醉留东野》，见《韩昌黎诗系年集释》卷一，上海古籍出版社1998年版，第58页。元和六年(811)作。

乃锵锵"[①],不同构型并不妨碍二手联合后所产生的共鸣气势与力量。其五,欧阳修欲藉时人之力以共荐梅,亦与韩愈请李翱荐孟郊于张建封、郑余庆等同。亦无怪后人评欧公之推梅,其不遗余力的情形,实"与昌黎推东野同"[②]。

随着人生经历的浮沉各有不同,复以数十年的深厚友谊,欧、梅二人分别对应于韩、孟的角色意识亦越趋明显;梅圣俞从"永叔要做韩退之,强我做孟郊"的不平[③],渐至"窃比于老郊,深愧言过实"[④]、"以我拟郊嗟困摧",[⑤]到最后欣然地看待这种对应于韩、孟的意识,"犹喜共量天下士,亦胜东野亦胜韩"[⑥]。而欧公成为"时代的韩愈"的态势,亦逐渐成型。[⑦]《读蟠桃诗寄子美》中,欧公同时又引入苏舜钦作为群体的一员:

安得二子接,挥锋两交芒。我亦愿助勇,鼓旗噪其旁。

从个体的对应到群体并举,其欲营造出群体气势的用意,已十分明显。欧公欲"继踵韩徒"的意义——不仅是同气共应,还涵括着文变革新的强烈意图——和重心,积极地展现无遗。

以韩、孟自拟的意识对创作的影响而言,一方面使得创作者更加地学习某种风格,逐渐形成其作品独有的特色,此从梅诗创作历程逐渐向孟郊靠拢,得孟郊诗"思苦奇涩"真传中可看出;另一方面,创作者在接受揄扬的心理下,将"苦""涩"的特质发挥到极致,以致部分作品有难以卒读的弊病,"宛陵诗虽尚平淡,其始犹有秀气,中岁后始极不堪。""拙恶者亦复不少"[⑧]。影响所及,即是读者不喜梅诗,渐致无人读梅诗。欧公一生论梅诗、誉梅诗,最终却无人读梅诗,对梅诗传

① 欧阳修:《读蟠桃诗寄子美》,见欧阳修著,洪本健校笺:《欧阳修诗文集校笺·居士集》卷二,上海古籍出版社2009年版,第59页。

② 刘熙载:《艺概·诗概》,汉京文化事业有限公司(台北)1985年版,第64页。

③《邵氏闻见后录》卷八,中华书局1983年版,第145页。又欧阳修《归田录》:"圣俞自天圣中,与余为诗友,余尝赠以《蟠桃诗》,有韩、孟之戏。"

④ 梅圣俞:《别后寄永叔》,见朱东润:《梅尧臣集编年校注》,上海古籍出版社2012年版,第468页。

⑤ 梅圣俞:《依韵和永叔澄心堂纸答刘原甫》,见朱东润:《梅尧臣集编年校注》,上海古籍出版社2012年版,第800页。

⑥ 梅圣俞:《和永叔内翰》,见朱东润:《梅尧臣集编年校注》,上海古籍出版社2012年版,第926页。

⑦ 苏轼:《六一居士集叙》:"士无贤不肖,不谋而同曰:'欧阳子,今之韩愈也。"见《全宋文》卷一九三一,巴蜀书社1988年版,第179页。

⑧ 贺裳:《载酒园诗话又编》,见郭绍虞主编:《清诗话续编》,木铎出版社1983年版,第414页。

世的影响竟是致其不能享身后之名，此或为欧公生前始料所不及。故清人云“（庐陵）论人诗害诗实深”，又云：“凡诗受累，大都不由于谤者，而由于誉者，类然耳。”[①]就此点看来，欧公“以梅拟孟”所产生的效应竟至如此，应是二人均未料及的吧。

3. 诗风近孟郊，人不喜读

至于宋人对孟郊的态度，自来便以不喜者居多。欧、梅之前，石介评孟郊是“诗苦动天地”[②]，宋祁《新唐书·韩愈传附孟郊》亦云孟诗“思苦奇涩”[③]，欧公论孟郊诗，亦言“喜为穷苦之句”[④]，可见孟郊诗“苦”这种鲜明的特质，已先植于宋人心目中。刘攽《中山诗话》中，甚至怀疑韩、孟联句诗中，凡属于孟郊的句子，均为韩愈润色所成：

> 东野与退之联句诗，宏壮博辩，若不出一手。王深父（回）云：“退之容有润色也。”[⑤]

苏轼则以“郊寒岛瘦”[⑥]、“听此寒虫号”[⑦]论孟。自此，孟郊被视为草间寒虫，其负面的评价亦相继增多，如：

> 郊以饿士偶工于诗尔，世之言（王）通与郊之实，不过如此。文中、贞曜竟何补哉？[⑧]
>
> 孟郊赋性褊隘，其诗曰：“出门即有碍，谁谓天地宽？”天地何尝碍郊？孟郊自碍耳！[⑨]
>
> 孟东野诗苦思深远，可爱不可学。[⑩]

① 贺裳：《载酒园诗话又编》，见郭绍虞主编：《清诗话续编》，木铎出版社1983年版，第414页。

② 石介：《赠张绩禹功》，见陈植锷点校：《徂徕石先生文集》卷二，中华书局2009年版，第17页。康定元年（1040）作，时三十六岁。

③《新唐书》卷一七六，中华书局2006年版，第5265页。

④ 欧阳修：《六一诗话》，见《历代诗话》，艺文印书馆（台北）1974年版，第158页。

⑤《历代诗话》，艺文印书馆（台北）1974年版，第172页。

⑥ 苏轼：《祭柳子玉文》，见《全宋文》卷一九九七，巴蜀书社1988年版，第94页。

⑦ 苏轼：《读孟郊诗二首》之一，见孔凡礼点校：《苏轼诗集》卷十六，中华书局1982年版，第796页。

⑧ 张耒：《答李文叔为兄立谥简》，见《全宋文》卷二七五二，巴蜀书社1988年版，第262页。

⑨ 吴处厚：《青箱杂记》卷七，《景印文渊阁四库全书》第1036册，第641页。

⑩ 许顗：《彦周诗话》，见《宋诗话全编》第2册，第1399页。

严羽《沧浪诗话》列有“孟东野体”，但亦明白指出“孟郊之诗刻苦，读之使人不欢”[①]、“李杜数公，如金翅擘海，香象渡河，下视郊岛辈，直虫吟草间耳”[②]。“孟郊之诗，憔悴枯槁，其气局促不伸。”[③]即是不能达到愉悦畅快的阅读效果，反而使人处于被压抑的状态中。

整体而言，孟郊诗中穷愁的寒士形象、愤世的人生观、怨积的言贫作品，和涩僻的艺术特质，建构起后人对孟郊形象的勾勒。从诗“苦”，到“如寒虫”，到“不可学”，到“读之不欢”，都显示了宋人不喜孟郊诗的阅读心理。宋人对孟郊诗的评价，相对亦影响了“似孟郊”的梅圣俞在诗坛的接受度。欧公在揄扬梅诗的同时，也提出了梅诗不为时喜的现实窘境“梅穷独我知，古货今难卖”[④]，似乎即已预见了梅诗难以传世的遗憾与悲哀。

4.佳句多而名篇少

“古货”代表的是朴拙的外表和纯实的本质，就作品而言，日常俗物为诗，是“拙”的表象，是“土形”；直露无隐的文字，是“质”的内容，是“木质”。“土形木质”，不为人所爱，市场接受度小，传世自然不易。[⑤]就阅读心理而言，读拙物为主题的诗篇，和无蕴藉之美的文字，所引发的心理反应，即是不忍卒读；易言之，即使作品再多，亦乏人问津。梅诗“难卖”的现象，或可从方回与纪昀二人评论扞格处见之。

方回于宋代诗人中，最服膺梅圣俞，有“宋诗孰第一，吾赏梅圣俞”[⑥]之赞；其《瀛奎律髓》一书中选评梅诗律体有127首，数量仅次于陆188首，居宋人第二。在127首的论评中，方回极力崇仰梅圣俞在宋诗中的地位：

> 若论宋人诗……须还梅老五言律第一可也。[⑦]

① 郭绍虞校释：《沧浪诗话校释》，人民文学出版社2005年版，第181页。

② 郭绍虞校释：《沧浪诗话校释》，人民文学出版社2005年版，第177页。

③ 郭绍虞校释：《沧浪诗话校释》，人民文学出版社2005年版，第177页。

④ 欧阳修：《水谷夜行寄子美圣俞》，见欧阳修著，洪本健校笺：《欧阳修诗文集校笺·居士集》卷二，上海古籍出版社2009年版，第45页。按韩愈《孟生诗》有云：“孟生江海士，古貌又古心。尝读古人书，谓言古犹今。”欧公谓梅诗是古货，应是据韩诗而来。韩诗见钱仲联集释《韩昌黎诗系年集释》卷一，中华书局1982年版，第12页。

⑤ “土形木质”一词，参夏敬观先生《梅尧臣诗导言》，见朱东润：《梅尧臣集编年校注》，上海古籍出版社2012年版，第1177页。

⑥ 方回：《学诗吟十首》之一，见《全宋诗》卷三五〇八，北京大学出版社1993年版，第41881页。

⑦ 方回选评，李庆甲集评校点：《瀛奎律髓汇评》，上海古籍出版社2005年版，第970页。

梅公之诗为宋第一。[①]

将梅诗视为宋诗第一,方回可谓继刘克庄提出“本朝诗惟宛陵为开山禅师”后第二人。

方回以为梅诗(律体)足为宋人第一,是因为梅诗已达致“与唐人不异”的艺术高度:

宋诗与唐诗不异者,梅都官尧臣为最。[②]

梅老五言律第一可也,虽唐人亦只如此。[③]

宋人诗善学盛唐而或过之,当以梅圣俞为第一。[④]

方回论诗,以格高为第一,“诗先看格高,而意又到,语又工,为上”[⑤]。盛唐律体浑大,格高语壮,故为方回评诗最高标准。梅诗虽“不争格高”[⑥],但其“流丽圆活”“自然有味”[⑦]与“盛唐杜审言、王维、岑参诸人合”[⑧],即置之盛唐诗人中亦毫不逊色。

“与唐人无异”“虽唐人亦只如此”“与盛唐诸人合”,固然代表了梅诗艺术风格的高度已臻至盛唐之境,但从另一角度而言,梅诗只是“善学盛唐”进而“似唐”,而无新的拓展。“梅圣俞则唐体之出类者也”[⑨]之誉,其成就毕竟只是“唐体”,而不是“宋人诗”。

再就方回所点评之内容而观,复可见出大多集中于佳句或某一联的赞赏,如:

《金山寺》方回:三、四绝妙,尾句自然有味。[⑩]

《谢永叔答述旧之作和禹玉》方回:前联壮哉,次联丽甚。[⑪]

《颖公遗碧霄峰茗》方回:中四句精工不可言。[⑫]

① 方回选评,李庆甲集评校点:《瀛奎律髓汇评》,上海古籍出版社2005年版,第925页。
② 方回选评,李庆甲集评校点:《瀛奎律髓汇评》,上海古籍出版社2005年版,第169页。
③ 方回选评,李庆甲集评校点:《瀛奎律髓汇评》,上海古籍出版社2005年版,第970页。
④ 方回选评,李庆甲集评校点:《瀛奎律髓汇评》,上海古籍出版社2005年版,第1076页。
⑤ 方回选评,李庆甲集评校点:《瀛奎律髓汇评》,上海古籍出版社2005年版,第894页。
⑥ 方回选评,李庆甲集评校点:《瀛奎律髓汇评》,上海古籍出版社2005年版,第626页。
⑦ 方回选评,李庆甲集评校点:《瀛奎律髓汇评》,上海古籍出版社2005年版,第76页。
⑧ 方回选评,李庆甲集评校点:《瀛奎律髓汇评》,上海古籍出版社2005年版,第170页。
⑨ 方回:《送罗寿可诗序》,《全元文》卷二〇九,江苏古籍出版社2001年版,第51页。
⑩ 方回选评,李庆甲集评校点:《瀛奎律髓汇评》,上海古籍出版社2005年版,第14页。
⑪ 方回选评,李庆甲集评校点:《瀛奎律髓汇评》,上海古籍出版社2005年版,第75页。
⑫ 方回选评,李庆甲集评校点:《瀛奎律髓汇评》,上海古籍出版社2005年版,第715页。

如此等例者，于《瀛奎律髓》中极多；但即使是对佳句的论评，后代论诗者仍有与方回意见相左的情形，如：

《依韵和签判都官昭亭谢雨回广教见怀》方回："笑处""归时"一联，淡而有味。

纪昀：未见其味。①

《韩子华约游园上马后雨作遂归》方回：三、四言大风，五、六言雨、言雷，皆工而新。

纪昀：三句"摆丛"字鄙，五、六尤鄙。②

至于集评中偶有言"通篇皆善"者，亦常被后人讥为私意党护，如：

《送唐紫微知苏台》方回：圣俞诗似唐人而浑厚过之，如此篇者是。

纪昀：五、六句不佳。③

《蝇》方回：当与老杜《萤》诗相表里玩味。

纪昀：语皆拙鄙，圣俞何一谬至此。④

《淮阴侯庙》方回：此律诗亦佳。

纪昀：通体庸钝。⑤

《送李殿丞通判蜀州赋海棠》方回：细味之，"望帝鸟声空有血，相如人恨不同时"，无穷之味，有色之声也。

纪昀：党护至此，亦无庸以笔舌争矣。⑥

从方回的点评中可以看出，梅诗之佳，显然只是集中于诗中的某一、两联，并非为整首诗的表现。这显示了梅圣俞作品的成熟度，或仍有努力加强的空间。同时，从方回与纪昀观点相左的情形看来，歧异意味梅诗缺乏"放诸四海皆准"，能为历史所公评的佳作。能否承当世人的公评，是创作成熟的具体结果；只有佳句而无佳篇，显示其创作仍未臻完熟。

再就方回所谓"梅圣俞则唐体之出类者也"进一步申论之，方回《送罗寿可诗

① 方回选评，李庆甲集评校点：《瀛奎律髓汇评》，上海古籍出版社2005年版，第660页。
② 方回选评，李庆甲集评校点：《瀛奎律髓汇评》，上海古籍出版社2005年版，第664页。
③ 方回选评，李庆甲集评校点：《瀛奎律髓汇评》，上海古籍出版社2005年版，第1076页。
④ 方回选评，李庆甲集评校点：《瀛奎律髓汇评》，上海古籍出版社2005年版，第1162页。
⑤ 方回选评，李庆甲集评校点：《瀛奎律髓汇评》，上海古籍出版社2005年版，第1227页。
⑥ 方回选评，李庆甲集评校点：《瀛奎律髓汇评》，上海古籍出版社2005年版，第1188页。

序》中列述宋诗演进过程中有白体、昆体、晚唐体、欧苏梅、苏王黄、江西派、尤范杨陆萧、道学、永嘉四灵等，显然视梅诗为“体”——即是存在着一种明确的体貌特征或风格，足为创作者所追求的范式。若再比对稍早之《沧浪诗话》，不论是“以时而论”或“以人而论”，梅圣俞均不得与于其中；倘若严羽所分诸“体”，乃是着眼于宋诗各阶段之重要诗人，则“日课一诗，人争传之”的梅圣俞何以未能成为独特之“体”？足见不须待至清人（纪昀）出，即同时代人（严羽）在看待梅诗时，便已先察觉出梅诗不够完熟的现象。

以宋诗风格形成的过程来看，梅、欧等人于宋代诗风虽有开创、奠基之功，但整体而言，整个创作过程仍是沿着唐人的轨迹前进的，所谓“敷膜色泽，未尝究心于神理”①，即表示足以与唐人分庭抗礼的深度，尚待深掘之。方回的论评一方面显示了他个人对梅诗的过誉，一方面亦暴露了梅诗“佳句多而佳篇少”的窘境。魏庆之《诗人玉屑》卷五引《陵阳先生室中语》：

> 人生作诗不必多，只要传远，如柳子厚，能几首诗，万世不能磨灭。②

以创作篇章2800余首之“多”的梅圣俞而言，其能“传远”的作品却寥寥可数，这应该是梅另一个遗憾吧！

5. 是“欧、梅”抑或“梅、欧”？

如前所述，在诗歌创作的历程中，欧阳修并不讳言得梅圣俞指点为多，梅圣俞像一个前导者，始终引领着欧阳修逐步前进。宝元二年（1039）所云“文会忝予盟，诗坛推子将”③各领文坛、诗坛所显示的意义看来，欧阳修对自己诗歌的艺术成就不如梅，有着深刻的认知。

而当代的人在看待梅、欧二人诗作孰擅胜场的现象时，则是极力推崇欧诗，如惠洪《冷斋夜话》引王荆公语：“舒王言，欧公今代诗人未有出其右者。”④

荆公诗学杜甫，暮年作小诗尤雅丽精绝，欧公并不称道老杜，亦不以律、绝见长，荆公以擅律体之角度评不以律胜的欧诗“无人出其右”之誉，可视为最高之推

① 贺裳：《载酒园诗话·宋·王安石》，见《清诗话续编》，上海古籍出版社1983年版，第418页。

② 魏庆之：《诗人玉屑》卷五，（台北）商务印书馆1968年版，第101页。

③ 欧阳修：《答梅圣俞寺丞见寄》，见欧阳修著，洪本健校笺：《欧阳修诗文集校笺·外集》卷三，上海古籍出版社2009年版，第1323页。

④ 惠洪：《冷斋夜话》卷五，见吴文治主编：《宋诗话全编》，江苏古籍出版社1998年版，第2447页。

崇。又如《石林诗话》"欧阳文忠公诗始矫昆体,专以气格为主"①。则是具体指出欧诗力革形式美而重文气——即内容为重的价值。至于梅、欧二人并举时,则大多先言欧阳修,如李廌(1059—1109)《题郭功甫诗集后》:

盛朝能诗可屈指,少师仆射苏与梅。少师新为地下客,苏、梅骨化成尘灰。金陵仆射今已老,班班丝雪侵颐腮。②

方回《送罗寿可诗序》:

宋刬五代旧习,诗有白体、昆体、晚唐体。……欧阳修出焉,一变为太白、昌黎之诗,苏子美二难相与颉颃,梅尧臣则唐体之出类者也。③

或是欧梅并称,如黄庭坚《次韵文潜立春日三绝句》其一:

渺然今日望欧梅,已发黄州首重回。试问淮南风月主,新年桃李为谁开?④

晁公武《郡斋读书志》亦云:

《中山诗话》,刘攽贡父撰,多及欧、梅、苏、石。⑤

方回《桐江续集》中言"欧、梅"之例,更不只一则,如《赠邵山甫学说》:"宋则欧、梅、苏、黄。"《孟衡湖诗集序》:"聚奎以来,昆体盛行,而欧、梅革之。"

《唐长孺艺圃小集序》:"诗以格高为第一……宋惟欧、梅、黄、陈、苏长翁、张文潜。"以梅长欧公六岁,又早享诗名,一生专力为诗,创作量亦富,宋人在看待二人诗歌时,却先欧后梅,甚而如《郡斋读书志》将石曼卿亦置于欧之后,显见欧诗的成就在宋人的眼光中,高于梅圣俞。

宋人"(先)欧(后)梅"的并举方式,同样影响着后人的视角,元好问《论诗三十首》之二十七:"百年才觉古风回,元祐诸人次第来。讳学金陵犹有说,竟将何罪废欧梅?"王士祯《香祖笔记》卷十:"宋人诗至欧、梅、苏、黄、王介甫,而波澜始

---

① 叶梦得:《石林诗话》卷上,见《历代诗话》,艺文印书馆(台北)1974年版,第241页。

② 见李廌:《济南集》卷三;诗作于熙宁十年(1077),时李廌十九岁。所谓"少师"指欧阳修,熙宁四年(1071)欧阳修以太子少师致仕,次年(1072)卒,故诗云"新为地下客"。"金陵仆射"则指王安石,盖王安石于熙宁八年(1075)六月任尚书左仆射兼门下侍郎,时五十五岁。故云。

③ 方回:《桐江续集》卷三二,《影印文渊阁四库全书》第1193册,第662页。

④ 诗作于崇宁元年(1102)十二月中,时黄庭坚已罢太平州。

⑤ 晁公武:《郡斋读书志》卷十三,上海古籍出版社2006年版,第601页。

大。”宋荦《西陂类稿》卷二七：“仁宗时，欧阳修、梅圣俞、苏舜钦谓之欧、梅，亦称苏、梅，诸君多学杜、韩。”《四库全书总目·西昆酬唱集》：“欧、梅继作，坡、谷迭起”，至于梁昆《宋诗派别论》“昌黎派”中列穆修、石延年、余靖、石介、梅圣俞、苏舜钦兄弟等，“首领终当推欧阳修”[①]。显然自宋至清《四库全书总目》的一锤定论，始终都没有改变。

上引诸家所评，或可续而论之；欧公以944首的创作量，能于后世评比中超越梅翁，当亦有其成功的原因可循。

首先，就创作渊源论，欧阳修早年诗学西昆，后倾慕李白，盛赞韩、孟之余，亦喜贾岛诗[②]，同时亦推崇晚唐诗人锻炼之工。诗学诸家，而融铸出“简易明畅，若肆笔脱口”[③]之风格，较之梅圣俞似孟郊之诗风，自然较易为读者所接受。其次，在崇韩的时代风潮下，欧、梅二人将韩愈以散文句式入诗、以议论为诗的特点，发挥得淋漓尽至；而欧诗在论物“理”时，重在达意，故虽同为写日常之物，与梅诗重刻意造语不同，此亦较易为读者所接受。其三，欧阳修著有《六一诗话》，其论诗的观点，足以与创作相互发明映证，后人亦得从其论评的基础，体味其诗学主张。其四，就从学者而言，欧公以政治地位的优势及喜奖掖后进的人格特质，吸引着一批优秀的青年学子从之问学，其道德文章，得到时人一致的推服，亦因此成就文坛宗师的地位，此“欧梅”取代“梅欧”之故也。

三、结论

梅圣俞以其独特的诗歌风格，于生前即享有极盛的诗名；其“以文入诗”“思苦奇涩”“硬劲如食橄榄”之特征，亦为宋诗“以文为诗”“以文字为诗”奠定开创之功。就继起者而言，梅诗让后人看到了足以与唐诗分庭抗礼的方向与畛域，从而继续探索，因而开展出原只有孕育而尚未成长的园地，然亦因其怪奇风格与孟郊诗似，以及言尽意亦尽的表述方式，影响所及，其诗名亦随着诗人的下世而渐趋沉寂。

后人在看待梅诗时，常有誉过于实之叹，并直指欧阳修有过誉之嫌；作为梅圣俞一生的知己，欧公除欣赏梅诗与自己异质性的风格表现外，实则更欲扶助梅使其在仕途上能有显著的地位。然就主观条件而言，梅屡试不第的出身，决定了

① 梁昆：《宋诗派别论》，商务印书馆1939年版，第32页。

② 欧阳修：《弹琴效贾岛》，见欧阳修著，洪本健校笺：《欧阳修诗文集校笺·居士集》卷四，上海古籍出版社2009年版，第100页。

③ 魏了翁：《裴梦得注欧阳公诗集序》，《鹤山集》卷五十四。

他在政治上的发展，亦影响他对后生学子的号召力。复以其专力为诗，并未积极建构其诗学理论体系，以致其身后，无人可弘其诗，无法可传其学，最终不得登上宋诗“祖”“宗”之宝座，此不得不视为梅最大的遗憾。

梅圣俞在诗歌上所做的创新和努力，也标志着天圣、庆历年间文士群体崇韩的历程；易言之，天圣、庆历时期，宋代的诗坛并存着韩愈与梅圣俞同为诗歌典范的两位轴心人物。梅圣俞在学韩的过程中，逐渐趋向于孟郊，同时在模拟的过程中，未能适时地提出切合时代背景的“复古”“弘道”的主张，其新变的精神、魄力或诗、文的艺术技巧，均不敌韩愈；在主、客观条件皆缺乏的状况下，宋人择取了韩愈，而梅圣俞最终仅仅成为宋诗“名家”而已。

[作者简介：王秀云，台湾世新大学中文系兼任助理教授。]

胸中原自书万卷，夺胎换骨亦必然

——关于“夺胎换骨”之再辩护

◇张福勋

摘　要：“夺胎换骨”乃诗歌创作之必然规律，探索其原因，一是当时社会风气，人们竞相引用故典，以彰显自己的人文魅力；二是读书多，学问大，作诗时自然流出；三是宋人雅尚的文化心态。夺胎换骨其理论核心是“点化”，理论精髓是“出新”。诗中用事或为“偶合”，或为“暗合”，并非专意“蹈袭”，正不必为笺注家拉买卖。

关键词：夺胎换骨；规律；雅尚；出新

黄庭坚提出的“夺胎换骨”，是打开宋诗宝库的一把钥匙，也是认识宋诗面目的一面镜子。

我曾于1995年在《中国人民大学学报》第一期发表了《“夺胎换骨”辨说》一文，后收入拙著《宋诗论集》①。此文发表之后，得到学界认可和专家首肯。孔凡礼先生指出，黄庭坚提出“夺胎换骨”之后，长时间以来，众说纷纭，莫衷一是。研读宋诗的人往往感到把握不当，甚至望而却步。如何科学地阐述这一理论使之能为读者接受，是很不容易的事。张福勋《“夺胎换骨”辨说》一文正适应了这种需要。于袭故中创新，通畅明了，都可以接受②。

---

① 张福勋、徐文潮：《宋诗论集》，内蒙古人民出版社1997年版。

② 孔凡礼：《宋诗研究的新成果——评张福勋、徐文潮〈宋诗论集〉》，《中国韵文学刊》1998年第2期。

过了将近20年以后，翻捡旧作，仍觉着还有未说完的话要说。而且认为这是一个永远作不完的题目。

一、“夺胎换骨”乃诗歌创作之必然规律

（一）社会风气，促使人们竞相引用故典，以彰显自己的人文魅力

宋代，是一个尚文的时代，考试答卷，文人交游，官方文件，社会场面用语，特别是写诗作文，都十分讲究并且喜欢标榜自己祖袭自何典，师承何人。所谓句无虚辞必假故实；语无空字，必究所从。整个社会作文风气，递相祖袭，各称师承。以为是引用者肚子里边有学问，学识手赡，文化底蕴深厚，这样一方面说明自己有品位，脸上有光；另一方面，免得让人认为自己贫瘠而看不起，落得个职场上不被聘用，官场上也不被提拔的尴尬处境。

张表臣《珊瑚钩诗话》一开篇即言：“古之圣贤，或相祖述，或相师友，生乎同时，则见而师之，生乎异世，则闻而师之。”并引用孔子的话“其事则齐桓晋文，其文则史，其义则丘窃取之矣”来论证这种讲究“祖述”的传承。他举了一些唐宋大家诸如韩愈、杜甫、欧阳修、苏轼等人的诗例，说明其皆有所本，并认为未能祖述宪章，“便欲超腾飞翥，多见其嘍啫而狼狈矣”①。

而宋代文人读书多，知识储存量大，也为引经据典，夺胎换骨，提供了雄厚的“物质基础”。

（二）读书多，作文时，学问自然流出

陈善《扪虱新话》上集有“文章有夺胎换骨法”阐述其必然性，曰：“文章虽要不蹈袭古人一言一句，然古人有‘夺胎换骨’等法”，认为这是一种绕不过去的创作方法，值得肯定，它不是“蹈袭”，而是“灵丹一粒，点铁成金”的创新。举大文豪欧阳修《祭苏子美文》：“子之心胸，蟠屈龙蛇。风云变化，雨雹交加。忽然挥斥，霹雳轰车，人有遭之，心惊胆破，震汗如麻。须臾雾止，而回顾百里，山川草木，开发萌芽。子于文章，雄豪放肆，有如此者，吁可怪邪！”认为像欧公这样的大文豪，他读书多，肚子里的学问大，又烂熟于胸，“下笔不自觉流出也”。认为欧是将梦升哭其兄之子庠之辞，即“子之文章，电激雷震，雨雹忽止，阒然灭泯”“增以数语，而变态如此”，他博览群书，作文时“如取室中物”②。这本来就是一种必然，而非

① 吴文治：《宋诗话全编》（第3册），江苏古籍出版社1998年版，第2598页。

② 吴文治：《宋诗话全编》（第6册），江苏古籍出版社1998年版，第2598页。

“蹈袭”者。邵博《江南邵氏闻见后录》卷一八引刘中原父戏欧公为“韩文究”，每戏曰：“永叔于韩文，有公取，有窃取，窃取者无数，公取者粗可数”。[①]而且将此法扩而大之，作为一种普遍规律加以运用。“前辈”作者用此法，吾谓此实不传之妙，学者即此便可反隅矣。

吴曾《能改斋漫录》举了一个例子，说明由于肚子里贮藏的书本知识如此之多，外物触发诗兴，诗人便与贮藏的东西发生联想，“相沿以生”[②]也。这就说明你读过的书早已融进了你的骨血，转化成了你的思维，只要外界一个触动点，就会喷薄而出。

邵博还讲了这样一个生动的故事。说蓬州人李士宁每赠荆公诗，多全用古人句。荆公问之，则曰：“意到即可用。不必皆自出也。”又问：“古有此律否？”笑曰：“《孝经》，孔子作也，(而)每章必引古诗。孔子岂不能自作诗者，亦所谓意到即可用，不必皆自己出也。”荆公大然之。后荆公作诗，多用“士宁体”，又多集古句。这个故事，发出一种强烈的信号，即那些记诵多的读书人，他们写起诗来，夺换一些古人名句，实在是必然的规律，正不必大惊小怪。

魏文帝《柳赋》曰：“余年之二十七，植斯柳乎中庭。史围寸而高尺，今连拱而九成。”

引桓温北伐事，说其北伐经金城，见为琅琊时种柳，皆已十围，慨然曰：“木犹如此，人何以堪？”结论是“乃知睹木而兴叹，代有之也”。

又引《广人物志》说苏颋年五岁，裴谈过其父，而诵庾信《植树赋》。颋避重复谈字，而易其韵曰：“昔年移柳，依依汉阴。今看摇落，凄怆江浔。树犹如此，人何以任？”

而王安石诗：“道人从南来，向松我东冈。举手指屋脊，云今如许长。”而唐刘斯立诗已言：“麦垅漫漫宿蒿黄，新苗寸寸手挚霜。手中马箠余三尺，相见归时如许长。”

结论是“意皆相沿以生也”。

这种相缘已起之源起，就是文人之文化积淀。夺胎换骨，从另一个角度讲，是有“胎”可夺，有“骨”可换。前人既然留下了丰厚的文化遗产，利用了，为我所用，就是聪明人；不利用，非要追求字必己出，则蠢而不可能达目的矣。陈善《扪虱新话》说，文人自是好相採取。韩文杜诗，号不蹈袭者，然无一字无来处。乃知

① 吴文治：《宋诗话全编》(第4册)，江苏古籍出版社1998年版，第3208页。

② 吴文治：《宋诗话全编》(第3册)，江苏古籍出版社1998年版，第3093页。

世间所有好句，古人皆已道之，能者时复暗合耳。”虽“沿袭而不失为佳”[①]。范季随甚至认为，你割断历史文化延续的根脉，益追求“欲新”，反而让读者无从解者。其《陵阳室中语》说得十分直白：“目前景物，自古及今，不知凡经几人道，今人一下笔要不蹈袭，故有终篇无一句可解者，益欲新而反不可晓耳。”[②]葛立方《韵语阳秋》卷一举杜甫诗《曹将军丹青引》：“将军威武之可孙，于今为庶为清门。”而之微《杭州诗》亦云：“房杜王魏之子孙，虽及百代为清门。”[③]认为这种文化积淀导致的夺胎换骨，中国文人都如此，只不过宋人更加突出而已，还大张旗鼓地提出了这样一个遭人猜忌的“理论”：“残膏剩馥，沾丐后代”，“宜哉”。这是后人之福分。

罗大经《鹤林玉露》讲了一个有趣的故事，说有僧人嘲笑其师兄作诗蹈袭，他辩解说：“不是师兄偷古句，古人诗句犯师兄。”作诗者岂故欲窃取古人之语以为己哉？是“景意所触，自有偶然而同者。盖自开辟以至于今，只是如此风花雪月，只是如此人情物态”[④]，是文化（知识）积淀自然造成罢了。只要客观世界中的任何一种“外物”，触碰到了诗人脑海中已经储满了的文化知识信息，犹如“点击”了鼠标上的任何一种符号，立马就在记忆的屏幕上闪烁出前人或同时人已经熟用过的与之相对应的史事或语辞来。此论可谓一针见血，入木三分了。

《吴曾诗话》概括了这种必然性：“前辈读诗与作诗既多，则遣词措意，皆相缘以起，有不自知其然者。”[⑤]

（三）宋人雅尚的文化心理，导致“夺胎换骨”愈演愈烈

周紫芝《竹坡诗话》认为：“自古诗人文士，大抵皆祖述前人作语。”这是一种雅尚的文人心态。他举例说，梅尧臣诗“南陇鸟过北陇叫，高田水入低田流”，而黄鲁直诗“野水自添田水满，晴鸠却唤雨鸠来”系变化梅诗而来，尤显得雅致，“用此格律，而其语意高妙如此，可谓善学前人者矣”[⑥]。引述前人，又善学前人，这是宋人诗学唐变唐以形成自己面貌的必由之路。前人的积累，成了他们的资料宝库。

祖述坟典，宪章骚雅，上传三古，下笼百氏，横行阔视于缀述之场，此乃宋人

---

① 吴文治：《宋诗话全编》（第3册），江苏古籍出版社1998年版，第3101页。

② 吴文治：《宋诗话全编》（第10册），江苏古籍出版社1998年版，第10465页。

③ 吴文治：《宋诗话全编》（第8册），江苏古籍出版社1998年版，第8199页。

④ 吴文治：《宋诗话全编》（第7册），江苏古籍出版社1998年版，第7641—7642页。

⑤ 吴文治：《宋诗话全编》（第3册），江苏古籍出版社1998年版，第3100页。

⑥ 吴文治：《宋诗话全编》（第3册），江苏古籍出版社1998年版，第2828页。

习俗，也是雅尚的文人心态。

这种心理，与他们喜欢诵憶前人佳句的雅尚关系甚密。《叶梦得诗话》指出："读古人诗，多意所喜处，诵憶之久，往往不觉误用为己语"，也是人之常情，事之常理。他举例说韦苏州"绿阴生昼寂，孤花表春余"。向王安石诵忆之久用为己语曰："缘阴生昼寂，幽草弄秋妍。"认为"大抵荆公阅唐诗，多于去取之间，用意尤精"[①]。甚至于让读者"莫彼我为辨耳"。

以上从社会风气、文化修养、文人心态三个层面，论证了宋人作诗夺胎换骨的必然规律。因此就在当时，由于这一理论的影响之大，覆盖面之广，几乎成了文学艺术创作与文学艺术研究的最普惠的理论滋养和最耀眼的文化现象。许多诗话及笔记，都将夺胎换骨作为一种专门的学问进行探讨和研究、总结。《潘子真诗话》专门讲夺胎法。宋孙奕《示儿编》卷九《诗说》专设"递相祖述"条，引老杜的话说："未及前贤更勿疑，递相祖述复先谁？"认为"递相祖述"这是包括老杜在内的所有士人之夫子自道语，谁也绕不开。以下又总结了"用古今句法""类前人句"等夺胎换骨的种种情形。[②]

宋人龚颐正《芥隐笔记》更可视为研究王荆公、黄山谷写诗"夺胎换骨"的一本书。以至于《四库全书总目提要》评介说它"考证博洽，具有根柢"[③]。"考证"言其皆能将王、黄诗之词语出处寻绎出来，从而见出研究者（当然也包括创作者）学问之"根柢"深厚也。洪迈《容斋随笔》之五笔卷二专门探索"夺胎换骨"之规律性认识。

二、夺胎换骨其理论核心是"点化"，其理论精髓是"出新"

黄庭坚在《答洪驹父书》中将"夺胎换骨"作了另一种角度的清晰表述："自作语最难，老杜作诗，退之作文，无一字无来处，盖后人读书少，故谓韩、杜自作此语耳。古之能为文章者，真能陶冶万物，虽取古人之陈言入于翰墨，如灵丹一粒，点铁成金也。"[④]主张既要守"古人绳墨"，即"袭故"，传承；而更要"不可守绳墨"，即陆机《文赋》所讲之袭故而能"弥新"。"袭故"只是手段，而"出新"才是目的。这是任何文学艺术创作的灵魂。这里，"点"是袭故，是传承，是"取古人之陈（按指用

---

① 吴文治：《宋诗话全编》（第3册），江苏古籍出版社1998年版，第2699—2700页。

② 吴文治：《宋诗话全编》（第6册），江苏古籍出版社1998年版，第5996页。

③ 纪昀总纂：《四库全书总目提要》，河北人民出版社2000年版，第3064页。

④ 黄庭坚：《答洪驹父书》，见郭绍虞等：《中国历代文论选》（第2册），上海古籍出版社2001年版，第316页。

过的，非指陈旧的）言”；而“化”却是灵魂，是精髓，是将“铁”熔化为“金”。“化”就是变化，变则活，活就是创新；只有创新，才能有新的生命，而这是文学艺术作品存活并且求得进一步发展的最根本的东西。前人的东西，是第一次创造，而你的点化则是第二次创造。

《郭思诗话》说：“老杜于诗学，世以为前无古人，后无来者。然观其诗，大率宗法《文选》，摭其华髓，旁罗曲采，咀嚼为我语。”①这“咀嚼”就是引用者的第二次创造，就是“化”，而化为“我语”，即为创新。就是出新了，就是我的东西了，不再是前人的东西了。就是《潘子真诗话》评论“杜诗（有）来历”所揭示的触“旧”而增“新”，即“旧”而为“新”②。这“新”才是夺胎换骨的灵魂所在。是最根本的、最核心的东西。是青出于蓝而胜于蓝了。

“点”，也要讲个“度”：一要点到为止，不要言不及义，但“及”又不能“沾”（粘）。不及不是“夺”“换”；但过头了，便成了模仿和剽窃。二要恰到好处，即既不是丢开传统另起炉灶；但也不是故步自封，依样画葫芦。

“化”，一要“熔”，熔铸原诗原句；二要“炼”，将经过熔化了的东西，再千锤百炼。这样的结果，就不再是原料了，而成为一种新的产品，比如将铁“砂”炼成了“铁”，又将铁炼成了“金”。没有“砂”成不了“铁”，没有“铁”成不了“金”。而“金”则成为另一种更为高级、更为精粹、含金量更高的物质，已经发生了质的变化了。

举一个例子说一下。王禹偁《表》说：“早年多病，眼有黑花。晚岁多忧，头生白发。”其基调是悲伤的。欧阳修点化为一首《眼有黑花戏书自遣》曰：“洛阳三见牡丹月，春醉往往眠人家。扬州一遇芍药时，夜饮不觉生朝霞。天下名花唯有此，罇前乐事更无加。如今白首春风里，病眼何须厌黑花”，将眼前“黑花”与天下名花（牡丹、芍药）作比，以“花”为全诗枢纽，言虽自己“白首”眼黑，却可衬染“春风”，虽“病眼”，却不妨常赏“名花”，因而大可不必悲伤了。低沉变为了高扬，消极翻作了积极，如此则通过“夺胎换骨”，“点铁成金”了。

典故，乃是一个具有哲理或美感内涵的故事的凝聚形态。它能使诗歌在简练的形式中包含丰富的多层次的内涵，而且征用了，能使诗歌显得精致，富赡，含蓄，引人入胜。刘勰思所谓“援古”以“证今”，“引成辞以顺理”，“故作诗者借彼之意，我之情，自然倍觉深厚，此后代之人不得不用书卷也”。（赵翼《瓯北诗话》）这正是《文心雕龙》所谓“引书以助文”之义也。

洪迈《容斋诗话》对于“点化”，有非常精彩的论述，可以说是对夺胎换骨这一

① 吴文治：《宋诗话全编》（第1册），江苏古籍出版社1998年版，第891页。
② 吴文治：《宋诗话全编》（第1册），江苏古籍出版社1998年版，第665页。

理论核心的精髓的精准把握。

他举黄山谷的《题画睡鸭》诗："山鸡照影空自爱，孤鸾舞镜不作双。天下真成长会合，两凫相倚睡秋江"。认为是完全"点化"徐陵《鸳鸯赋》："山鸡映水那自得，孤鸾照镜不成双。天下真成长合会，无胜比翼两鸳鸯。"两诗不仅"胎"意相袭，而且章法也完全相似，都是末句点题。不过黄诗"两凫相倚睡秋江"意思更加含蓄，形象更加生动。所以洪迈下断语认为黄诗是"全用徐语点化之，末句尤精工"。这个"尤精工"就是经过"点化"之后的"出新"处。

认为"点化"就必须是"改易"，必须是夺胎者"别出机杼"，即经过第二次创造，方能做到"前无古人"的"一新"。

他举黄庭坚《黔南十绝》以为"尽取白乐天语"。其中七篇"全用之"，而其余三篇"颇有改易处"（容略内容，不缀赘析）。他说"诗文当有所本，若用古人语意，（必须）别出机杼，曲而畅之"，如此才"足以传示来世"，否则层层相因，缺乏创新，死水一滩，没有生命力，何能"传示来世"？

且以卷二所举东坡创新为例说明之。

白居易："醉貌如霜叶，虽红不是春。"坡则云："儿童误喜朱颜在，一笑那知是酒红。"形象活泼跳跃，更加生动，更加可爱，幽默，耐人咀嚼。又老杜云："休将短发还吹帽，笑倩旁人为正冠。"坡夺胎为"酒力渐消，风力软飕飕。破帽多情却恋头。"头上戴的帽子拟人化了，有了情感，由被动请人"正冠"，改为主动依恋不忍离去，诗人之潇洒、浪漫的形象，活脱脱地跃然纸上。

通过举例论证，认为东坡确是夺胎换骨的能手，"正采旧公案（按指袭故），而机杼一新，"因此"前无古人，于是为至"[①]。

不管何种情况，或异曲同工，或貌同而心异，今人不必不如古，前贤反而畏后生。

钱锺书论夺胎换骨，也认为这种手法之生命力在于"点染"，"一经点染便觉青出于蓝"矣[②]。钱锺书在《宋诗选注》说王安石的修辞技巧，举了《书湖阴先生壁》之"一水护田将绿绕，两山排闼送青来"为例，说明所谓夺胎换骨的"健康"的方法，是读者"不必依赖笺注的外来援助，也能领会（笔者按：即'了解诗的意义，欣赏描写的生动'），符合中国古代修辞学，对于'用事'最高的要求：'用事不使人觉，若胸臆语也'（《颜氏家训》第九篇《文章》记邢邵评沈约语）"[③]。先生还于《管

① 吴文治：《宋诗话全编》（第6册），江苏古籍出版社1998年版，第5609页。

② 钱锺书：《宋诗纪事补正》，辽宁人民出版社2003年版，第295页。

③ 钱锺书：《宋诗选注》，中华书局1979年版，第56页。

锥编》分析赋咏将士多俪张良事指兵法、越处女事指武艺，认为“此等熟典，已成公器（引者按，这个词非常精辟，说明某些前人的名句，名词，甚至名章法，已经历岁月淘洗，凝固成了一种“模块”，后人写作自然而然就用为自己的东西了，是夺胎换骨的必然规律使然）同用王犯者愈多，益见其为无心契合而非厚颜蹈袭”也[①]。

前人关于夺胎换骨之“点化”原则，论述甚夥，概而扩之为：要天然无迹，事如己出；要精确，不失事实，不误用事；要切当，不扩大，不缩小；要亲切，自然，不有意用事，不为事所使；要灵活，不板滞，不生硬，不拘故常等。（读者可详参拙著《宋诗论集》之代前言《宋诗辨》及《于袭故中创新——夺胎换骨辨说》诸文所论，兹不赘述）

总之，要如蔡絛《西清诗话》所言：“作诗用事，要如释氏语：水中着盐，饮水乃知盐味。”“善用故事者，如系风捕影，岂有迹耶？”提出夺胎换骨这个理论的黄庭坚自己总结道：“庭坚笔老矣，始悟抉章摘句（按指夺胎换骨）为难。要当于古人不到处留意，乃能声出众上。”[②]

三、诗中用事，或为“偶合”，亦或出于“暗合”，并非有意“蹈袭”，正不必为笺注家拉买卖

在研究夺胎换骨这一理论时，必须要指出另外一种情形，以避免使这一理论走向偏差。

诗人妙思逸兴，绝非绳墨度数所能束缚。偶或有与前人或同时代人偶合或暗合的地方，也并非就是有意为之，正不必如笺注家硬要找出某某出于某某也。宋人赵夔《百家注东坡先生诗序》论东坡于诗中用事云：“先生之用事不可谓无心（按，这是问题的一个方面），（但）先生之用古人诗句未必皆有意耳（按这是问题的另一个方面，必须指出）。盖胸中之书汪洋浩博，下笔之际，不知为我语耶，（抑或）他人之语也。（只是）观者以意达之可也”[③]，并非非要找出出处才肯罢休。《吴幵诗话》举李贺“桃花乱落如红雨”又刘禹锡“摇落繁英坠红雨”，认为“刘、李同出一时，绝非相为剽窃”。认为“前辈读诗与作诗既多，则遣辞措意，皆相缘以起，有不自知其然者”[④]。既说明了这一“沿袭”的必然性，也说明了这一现象的偶合相

---

① 钱锺书：《管锥编》，中华书局1986年版，第1530页。

② 吴文治：《宋诗话全编》（第4册），江苏古籍出版社1998年版，第2493页。

③ 吴文治：《宋诗话全编》（第4册），江苏古籍出版社1998年版，第2692页。

④ 吴文治：《宋诗话全编》（第3册），江苏古籍出版社1998年版，第3100页。

否性。这样看问题就全面了。

曾季貍《艇斋诗话》举王荆公诗句“细数落花因坐久，缓寻芳草得归迟”与东湖诗句“细落李花那可数，缓寻芳草步因迟”作比较，认为是东湖诗是用了荆公诗“触类而长，所谓举一隅（而）三隅反者也”。绝对是“夺胎换骨”，“非偶似之，亦非窃取之”。但他又说：“荆公绝句妙天下，老夫词句，偶似之耶？窃取之耶？”建议“学诗者不可不辨”①。究竟是师兄诗句偷古人，还是古人诗句似师兄？真还不好辨白。因为某一些成语，在长期的流转过程中，已经凝固成了某种相对稳定的文化符号，很难说清楚谁夺胎谁也。比如“青眼”这个文化符号，《王直方诗话》举了苏东坡、黄山谷这两大学问家的许多类似的诗句，如“读书头欲白，相对眼终青”（苏），“读书头愈白，见士眼终青”（黄），“看镜白头知我老，平生青眼为君明”（苏），“故人相见尚青眼，新贵即今多白头”（黄），“江山万里尽头白，骨肉十年终眼青”（苏），“白头逢国士，青眼酒尊开”（黄），认为其用“青眼”对“白头”者非一，而工拙亦各有差。正不必非要以为是夺胎于老杜“别来头并白，相见眼终青”者②。正像陈善《扪虱新话》上集批评郑康成长于礼学，而以礼学注《诗经》，非要削足适履让《诗》“乃一要合《周礼》”不可。此种牵合乃是一“癖”，“皆是束缚太过，不知诗人本一时之言，不可一一牵合也”③。非常中肯，也非常到位。

钱锺书先生在《谈艺录》补订举陆放翁“沾丐本朝名作”的例子，说一方面陆游必有“偷势”“偷意”者；但同时也指出“至于隶事属对全同者，却或出于暗合”。又在《宋诗选注》里说：“看来‘读书多’的人对黄庭坚的诗疑神疑鬼，只提防极平常的字句里有什么埋伏着的古典，草木皆兵，你我望”，非要我出个出处来，“替笺注家拉买卖”。

这往往有两种情况：一是读书少，而不知出处，如黄庭坚谆谆告诫其外甥洪驹父所云：“老杜作诗，退之作文，无一字无来处，盖后人读书少，故谓韩、杜自作语耳”。（见前引《答洪驹父书》）黄所说“无一字无来处”，这话有些绝对，造成不好影响，就是神经紧张，提防埋伏，硬寻出处。二是读书多的人容易犯的毛病，即钱先生所讽刺的非得为笺注家拉些生意不可。《陈岩肖诗话》卷下举王维的《汉江临泛》诗句“江流天地外，山色有无中”，而欧阳修《平山堂》词句“平山栏槛倚晴空，山色有无中”。陈以为若六一这样的大诗人，对景有情，其“意所到，向语偶相同者，亦多矣”，“岂用摩诘语耶”④，各自创造，并非谁必仿谁，大可不必找出个出处

① 吴文治：《宋诗话全编》（第3册），江苏古籍出版社1998年版，第2642页。

② 吴文治：《宋诗话全编》（第3册），江苏古籍出版社1998年版，第2288页。

③ 吴文治：《宋诗话全编》（第3册），江苏古籍出版社1998年版，第5573页。

④ 吴文治：《宋诗话全编》（第4册），江苏古籍出版社1998年版，第2785页。

不可！这样的意见，对症下药，疗效甚好。服用了，头脑清醒，省得犯偏激之病。

[作者简介：张福勋，包头师范学院文学院教授，全国宋代文学学会理事，著有《宋诗论集》等。]

邵雍“象数”易学与其诗歌中的“数象”*

◇程　刚

摘　要：邵雍的易学属于宋代“象数”学派，并且他的易学侧重在“象数”学派中的“数学”。受到“数学”的影响，他的诗歌中存在着一类“数象”，在中国诗歌史上具有一定的独特性。对于这一类诗歌的理解，需要联系邵雍的“象数”易学。

关键词：邵雍；象数易学；数象

在易学史上主要有两大流派：象数学派与义理学派。《四库全书总目·经部总叙·易类》云：

> 故《易》之为书，推天道以明人事者也。《左传》所记诸占，盖犹太卜之遗法。汉儒言象数，去古未远也，一变而为京、焦，入于禨祥，再变而为陈、邵，务穷造化，《易》遂不切于民用。王弼尽黜象数，说以老、庄，一变而胡瑗、程子，始阐明儒理，再变而李光、杨万里，又参证史事，《易》遂日启其论端。此两派六宗，已互相攻驳。①

这就是易学史上的两派六宗说，简单说，象数是以《易》象（八卦所象征的物象）、《易》数（如大衍之数、奇偶之数等）解易，而义理则重在阐释《周易》中的哲

*本文系2015国家社科基金“宋代易学与诗学关系研究”（15BZW094），中央高校基本科研业务费专项资助（暨南大学启明星计划15JNQM018）成果之一。

① 纪昀等：《钦定四库全书总目》（整理本），中华书局1997年版，第3页。

理。汉易以象数学为主，宋易以义理学为主。虽然宋代易学以义理学为主，但象数学也得到了很大的发展。四库馆臣说汉易的象数到了宋代，在陈抟以及其传人邵雍的传承下，虽不切实用，但有所发展。宋代象数学派的朱震谈论宋代易学的传承时说：

> 抟以《先天图》传种放，更三传而至邵雍。放以《河图》《洛书》传李溉，更三传而至刘牧。穆修以《太极图》传周敦颐，再传至程颢、程颐。厥后雍得之以著《皇极经世》，牧得之以著《易数钩隐图》，敦颐得之以著《太极图说》《通书》，颐得之以述《易传》。[①]

朱震是宋易当中的象数学派，是程颐的学生谢良佐的门人，他的易学著作是《汉上易传》，四库馆臣评价说："其说以象数为宗，推本源流，包括异同，以救庄老虚无之失。"他这里简要勾画了宋代易象数学派的历史，从陈抟到种放，再到穆修、李之才，然后三传到邵雍。这是对宋代象数易学史源流的简要概述，而其中的邵雍是宋代象数学的代表人物。

一、邵雍的"象数"易学

宋代象数学派流传的源头是陈抟，他的易学有象学与数学两个方面。邵雍所发展的是象数学中的数学一派，所以他的学术多被称为"数学"[②]。程颢说："尧夫欲传数学于某兄弟，某兄弟那得工夫。"[③]程颐也说："某与尧夫同里巷居三十余年，世间事无所不问，惟未尝一字及数。"[④]朱熹在被问到邵雍之学与扬雄的相似处时，也说其相近之在于"以数言"[⑤]。四库馆臣则认为"邵子以数言易"[⑥]。所以朱伯崑先生认为"邵雍的易学哲学的特色，是以数为最高的范畴，认为宇宙中的一切事物都按数学的法则演变"[⑦]。

邵雍象数易学主要偏在数学，其数学有几个特点：

(1)认为数是根源。在宇宙本原的问题上，理学各派给出了不同的答案。如

---

① 纪昀等：《钦定四库全书总目》(整理本)，中华书局1997年版，第15页。

② 朱伯崑：《易学哲学史》，昆仑出版社2005年版，第127页。

③ 黄宗羲原著，全祖望补修：《宋元学案》，中华书局1986年版，第465页。

④ 程颢、程颐：《二程集》，中华书局2004年版，第444页。

⑤ 朱熹：《朱子语类》，中华书局1986年版，第2545页。

⑥ 纪昀等：《钦定四库全书总目》(整理本)，中华书局1997年版，第12页。

⑦ 朱伯崑：《易学哲学史》，昆仑出版社2005年版，第183页。

程颐的“理本论”，张载的“气本论”，陆九渊的“心本论”。在易学两大流派之中，象数学派认为“象数”高于“义理”，而义理学派则认为“义理”高于“象数”。以义理学派的程颐为例，他的本体论是“理本论”的，理是世界的根源，是高于数的。他在一封书信中说：“来书云：《易》之义本起于数。谓义起于数则非也。有理而后有象，有象而后 有数。《易》因象以明理，由象以知数。得其义，则象数在其中矣。必欲穷象之隐微，尽数之毫忽，乃寻流逐末，术家之所尚，非儒者之所务也。”[①]而象数学派的邵雍，则有“数本论”的倾向，存在将“数”看成万物源头的一面。[②]邵雍说：“易之数，穷天地始终。”[③]“太极一也，不动生二，二则神也。神生数，数生象，象生器。”[④]万物为器，而器的源头在数。这显然与程颐认为的“有理而后有象，有象而后有数”大相径庭。

(2)加一倍法。邵雍《观物外篇》云：

> 太极既分，两仪立矣。阳下交于阴，阴上交于阳，四象生矣。阳交于阴、阴交于阳而生天之四象；刚交于柔、柔交于刚而生地之四象，于是八卦成矣。八卦相错，然后万物生焉。是故一分为二，二分为四，四分为八，八分为十六，十六分为三十二，三十二分为六十四。……合之斯为一，衍之斯为万。[⑤]

《周易·系辞传》云：“易有太极，是生两仪，两仪生四象，四象生八卦。”所以邵雍所说的“一分为二，二分为四，四分为八”的思想是《易传》本有的，但把这种推衍的方式从“一”推至“万”是邵雍的独特思想，是《周易》当中本来没有的。[⑥]他还制作图示形象展示他的数学。

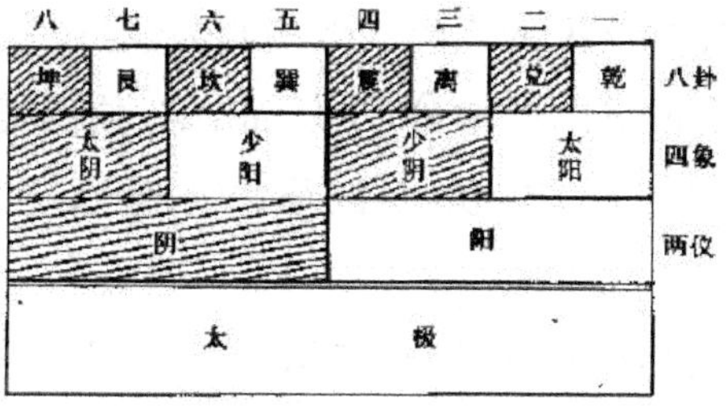

伏羲八卦次序图

① 程颢、程颐：《二程集》，中华书局1981年版，第615页。

② 张其成：《象数易学》，中国书店2003年版，第96、150页。

③ 邵雍：《邵雍集》，中华书局2010年版，第160页。

④ 邵雍：《邵雍集》，中华书局2010年版，第162页。

⑤ 邵雍：《邵雍集》，中华书局2010年版，第107页。

⑥ 参见唐明邦：《邵雍评传》，南京大学出版社1998年版，第147页。

对于邵雍数学的方法，程颢说："尧夫之数，只是加一倍法。"朱熹也说："康节之数，则是加倍之法。"[①]这种"加一倍法"的核心在数字"四"，朱熹说他是将世间万物看成四片，"它分天地间物事皆是四：如日月星辰，水火土石，雨风露雷，皆是相配。""康节其初想只是看得'太极生两仪，两仪生四象'。心只管在那上面转，久之理透，想得一举眼便成四片。其法，四之外又有四焉。"[②]所以在邵雍的象数世界中，事物都是"四"分，如天有"四象"：

动之大者谓之太阳，动之小者谓之少阳，静之大者谓之太阴，静之小者谓之少阴。太阳为日，太阴为月，少阳为星，少阴为辰。日月星辰交，而天之体尽之矣。[③]

"日月星辰"为"天之四象"。地也有"四象"：

静之大者谓之太柔，静之小者谓之少柔。动之大者谓之太刚，动之小者谓之少刚。太柔为水，太刚为火，少柔为土，少刚为石，水火土石交，而地之体尽之矣。日为暑，月为寒，星为昼，辰为夜，暑寒昼夜交，而天之变尽之矣。[④]

"水火土石"为"地之四象"，"天之四象"与"地之四象"共同成为《周易》的八卦，天还有"四时"：

天有四时，一时四月，一月四十日，四四十六而各去其一，是以一时三月，一月三十日也。四时体数也，三月、三十日，用数也。[⑤]

其他还有很多，比如儒家的六经被他切割为《易》《书》《诗》《春秋》四经，称为"圣人之四府"。历代帝王也被他分成皇、帝、王、伯四类，并且他们分别与《易》《书》《诗》《春秋》四经，与春、夏、秋、冬四季对应，分别使用道、德、功、力四种方法治理国家。

(3)系统性。刘长林在其《中国系统思维》一书中，认为邵雍的数学具有系统的逻辑结构，并反映出系统的自然与历史的演化，对"《易经》《易传》中的系统原

---

① 朱熹：《朱子语类》，中华书局1986年版，第2546页。

② 朱熹：《朱子语类》，中华书局1986年版，第2546、2547页。

③ 邵雍：《邵雍集》，中华书局2010年版，第2页。

④ 邵雍：《邵雍集》，中华书局2010年版，第2页。

⑤ 邵雍：《邵雍集》，中华书局2010年版，第53页。

理做了重大发展”[1]。邵雍的象数学力图将世间万物都纳入其数学体系，比如他在解释“元亨利贞”时就说：

元者春也，仁也，春者时之始，仁者德之长，时则未盛而德足以长人，故言德不言时。亨者夏也，礼也，夏者时之盛，礼者德之文，盛则必衰，而文不足救之，故言时不言德，故曰“大哉，乾元”，而上九有悔也。利者秋也，义也，秋者时之成，义者德之方，万物方成而获利，义者不通于利，故言时不言德也。贞者冬也，智也，冬者时之末，智者德之衰，贞则吉，不贞则凶，故言德不言时也，故曰“利贞者，性情也”。[2]

这里他将“元、亨、利、贞”，与春、夏、秋、冬四季，仁、礼、义、智四德，始、盛、成、衰四种状态联系起来，呈现出系统性。再如他说的“天有四时，地有四方，人有四支”[3]等，也是以“四”为核心，试图沟通万物，形成齐整的体系。这些建构使得邵雍的数学体系具有揽括天地、统一时空的宇宙模式。从横的方面来说，天有四象：日月星辰，地有四象，水火木石。从纵的方面来看，则有“元会运世”的自然史过程，以及“皇王帝伯”的文明史进程，这种时空的交织形成邵雍的系统宇宙图式。但邵雍在设计这种图式的时候，很多时候都有牵强附会、削足适履的地方。比如他将动植物分为飞走草木四类，继而他将动物分成四类，他说：

有日日之物者也，有日月之物者也，有日星之物者也，有日辰之物者也。有月日之物者也，月月之物者也，有月星之物者也，有月辰之物者也。有星日之物者也，有星月之物者也，有星星之物者也，有星辰之物者也。有辰日之物者也，有辰月之物者也，有辰星之物者也，有辰辰之物者也。日日物者飞飞也，日月物者飞走也，日星物者飞木也，日辰物者飞草也。月日物者走飞也，月月物者走走也，月星物者走木也，月辰物者走草也。星日物者木飞也，星月物者木走也，星星物者木木也，星辰物者木草也。辰日物者草飞也，辰月物者草走也，辰星物者草木也，辰辰物者草草也。[4]

这种分法非常机械，郭彧为其列表如下：

① 刘长林：《中国系统思维》，中国社会科学出版社1990年版，第161—168页。
② 邵雍：《邵雍集》，中华书局2010年版，第148页。
③ 邵雍：《邵雍集》，中华书局2010年版，第117页。
④ 邵雍：《邵雍集》，中华书局2010年版，第42页。

天生物	日	月	星	辰
日	飞飞物	走飞物	木飞物	草飞物
月	飞走物	走走物	木走物	草走物
星	飞木物	走木物	木木物	草木物
辰	飞草物	走草物	木草物	草草物

这些为了体系的需要而杜撰的生物分类有时显得非常牵强，飞飞指有羽翼而无蹄角，飞而不走的动物，飞走指有羽翼飞而兼走的动物，走走是指有蹄角而无羽翼，走而不飞的动物，走飞指有足走而能飞的龙马之类。①这些都是邵雍为了贯彻其数学的体系而生造出来的分类法。②誉之者，如朱熹说："康节以四起数，迭迭推去，自易以后，无人做得一物如此整齐，包括得尽。"③批之者，如王廷相说他的数学体系是"异于造化万物不齐之性，戾于圣人物各付物之心，牵合附会，举一而废百"的"胶固"之作。④王夫之也说："邵子之图，如织如绘，如钉如砌。以意计揣度，域大化于规圆矩方之中，尝试博览于天地之间，何者而相肖也！"⑤王廷相和王夫之显然都不认同这种齐整的划定方式，因为世界是差异的，正如孟子所说"物之不齐，物之情也"。把本来丰富多彩的世界规定成整齐划一，可以见出邵雍易学力图建构宇宙体系的努力，但同时也是其易学僵化的表现。余敦康先生也认为，一方面，"其中也确实蕴含着一种真正的哲学，贯穿着一种把天地人三才统而思之的太极整体观"。另一方面，邵雍为了其数学体系的完整性，往往"生搬硬套削足适履强加在事物之上的形式结构，荒唐无稽，经不起实证的推敲"⑥。

二、邵雍诗歌的"数象"

邵雍在《观物外篇》中说："《易》有意象，立意皆所以明象，统下三者，有言象，不拟物而直言以明事；有像象，拟一物以明意；有数象，七日、八月、三年、十年之

① 参见余敦康：《内圣外王的贯通》，学林出版社1997年版，第205页。

② 余敦康：《内圣外王的贯通》，学林出版社1997年版，第199页。

③ 朱熹：《朱子语类》，中华书局1986年版，第2546页。

④ 王廷相：《王廷相集》，中华书局1989年版，第805页。

⑤ 王夫之：《周易内传发例》，《船山全书》第1册，岳麓书社1996年版，第668页。

⑥ 余敦康：《内圣外王的贯通》，学林出版社1997年版，第199页。

类是也。”[①]邵雍认为《周易》的意象都是借象明意，这种意象有三类，一是言象，类似于《诗经》的赋，是“直言明事”，第二是像象，类似于《诗经》的比，是“拟物明意”，这两类都是常见的，而邵雍所提到的“数象”，与邵雍的“象数”易学密切相关，自然也是邵雍特别留意之象。

本文所说的“数象”，指的是在邵雍诗歌中所出现的，或隐或显的，与易学相关的数字组合而成的意象，这样的“数象”包括两类：一是易学一般的数的概念所组成的“数象”，如一气、两仪、三才、八卦等，这些在邵雍诗歌经常出现。二是带有邵雍象数易学特别意义的词汇所组成的“数象”，如与“四”相关的意象，对于这些诗歌中“数象”的理解必须结合邵雍的象数易学。

（1）易学中的普通数字。邵雍的诗歌被讥称为“押韵语录”，很多的篇章是对《周易》思想的直接解释。如《乾坤吟》诗云：

用九见群龙，首能出庶物。用天利永贞，因乾以为利。四象以九成，遂为三十六。四象以六成，遂成二十四。如何九与六，能尽人间事？[②]

在《周易》中只有《乾》《坤》两卦在六爻之外，还有“用九”和“用六”之辞，针对“用九”和“用六”意义的理解各家有不同解释，此诗是邵雍对此的解释。再如《周易·系辞传》中有云：“《易》有太极，是生两仪，两仪生四象，四象生八卦。”邵雍的诗歌也多次涉及“一气”“两仪”的易学范畴。如：《霜露吟》等诗云：

天地有润泽，其降也瀼瀼。暖则为湛露，寒则为繁霜。为露万物悦，为霜万物伤。二物本一气，恩威何昭彰。[③]

一气才分，两仪已备。圆者为天，方者为地。变化生成，动植类起。人在其间，最灵最贵。[④]

平生喜饮酒，饮酒喜轻醇。不喜大段醉，只使微带醺。融怡如再少，和煦似初春。亦恐难名状，两仪仍未分。[⑤]

另外《周易》当中常见的三才、八卦等概念也常见于邵雍诗中。如《大易吟》《喜饮吟》等诗云：

① 邵雍：《邵雍集》，中华书局2010年版，第160页。

② 邵雍：《邵雍集》，中华书局2010年版，第392页。

③ 邵雍：《邵雍集》，中华书局2010年版，第408页。

④ 邵雍：《邵雍集》，中华书局2010年版，第453页。

⑤ 邵雍：《邵雍集》，中华书局2010年版，第498页。

天地定位，否泰反类。山泽通气，损咸见义。雷风相薄，恒益起意。水火相射，既济未济。地象相交，成十六事。八卦相荡，为六十四。①

尧夫非是爱吟诗，诗是尧夫赞易时。八卦小成皆有主，三才大备略无遗。阴阳消长既未已，动静吉凶那不知。为见至神功效远，尧夫非是爱吟诗。②

在这些诗歌中出现的数字，其基本含义都来自于《周易》经传，并没有多少邵雍象数学的特别的意义。

(2)邵雍象数易学中的数字“四”

邵雍的诗歌中出现更多的是具有邵雍象数易学特别含义的一些数字，这些数字更能代表邵雍诗歌的“数象”。在这样的数字当中，“四”是最为重要的一个。《程氏遗书》载二程语，“尧夫之学，先从理上推意，言象数言天下之理，须出于四者……”③余敦康也说：“以‘四’为基数进行推演，编织宇宙图式，这是邵雍易学的最主要的特色。”④

在邵雍诗歌中，四分法非常普遍，如：“日月星辰天之明，耳目口鼻人之灵。皇王帝伯由之生，天意不远人之情。飞走草木类既别，士农工商品自成。安得岁丰时长平，乐与万物同其荣。”⑤在这首诗歌中，日月星辰、耳目口鼻、皇王帝伯、飞走草木、士农工商等都是邵雍象数易学思想的体现。“四”的数象在邵雍诗歌的存在有隐性和显性的两类，显性的是直接在诗歌中标以数字“四”，隐性的则是邵雍运用“加一倍法”将事物分成“四”类，这些诗歌的意象虽然没有直接被表面数字，但这样的诗歌意象同样与邵雍的象数学密切相关，理解这样的“数象”必须在了解在邵雍象数学的基础上。前者如以下一些诗歌：

八月小春天，小花开且殷。晚来经小雨，遂使小车闲。⑥(《四小吟简陈季常》)

天道有消长，地道有险夷。人道有兴废，物道有盛衰。兴废不同世，盛衰不同时。奈何人当之，许多喜与悲。⑦(《四道吟》)

---

① 邵雍：《邵雍集》，中华书局2010年版，第463页。

② 邵雍：《邵雍集》，中华书局2010年版，第529页。

③ 程颢、程颐：《二程集》，中华书局2004年版，第45页。

④ 余敦康：《内圣外王的贯通》，学林出版社1997年版，第203页。

⑤ 邵雍：《邵雍集》，中华书局2010年版，第333页。

⑥ 邵雍：《邵雍集》，中华书局2010年版，第312页。

⑦ 邵雍：《邵雍集》，中华书局2010年版，第329页。

一喜长年为寿域，二喜丰年为乐国，三喜清闲为福德，四喜安康为福力。[①]（《四喜》）

目时然后视，耳时然后听。口时然后言，身时然后行。前不见厚禄，后不见重兵。惟其义所在，安知利与名？[②]（《四者吟》）

财色名势，为世所亲。四者不动，然后见人。[③]（《四者吟》）

会有四不赴，时有四不出。无贵亦无贱，无固亦无必。里闬闲过从，身安心自逸。如此三十年，幸逢太平日。[④]（《四事吟》）

以上的诗歌从题目就可以看出邵雍象数学的“四”分法在其诗歌意象中的表现。以下的诗歌内容当中存在邵雍的四分法。

闲人亦也有官守，官守一身四事有。一事承晓露看花，一事迎晚风观柳。一事对皓月吟诗，一事留佳宾饮酒。从事于兹二十年，欲求同列谁能否？[⑤]（《林下局事吟》）

天下目为目，谓之明四目。天下耳为耳，谓之达四聪。前旒与黈纩，所贵无近情，无为无不为，知此非虚生。[⑥]（《唐虞吟》）

邵雍的《安乐窝中四长吟》则是一组诗，共五首，第一首点题，诗云：

安乐窝中快活人，闲来四物幸相亲。一篇诗逸收花月，一部书严惊鬼神。一炷香清冲宇泰，一罇酒美湛天真。太平自庆何多也，唯愿君王寿万春。[⑦]（《安乐窝中四长吟》）

随后四首分别以“安乐窝中诗一篇”“安乐窝中一部书”“安乐窝中一炷香”“安乐窝中酒一罇”为题，描述邵雍在洛阳的生活。

还有一些诗歌，邵雍虽然没有明言四分，但其实也是与邵雍的象数易学的四分密切相关。比如皇、王、帝、伯的主题，是邵雍经常吟咏的。邵雍“皇、王、帝、伯”的政治观认为，在中国历史上存在四种政治模式与发展阶段，它们的区分在于“道、德、功、力”四种政治治理模式。邵雍说：“所谓皇帝王伯者，非独三皇五帝

① 邵雍：《邵雍集》，中华书局2010年版，第331页。

② 邵雍：《邵雍集》，中华书局2010年版，第401页。

③ 邵雍：《邵雍集》，中华书局2010年版，第428页。

④ 邵雍：《邵雍集》，中华书局2010年版，第402页。

⑤ 邵雍：《邵雍集》，中华书局2010年版，第303页。

⑥ 邵雍：《邵雍集》，中华书局2010年版，第360页。

⑦ 邵雍：《邵雍集》，中华书局2010年版，第317页。

三王五伯而已，但用无为则皇也，用恩信则帝也，用公正则王也，用智力则伯也。”①“以道化民”行无为之治的是“皇”，“以德教民”行禅让之治的是“帝”，“以功劝民”的是“王”，“以力率民”的是“伯”，这是邵雍的象数易学与其历史思想的一个结合，在邵雍的很多诗歌中都有体现。

纷纷议论出多门，安得真儒号缙绅？名教一宗长有主，中原万里岂无人？皇王帝伯时虽异，礼乐诗书道自新。观古事多今可见，不知何者为经纶？②(《偶书》)

仲尼生鲁在吾先，去圣千余五百年。今日谁能知此道，当时人自比于天。皇王帝伯中原主，父子君臣万世权。河不出图吾已矣，修经意思岂徒然。③(《仲尼吟》)

这是对于皇、帝、王、伯四种政治模式的总论，以下对四种政治模式的分论：

三皇之世正熙熙，乌鹊之巢俯可窥。当日一般情味切，初春天气早晨时。(《三皇吟》)

五帝之时似日中，声明文物正融融。古今世盛无如此，过此其来便不同。(《五帝》)

三王之世正如秋，权重权轻事有由。深谷为陵岸为谷，陵迁谷变不知休。(《三王》)

五伯之时正似冬，虽然三代莫同风。当初管晏权轻重，父子君臣尚且宗。(《五伯》)④

这里把皇、王、帝、伯四阶段的政治史与春夏秋冬四季相比拟，并且隐含四种政治手段，即道、德、功、力，这也与他在《观物篇》中所论一致，是邵雍的四分法的具体应用。

许大乾坤自我宣，乾坤之外复何言。初分大道非常道，才有先天未后天。作法极微难看迹，收功最久不知年。若教世上论勋业，料得更无人在前。(《观三皇吟》)

进退肯将天下让，著何言语状雍容。衣裳垂处威仪盛，玉帛修时意思

---

① 邵雍：《邵雍集》，中华书局2010年版，第159页。

② 邵雍：《邵雍集》，中华书局2010年版，第246页。

③ 邵雍：《邵雍集》，中华书局2010年版，第378页。

④ 邵雍：《邵雍集》，中华书局2010年版，第388页。

恭。物物尽能循至理，人人自愿立殊功。当时何故得如此，只被声明类日中。（《观五帝吟》）

一片中原万里余，殆非孱德所宜居。夏商正朔犹能布，汤武干戈未便驱。泽火有名方受革，水天无应不成需。善能仁义为心者，肯作人间浅丈夫。（《观三王吟》）

刻意尊名名愈亏，人人奔命不胜疲。生灵剑戟林中活，公道货财心里归。虽则饩羊能爱礼，奈何鸣凤未来仪。东周五百余年内，叹息唯闻一仲尼。（《观五伯吟》）①

除了皇、王、帝、伯以及道、德、功、力的政治史概念外，邵雍笔下还有一些自然物的四分法所形成的"数象"，如"日月星辰"等。

尧夫非是爱吟诗，为见圣贤兴有时。日月星辰尧则了，江河淮济禹平之。皇王帝伯经褒贬，雪月风花未品题。岂谓古人无阙典，尧夫非是爱吟诗。②（《首尾吟》）

安乐窝中一部书，号云皇极意何如。春秋礼乐能遗则，父子君臣可废乎。浩浩羲轩开阔后，巍巍尧舜协和初。炎炎汤武干戈外，恟恟桓文弓剑馀。日月星辰高照耀，皇王帝伯大铺舒。几千百主出规制，数亿万年成楷模。治久便忧强跋扈，患深仍念恶驱除。才堪命世有时有，智可济时无世无。既往尽归闲指点，未来须俟别枝梧。不知造化谁为主，生得许多奇丈夫。③（《安乐窝中一部书》）

邵雍在《观物内篇》认为"日月星辰"为"天之四象"，所以在以上的诗歌中的日、月、星、辰已经不是李白、杜甫笔下的诗歌自然意象，而是邵雍象数易学影响下的"数象"，是他在《观物篇》中所说的"天之四象"。同样皇、王、帝、伯也不是普通咏史诗中的帝王，而是邵雍对于人类政治史发展的四个阶段的特殊见解。

（3）"一"与"万"

"一"与"万"在诗歌中经常出现的两个对仗的词汇，在邵雍的诗歌中"一"与"万"具有邵雍易学的特别含义。邵雍在《观物外篇》中说："十分为百，百分为千，千分为万，犹根之有干，干之有枝，枝之有叶，愈大则愈少，愈细则愈繁，合之斯为

① 邵雍：《邵雍集》，中华书局2010年版，第417页。

② 邵雍：《邵雍集》，中华书局2010年版，第515页。

③ 邵雍：《邵雍集》，中华书局2010年版，第318页。

一，衍之斯为万。”[①]这是邵雍象数易学体系性的表现，世界以数相连，合之则为一，为太极，通过加一倍法的繁衍则为四象、为八卦、为六十四卦，为万物。邵雍的“合一衍万”的思想和程朱的“理一分殊”之说非常相近，在邵雍的诗歌中，“一”与“万”常常具有这样的易学思想。

> 物有声色气味，人有耳目口鼻。万物于人一身，反观莫不全备。[②]（《乐物吟》）
>
> 一物其来有一身，一身还有一乾坤。能知万物备于我，肯把三才别立根。天向一中分体用，人于心上起经纶。天人焉有两般义，道不虚行只在人。[③]（《观易吟》）

这几首诗的意思都是“万物”与“一身”的关系，邵雍具有心学倾向，主张“心为太极”，心“万物备于身”，一是身，是心，是万物的根源。“万”与“一”在这样的语境下形成对立。再如其《偶书》诗云：“天生万物，各遂其一。唯人最灵，万物能并。”[④]而《冬至吟》的“一”与“万”的对举则稍微与此不同，诗云：“冬至子之半，天心无改移。一阳初起处，万物未生时。玄酒味方淡，大音声正希。此方如不信，更请问庖牺。”[⑤]此诗是针对复卦而来，《复》卦的主旨是“一阳来复”，复卦䷗字是一根阳爻在下，五根阴爻在上。此时一根阳爻处在重“阴”之下，象征“阳”的力量尚且微弱，但力量在蓄积，一定能够冲破重阴，迎来春天，使万物重现勃勃生机。

（4）元会运世

假如说“皇王帝伯”的不断更替与循环是人类的文明史的变化，那么“元会运世”则是邵雍对于宇宙的自然史演进的描述。[⑥]他在《观物内篇》中说：

> 元之元一，元之会十二，元之运三百六十，元之世四千三百二十。会之元十二，会之会一百四十四会之运四千三百二十，会之世五万一千八百四十。运之元三百六十，运之会四千三百二十，运之运一十二万九千六百，运之世一百五十五万五千二百。世之元四千三百二十，世之会五万一千八百四十，世之运一百五十五万五千二百，世之世一千八百六十六万二千四百。[⑦]

① 邵雍：《邵雍集》，中华书局2010年版，第107页。

② 邵雍：《邵雍集》，中华书局2010年版，第509页。

③ 邵雍：《邵雍集》，中华书局2010年版，第416页。

④ 邵雍：《邵雍集》，中华书局2010年版，第327页。

⑤ 邵雍：《邵雍集》，中华书局2010年版，第489页。

⑥ 余敦康：《内圣外王的贯通》，学林出版社1997年版，第214页。

⑦ 邵雍：《邵雍集》，中华书局2010年版，第36页。

邵雍根据其象数易学所编制的《皇极经世图》，仍然是以“四”为基础，设置了“元会运世”四个运算的级别，1元等于12会，1会等于30运，1运等于12世，1世等于30年。黄宗羲在谈到邵雍的运算时说“总不出十二与三十之反覆相乘”[①]，对此邵雍之子邵伯温解释说一元相当于一年，一年有十二个月，一月有三十天，所以“其法皆以十二、三十相乘，十二、三十，日、月之数也”[②]。经过这样的计算，一元就有129600年。邵雍的《皇极经世一元吟》就是对此的诗歌形式的表达，诗云：

> 天地如盖轸，覆载何高极。日月如磨蚁，往来无休息。上下之岁年，其数难窥测。且以一元言，其理尚可识。一十有二万，九千余六百，中间三千年，迄今之陈迹，治乱与废兴，著见于方策。吾能一贯之，皆如身所历[③]

一元是宇宙自然变化的计量单位，而其中人类的文明史也只是三千年而已，邵雍自称自己对于宇宙自然的历史与人类文明的历史已经做到了一以贯之的认识。他的学术也是力图做到沟通天人，纵贯古今。

在邵雍的象数易学中，从横的方面看，以“四”为核心将世界万物分成四份，从纵的方面看，将人类文明史分成皇、王、帝、伯四个阶段，将自然史分成元、会、运、世四个层次，从而建构其象数易学的体系。而在邵雍象数易学中，诸如与“四”相关的一些数字也经常出现在邵雍诗歌中，对于这些带有邵雍象数学思想的意象，不再是普通意义的自然意象或者人文意象，而是带上其“象数”色彩的“数象”，应该结合其数学才能更深入地理解其诗意。这样的一些数象诗歌，其艺术价值并不高，但作诗歌意象的类型，却具有一定的独特性。

［作者简介：程刚，暨南大学中文系副教授。发表有论文《苏轼的“幽人”易象与意象》等。］

① 黄宗羲等：《宋元学案》，中华书局1986年版，第456页。

② 黄宗羲等：《宋元学案》，中华书局1986年版，第373页。

③ 邵雍：《邵雍集》，中华书局2010年版，第392页。

明清徽州才媛生命中的理与诗

◇俞晓红

摘　要：明清徽州重视文化教育，程朱理学炽盛，区域文化传统促进了徽州才媛文化的养成。众多才媛以诗词作品书写她们恪守礼教、忠孝节烈的生命观念，表达孝亲、侍夫、训儿的生活内容，记录下自己的怨念情愁，展示出多元的精神风貌。

关键词：明清；徽州；才媛；诗词

徽州自古以来就相当重视文化教育。徽州一府六县在明清有大小各类书院89所，曾在徽州区域内为当时社会培养了诸多人才。据统计，徽州人中举者，明代有298名，清代达698名；中进士者比例亦高。歙县甚至获得"连科三殿撰，十里四翰林"的美誉。理学大师程颢、程颐和朱熹祖籍均在歙县篁墩，朱熹母亲生于歙县城内，父亲曾于城南紫阳读书，朱熹曾三次回歙省亲讲学，南宋理宗在朱熹逝后追封他为徽国公，并题写"紫阳书院"匾额。徽州书院林立，而以紫阳为大。同一时期，徽州刻书业也非常兴盛，诸多文化典籍得以在徽州本地迅速流播，其中既有《春秋四传》《诗经集传》《朱子大全集》《本草纲目》《资治通鉴》《王维诗集》等经史子集类典籍，也有《会真记》《琵琶记》《北西厢记》《牡丹亭记》《再生缘》等文学名著。明清时期的徽州地区，较其他区域更多些程朱理学的文化氛围。

深厚的区域文化传统，营造了徽州才媛接受教育的文化空间。有一定文化程度的才媛，无论其渊源是家学还是塾学，抑或择师而学，在行为礼仪、精神心理、生活法则等层面上表现出来的忠贞节烈、孝义勤俭，较之普通女性，多了几分理性的自觉。

一

节烈是徽州女子普遍的自觉行为，徽地节烈牌坊之多之普及，正说明了这一点。徽州才媛的节烈之举，往往借助诗歌记载下来。

明代婺源人叶招男，为嘉靖二年(1523)进士、山东按察司提学佥事叶份的孙女。叶招男幼娴礼教，于归后更修妇道。夫詹民先因为下闱发愤，羸弱而卒。其时招男刚30岁，悲痛欲绝。妯娌再三劝慰，方勉力视事。守孝期满后，舅姑怜悯招男无子，又贫，担心她难以坚持守节，而招男咬指出血，书于镜台。舅姑知其不可夺，遂成其志。其后愈加孝敬，凡遇舅姑生病，汤药定先尝，饮食必亲进，数十年如一日。晚年立夫弟之子为夫嗣子，抚育如同亲生之子。乡里之人均嘉勉其志，称道其孝节。

康熙年间歙县人叶氏，聘为黟县卢容室。卢容弱冠时病卒。恰遇叶母病，叶氏侍母病愈后，乃毁妆，向母亲坚决请求去卢家登堂拜婆母；又至卢容墓地，无声而泣，再拜成礼。回至卢家，登楼，询卢容卒时所处卧室而居，奉卢容木牌，三年未下楼。服丧毕，请得母亲相见，而后绝食十余日，卒。《安徽名媛诗词征略》收其唯一一首诗作《谢母诗》：

> 女身虽甚柔，秉性刚似铁。读书虽不多，见理亦明决。女子未字人，此身洁如雪；女子既字人，名分不可亵。幸长抱衾裯，夫妇知有别。不幸中道捐，永矢守清节。更惨未见夫，夫命悲月缺。女称未亡人，此时宜同穴。不为慷慨死，三年俟服阕。服阕方绝粒，情激礼难灭。舍生违母心，我心亦悲切！从夫赴黄泉，纲维庶不裂。①

叶氏强调自己待字闺中为处子，聘为人妇，就算未见夫面，也要保重名分。于是，就这样为了“纲维庶不裂”而抛母别父，“从夫赴黄泉”。礼教杀人，于此可见一端。叶氏的事迹并不是个例。徽州地区是朱子故乡，自然也就成了礼教盛行的地方，明清时期诸多贞节牌坊便是礼教盛行的有力佐证。同时，徽州人多地少，很多徽州人都要外出经商，要求女子守节的礼教更有了存在的必要。徽州女子

---

① 光铁夫编：《安徽名媛诗词征略》，黄山书社1986年版，第184—185页。

的贞节牌坊是时代的烙印，每个徽州女子的心中都牢牢树立着一块礼节的牌坊。现今可查的资料中，(嘉庆)《大清一统志》和(光绪)《重修安徽通志》都将叶氏收为烈女。

无独有偶，休宁人曹贞秀有从妹琼娟，未婚而夫卒，琼娟守志不嫁。贞秀赋诗《从妹琼娟未婚守志励节甚高寄示言志并见怀之作答之》云：

几年消息渺天涯，不道秦箫换鲁鼙。黄鹄浩歌传白雪，紫鸾孤舞烂红霞。湘筠有泪多成节，古柏留春不在花。千里裁诗寄珍重，相思聊当折疏麻。①

相类的事例多而又多。

歙县人萧氏，嫁与柴某为妻。柴别娶茂陵，十年不返，萧氏孝事舅姑，舅姑相继殁，萧氏与小姑并处，长斋修佛，无怨以终。

休宁人张启(约1607—1649)，嫁汪汝萃为侧室。汪汝萃亦休宁人，侨居扬州。张启初归汪汝萃时，并不知自己嫁为侧室。不久后，汪汝萃嫡室王氏自休宁至扬州，张启乃知自己为媒婆所误。然张启并无怨怼，侍奉王氏甚谨。不久夫卒，张启年方19岁，与嫡妻王氏俱无子嗣。汪汝萃兄汝蕃遂以子汪楫嗣之，张启发誓不再他嫁。此后张家时时来人看望张启，张家人离开后，启必大恸，问之，始终不言何因。于是有人怀疑启有异志。后张启病重，对汪楫妻说，以前我悲恸，是因为伤于母亲逼婚，同时别人又不能理解我的内心，现在终于可以免去此苦了。遂卒，方43岁。汪楫贵显后，得以褒奖双亲，想向朝廷请封张启，但因条例所限，未能实现。

婺源人俞富仪(1901—1927)，幼即聪慧，3岁诵唐诗，10岁能吟咏，未出阁已积诗成帙；16岁时归同邑郎玉书庶子郎传仁为室。传仁父早逝，因随生母邹氏寄居江西浔阳。民国五年，传仁返婺源娶富仪。富仪事传仁嫡母齐氏，毫无怨言。后因传仁在浔阳病甚，多次寄信促富仪赴浔阳，而齐氏不许，富仪不得已背之而往，中途送信报齐氏，齐氏不乐。俞富仪赋诗记之曰：

渺渺予怀脉脉愁，关河迢递棹孤舟。恨如远岫双峰压，泪逐长江九派流。父母恩情从此薄，夫妻罪孽自今稠。行来尽是萧条景，回念姑嫜痛不休。

① 徐世昌：《晚晴簃诗汇》，《续修四库全书》第1633册，上海古籍出版社2002年版，第27页。

到达浔阳后，传仁病笃，富仪四处求医，终无效。居浔阳时，值兵乱，寓所近战地，枪弹乱飞，富仪与生母邹氏左右护之，寸步不离。遂相偕回婺源，求嫡母见容，然嫡母齐氏不令入门，富仪乃与传仁寄居娘家，托亲友恳求齐氏收容，而始终不见纳：

> 丑妇终当晋见嫜，三思三想怕登堂。腼颜准备一场骂，屈膝甘容半日狂。那识片言都不发，只教立刻便成行。四邻劝慰多遭斥，料想回心不易望。

未几，传仁卒，一子复夭：

> 是冤是劫未分明，尽夜无眠到五更。无可奈何儿失去，最难打算此余生。
>
> 其存其殁儿何在？消息沉沉直到今。愿汝柳阴深处住，娘心即是杜鹃心。①

富仪自觉了无生趣，遂自尽死，年方27岁。时民国十六年八月二十一日（1927年9月16日）。

当父母或舅姑患病时，割股疗亲似乎是徽地才媛较为普遍的一种做法。她们相信通过割股和药、奉食亲人，可以治愈亲人的病痛。当她们确信这种方子有效而且还彰显自己的至孝大爱时，会毫不犹豫地奉行，并不顾忌此举是否会损害自己的健康。明末清初时歙县才媛吴喜珠，生而娴静，母亲爱之如掌珠，故将她取名为“喜珠”。喜珠天性至孝，未笈之前，遇上母亲生病，割股疗亲。歙县人方月容，曾两次割股疗父母疾，以孝称。康熙年间歙县人吴正通女儿，酷嗜书史，能为诗，女红妙绝一时。许字歙县丛睦汪某，将嫁而汪某病卒。吴女遂在家养亲20余年，调羹视膳，不离父母左右。遇母病，女割股和药奉上。其后父母相继殁，女哀毁骨立，摒绝荤酒。歙县人方掌珍有两次刲股疗姑之事，记在《重修安徽通志》。嘉庆、道光年间歙县人江月娥，至性纯孝，工诗善画能琴，在室时会母病剧，月娥刲股和药以进。后母病殁，月娥悲恸之余，自写《望云图》志慕，求闺秀题咏，良足重也。婺源人汪观定（1886—1922），11岁时，父母相继病，境遇惨痛，观定曾两次割股疗亲，殚诚营救，然父母沉疴莫起，遂殁。观定本身身体孱弱，此时创伤

①俞富仪三诗题分别为：《闻外子有疾，急欲从之出门，禀于姑，姑不许，背之而行，途中感而有作》《被逐》《哭子》，见光铁夫编：《安徽名媛诗词征略》，黄山书社1986年版，第180—181页。

又发，几乎濒临死境，唯念父母所生四弟、五弟年均幼小，自己有抚养之责，方得免。21岁时于归，每与夫狄葆贤追述往事，均潸然泣下。婺源王瑶芬、王玉芬姐妹俩，先后有相关事实的记录：玉芬割股和药侍奉的是患病的继母，而继母比玉芬大不了多少，抑或年龄相仿；瑶芬70岁时，病痢甚剧，其七女严澂华炷香祷神，请身代复，潜刲臂肉，和药以进，不数日，母病骤愈，而澂华因受感染，暴卒。

割股疗亲或许是少数徽州才媛尽孝父母、舅姑的方式之一，更多家居之时，她们勤俭持家，侍奉舅姑尤其尽心尽力。吴喜珠嫁与方如麟为妻，不久后如麟与其父相继谢世，婆母在堂，幼子在抱，喜珠甘苦茹荼，养婆母、抚幼子，夜必勤女红，篝灯课子，持家守节，闺范有声。顺治十三年(1656)丙申，病卒。

乾隆嘉道年间人方掌珍(1783—1839)，出身歙县望族，父亲方鸿为太学生，母亲为潘孺人。掌珍嫁给同邑潘世镛为妻，世镛父子均为儒士，在外地授馆，家事全部交给掌珍。因有两位婆母，世镛嫡母无出，掌珍孝敬无有异常。时潘氏家徒四壁，常有上门索债者，几无虚日。而掌珍妆奁甚盛，因请得婆母同意，悉数典卖以还债，家中稍安。入不敷出时，则以女红贴补家用。故潘家虽贫，饮食不乏，赖有掌珍支撑也。后遇灾荒，家更困乏无法生存时，有人劝掌珍依恃母家，掌珍不应，日食一粥，天寒衣败，十指冻裂而操作不休。

乾隆年间歙县人方彦珍，为国学生方国祥之女。方家先世本出歙县，因曾祖宦江苏，其后遂居于扬州。方彦珍幼从父读，七八岁即懂四声，十多岁时作诗，有晚唐诗风。后嫁中表程立基。程家亦歙县望族，先世经理盐业，程立基落于真州，因寄籍真州。程立基亦才学英俊，闺门唱和，和睦默契。彦珍工绣事，侍奉祖婆婆及婆母，以孝名闻于乡里。立基家道中落，彦珍辅佐之，亲自操持家务，俨然贫家妇，同时教授子女，以诵读为事。亲族之中只知彦珍贤惠，却不知彦珍乃是闺阁诗人。彦珍又雅好读史，与儿婿辈语及忠孝事，恨不得侧身其间。早寡，教子朗亭成立，子又早逝，仅一孙，与媳同抚养教导之。

乾隆年间歙县人凌结绿，嫁与同邑方成恒为妻。凌结绿生于富贵之家，及于归，事上孝敬，待下慈爱，勤俭持家，食贫作苦，从无一日有愁叹之色。宗族之人均相称道，认为凌氏有汉末贤女桓少君的风范。

休宁孙采芙(1825—1881)，9岁辨四声，13岁能诗，尤工刺绣，道光二十八年(1848)嫁与胡培系为继室。绩溪胡氏自明以来，以经学世其家，培系学有根底，克绍先业，一时称为佳偶。培系方娶采芙时，寓居杭州，其母章氏、吴氏皆在故里，不久相继卒。采芙本富家女，衣丰食鲜，且嗜吟咏，针线之余，每与诸姊妹相唱和。及归培系，正值胡家穷困之际，家贫无储，而采芙自安，蔬食淡饭，从无不悦之色。因操心盐米家务事，遂不多作诗。道光三十年(1850)某日，外误传培系死，采芙脱耳上金环吞服。及暮，培系到家，急做莼菜羹使服下，获救。咸丰庚申(1860)以后，贼踪遍徽浙，是时儿女俱幼，采芙左提右挈，奔走于风声鹤唳之中，舟车劳顿，备尝艰险，三年之间共换五地。每闻培系诵诗声，则展愁眉，未能忘怀吟咏诸事。遂仿苕溪公《渔隐丛话》体例，取南宋以来诗话、小说有涉及闺阁的篇目，摘录编为《宫闺丛话》，未成稿，藏于家中。署中有花园，采芙莳花种竹，居处名之《丛笔轩》。而培系屡顿场屋，抑郁不自得时，采芙每每宽慰之。晚年遇海内平安，与夫共守贫寒，读书教子，然百病交侵，支离骨立。光绪七年辛巳正月二十日(1881年2月18日)夜，卒。例封孺人，晋封宜人。著名学者俞樾为撰《孙宜人传》，胡培系有《继室孙宜人事状》。

勤谨持家、侍奉舅姑而外，徽州才媛也有谏姑、佐夫的心理自觉。婺源人王瑶芬(1800—1883)，出于婺源望族，嫁与历任知府的桐乡人严廷珏(1801—1853)为妻。严氏祖籍徽州，迁居桐乡，为当地望族，富甲一乡。瑶芬侍奉严母蔡太淑人时，乘间与婆母叙保家之道，唯在积善；又奁具中携有前哲格言，瑶芬呈之堂上，劝婆母行育婴、恤嫠及施药、施棺、施帛衣诸善举，婆母从之。从此之后，桐乡一地遂称严氏为“善门”。道光十一年(1831)春，瑶芬随夫往云南任所。道光十四年(1834)，岁大饥，因瑶芬劝言，严廷钰发仓廪六千石以赈，而自捐价缴库以活百姓。同治三年(1864)，瑶芬随三子严谨(1827—1865)任贵州石阡知府，次年五月十四日夜，黔匪陷贵州石阡，谨战贼死，六女永华负瑶芬逾垣投郡署后池，水浅，不得死，贼退后郡中妇女来救，乃得出。晚年归里，又以千金助赈，奉旨建乐善好施坊于门。其事迹收入《光绪桐乡县志》卷十二《列女下·寿母》。

总而言之，明清徽州才媛因其所接受的传统文化教育，形成了较为强韧的区域精神特质与文化心理。表现在文学艺术作品中，也呈现出特质凸显、韵味浓郁的艺术品格。

二

徽州才媛大多选择了诗词这一形式作为文学书写的载体。写作点缀了徽州才媛的寻常人生，或者说，她们将文学书写当作了一种破忧解闷、抒发性灵、纾解压力的生活方式。幼承庭训者，少时即能诗词。清顺康时汪娴，本出休宁望族，曾许字戴氏，未嫁而卒。《林下词选》称汪娴聪慧寡言，有天女丰度。其词《捣练子》写夜静之时，孤鸿独往，瑶琴自理，别有一种寂寥哀愁；《浣溪沙》写春天花气袅人之态，清新别致。作为少女词人，汪娴存词不多，然风格清新可爱，略带几许闲愁。

歙县汪玉英亦幼承庭训，在室时即著有《吟香榭初稿》。《国朝闺秀正始集》载："吟香诗才秀逸，其佳句七言如'一缕沉烟消永昼，半帘华影荡微风'，'晴日烘梅香意透，春风拂水碧纹圆'，'一声远雁羁人思，数点青山故国心'，'石松少土偏饶翠，盆藕无花却有香。'均清丽可诵。"①如其诗《春雨》，以游丝慵懒衬春闷，以倦倚朱栏画春情，确乎清丽淡雅，洗练可诵。又歙县人方婉仪生于六月二十四，恰逢荷花生日，对此婉仪亦引以为骄傲：

> 平簟疏帘小阁晴，朝来池畔最关情。清清不染淤泥水，我与荷花同日生。
>
> 梅摹魏国夫人画，字仿杨家妹子书。一盏真茶消永昼，玉浆犀液较何如。（《生日偶吟》）②

祁门知县林用光室项瑱，著有《脂学楼吟稿》。《两浙輶轩续录》存其诗作《雉子游原泽篇》《白纻辞》《春雨》《秋怀奉和几山季父元韵》《小亭夜坐》《秋夜》等诗。其《春雨》写小院寂寥，自己有万千闲愁；《小亭夜坐》写秋凉日短，自己小亭吟诗，烧叶煮菱。作为女性诗人，她们大多寂寥无奈，也有期盼在胸。

清初休宁查士英擅长作词，《众香词》录其词作8首，词牌均不相同，有些词牌较为罕见，足见女词人刻意选择、争巧取胜之心。其《鹤中子·题画杏花》是题画词，《望江南·咏竹》是咏物词，《酒泉子·第九体秋夜坐日有怀故园》则是即事咏怀词，作者他乡倚窗夜坐，思乡之泪难禁。

才媛写诗作词，会选择一些别出心裁的方式。清代歙县才媛程璋，临出生时，其母梦吞花叶而诞。程璋幼时极为颖慧，9岁即好翰墨，工诗文，每日摹写《曹娥》《麻姑》诸帖，书法尤称精楷。璋天性喜爱种花，更爱花叶，能将如钱般的莲叶熨平并制为信笺，曾书写《心经》一卷于莲叶笺上。长大后嫁给同邑方元白为妻，伉俪甚欢。后方元白偕友人游于广陵，程璋忧形于色，不能自已，以诗文为书信寄元白，元白读之，闭门怅惋数日。后又有书信寄至，友人伺元白出门，私下开启看时，信笺乃以新柳叶制成，翠碧如生，有程璋手书绝句于其上，共两片柳叶，每叶各一首：

> 杨柳叶青青，上有相思纹。与君隔千里，因风犹见君。

---

① 恽珠编：《国朝闺秀正始续集》，道光丙申镌红香馆藏校，第215—216页。

② 恽珠编：《国朝闺秀正始集》，道光丙申镌红香馆藏校，第644—645页。

柳叶青复黄，君子重颜色。一朝风露寒，弃捐安可测？[1]

后程璋又有《染说》一篇、《原愁》一则寄元白，其文情缠绵悱恻，妩媚动人。然天妒红颜，程璋年21岁而卒。元白伤悼过甚，终不复娶，亦不再远游，遂入天台山为僧。

能诗的才媛除了写作诗词之外，也有编辑诗词集的愿望。清时西安人丁白，嫁与歙县张伯岩为妻。丁白先世原居关中，幼年时随父侨寓广陵，喜好吟咏，工绘事，皆得唐宋笔法。侍奉父母至孝，寝食起居，无微不至。后归张伯岩，唱和相得。丁白素有征集名媛诗词的愿望，撰有《征名媛诗启》，然终究未能实现。有诗词集《月来吟》。《众香词》《闺秀词钞十六卷》中收其词作三首：《生查子·咏蝶》写黄鸟啼声惊散双飞蝶，《醉花阴·秋日》是闺怨词，《传言玉女·闲吟》则是篇春愁佳作，以景衬情，倍添愁苦。丁白词风清雅，脱却柔媚，格调高雅而沉郁悲凉，大有宋词意境与韵味。

明清徽州能为诗词且擅长绘事的才媛，几乎都出自歙县。乾隆时程蟾仙，嫁与朱夔为侧室。朱夔乃海宁人，官至中书，精绘事。蟾仙模仿朱夔画风，惟妙惟肖。然工愁善病，26岁时卒。乾隆时吴申，字蕙姬（又作惠姬），太史吴以镇长女，其母因梦鹤而生，故吴申小字鹤。吴以镇，字瑾含，号涵斋，乾隆十七年（1752）进士，翰林院庶吉士，官编修，敕授文林郎，有《涵斋诗集》问世。申夫钱东，字东皋，一字杲桑，号袖海，钱塘人，善书画，工诗，尤长词曲。吴申自幼聪慧，工水墨花卉，楚楚有致，且工诗善琴，嫁钱东后伉俪笃甚。钱东擅长丹青，曾为吴申画探梅小照。不久，钱东入都应试，惠姬卒，小照亦遗失。钱东归家，思念深切，重为之肖像，然终于不肖。后一日，忽从破簏中捡得，喜不自胜，遂加以装裱，遍求题咏，且载其《鸳鸯吟社笺诗稿》。后钱东梦吴申来，言已托生吴门赵氏，郎可以玉鱼为聘云云。钱东因此自号玉鱼生，赋诗云："可怜女士已成尘，翻使萧郎近得名。听说只今吴下路，歌场人说玉鱼生。"《随园诗话》有记。

吴正肃乃嘉庆、道光时江都人，字静娴，嫁与歙县丰溪人黄履岳为妻，因自号丰溪女史。正肃善画，山水苍劲，一洗纤弱之态，得沈周笔意，亦能诗，有题画诗数首，诗为《焚香集》。

才媛绘画艺术成就最高的当属歙县吴淑娟。吴淑娟（1853—1930），自署杏芬女士，晚号杏芬女史、杏芬老人等，著名画家吴鸿勋之女，江宁知府黟县唐光照室。吴鸿勋，字子嘉，号心兰、小竹、知非翁等，擅画兰竹，曾入曾国藩幕府。淑娟

[1] 光铁夫编：《安徽名媛诗词征略》，黄山书社1986年版，第132页。

幼承庭训，工山水、花鸟、人物、虫鱼，绘画技艺“尽得其父笔法之妙，乃益肆力于六法，由平正之于神妙，由规矩以超乎奇杰”①，因有出蓝之誉。淑娟10岁时，随父从歙县流寓上海，助父鬻画自给。光绪七年（1881），淑娟28岁，所作《百花图》长卷受到吴昌硕等众多名流题咏，声名大震。性喜游历，每至一处，归辄临摹，有十八省名胜及西湖、黄山各图印行于世。夫唐光照由部曹出守江宁府，政声卓越，后因秉性亢直遭忌者中伤，遂挂冠归，光绪三十年（1904）病逝。宣统二年（1910），意大利开博览会于罗马，淑娟所绘，大得意大利王后赞赏，购藏宫闱。旋即收集生平杰作十余幅，印珂罗版一巨册。中西报界，特著专评，各国博物院，均纷纷致函，誉为近世空前手笔。淑娟70寿辰，海上著名画家王一亭、吴昌硕、黄宾虹、沈心海等均登堂拜寿，以书画庆贺。生三子一女，子唐熊得传衣钵，书画俱工。民国十九年冬78岁卒。吴淑娟在绘画上颇有成就，题画诗亦多，著有《十八省名胜及西湖、黄山各图》《吟华阁画稿》《杏芬老人遗集》等，《历代妇女著作考》著录。《皖雅初集》收“张太夫人八徽图”中的四幅题画诗，即《题急智靖变图》《题手援众溺图》《题创学惠乡图》《题燃灯照海图》。四诗各围绕一个主题，赞颂张太夫人的功德。《安徽名媛诗词征略》另存四首题图诗：

峦光变灭白云封，怪石崚嶒势不庸。宣圣昔登天下小，中原那有最高峰。（《泰顶凌云图》）

桃花春暖水平溪，绿柳依依两岸齐。山色殷红何灿烂，霞光返照夕阳西。（《钟阜余霞图》）

数十渔舟齐拍岸，风涛掀处尚飘摇。城楼高耸形何壮，时有幽人来看潮。（《黄鹤烟波图》）

曾见罗浮万树梅，花开朵朵傍山隈。银光遥看浑如雪，一路香风拂拂来。（《罗浮香雪图》）②

吴淑娟以诗家之笔吟出画家眼中所见景观，或为山光明灭、怪石嶙峋的泰山图，或为桃红柳绿、山色殷红的钟阜晚霞图，或是风涛拍岸、城楼高耸的烟波渔船图，或是梅雪香风、银光胜雪的罗浮香雪图。吴淑娟因绘画而盛名，然其题画诗融画入诗，诗画相映，亦是徽州才媛题画诗之翘楚。

明清徽州才媛表现出如此丰富多样的诗歌书写能力，展示其丰厚的文化底蕴，在明清之季的安徽境内颇为独到而领先，甚至在江浙皖一带才媛辈出、群芳

① 恽茹辛：《民国书画汇传》，台湾商务印书馆1986年版，第68页。

② 光铁夫编：《安徽名媛诗词征略》，黄山书社1986年版，第164—165页。

灿烂的历史氛围里，也很有独秀一隅、独树一帜的意味。这与才媛们所赖以生存的自然环境和所传承的人文传统有密切的关系。

三

明清徽州才媛的诗词写作，往往是幽闺独吟，大有幽闺自怜的况味。诸多在室女早慧而敏感，春秋代序、寒夜孤寂之际，每每伤感于生命脆弱、缘分不永；一些为妻者亦多深于情而浓于情，无论写景、咏物，抑或伤独、闺怨，均将吟诗填词作为纾解忧愁、发散寂寥的一个途径。从某种意义上说，幽闺独吟也即是才媛们自我调节的方式，或曰自我教育的途径之一。

乾隆时歙县才媛徐七宝在婚前一日病卒，所作诗数百首均皆焚毁，唯独病中所作《伤心吟》一组及断句若干留世，其中两首曰：

> 生来性冷爱山居，昼卷湘帘薄梦余。翠袖倚归溪上竹，云环摘罢涧边蔬。有诗只赠随风絮，无药能医病月余。却恐小楼人去后，镜奁谁检读残书。
>
> 寂寥人醉未调琴，谁为求凰卜好音？妆阁已抛青镜影，夜台应抱白头吟。薄缘似月还同缺，旧梦如云不可寻。回望夕阳松里屋，空留苍翠万峰阴。①

"生来"云云道出了自己心境澹雅，爱诗如命，陶醉于诗，诗亦如药，有疗病之功。她已知自己寿将不永，一来惦记诗作有谁收，二叹与夫缘薄如缺月，读罢令人唏嘘不已。

清雍乾时休宁人黄熔，因父殁而侍母不字。其诗《冬夜作》云：

> 向晚掩窗扉，金梭涩锦机。风尖灯影怯，云重月光微。拨烬愁添炭，增寒怨典衣。清宵更漏永，兀坐思依依。②

冬夜浓寒，孤寂纺织，衣薄影单，心怯思微。黄熔书写与孤母相伴的个体生活，凄凉感人。

出阁后的徽州才媛，则因其生活层面较为丰富，承载在其文学书写里，也便呈现出不同的风貌。歙县才媛黄之柔《南乡子·村望》，书写独倚画楼而静观花草

① 恽珠编：《国朝闺秀正始集》，道光丙申镌红香馆藏校，第450—451页。

② 恽珠编：《国朝闺秀正始续集》，道光丙申镌红香馆藏校，第323—324页。

云烟、酒旗舒卷、行人争渡的闲适；歙县黄克巽《竹帘》，借助“竹帘”一物，书写女子无从掌控自我命运的柔弱人生。休宁才媛汤淑英有诗词集《绣馀轩稿》，其作题材多样，含蓄蕴籍，可称哀婉。其诗《除夕》作于兵荒马乱之际，《柳亭诗话》称此诗是作者“侨寓吴中，以避风鹤之警”而作，“笔笔藏锋，可云哀而不怨，微而婉已”①。

才媛承担为人妻母的角色，多写有侍夫示夫、别夫寄夫的诗篇，这部分几乎成了才媛出阁后的重要内容。嘉庆时歙人詹应甲副室沈蕙香，侍夫泛舟湖上，礼佛归来奉和作诗，有“肩舆遍历山深处，稳胜香车碾落花”②之句；张绣珠为詹振甲副室，亦有《西湖泛月次夫子韵》诗，中有“塔远灯浮动，潭虚月浅深”③之句。兄弟均有副室，妯娌侍夫出游，且能吟咏唱和，自谓一门风雅。婺源汪观定有诗《示外子》：“法法缘成法法空，个中消息有谁通？寂光常照如如佛，唤作如如又一重。”④汪观定丈夫狄葆贤曾专门研究佛法，观定自己对佛法的领悟往往高于其夫，所以常加开示。

夫在身边有侍夫、示夫之诗，夫出远门则有送夫、别夫之作。歙县吴䕫存诗很少，其一即为《送外游金陵》：

> 此游名胜地，须认旧繁华。芳草秦淮岸，斜阳燕子家。江声无铁锁，渡口有桃花。多少兴亡事，山陵见暮鸦。⑤

古都金陵自六朝以来就成为文人骚客吟咏的对象，女子送夫游金陵，亦作此诗。颔联有刘禹锡《乌衣巷》之味，末句尤妙。与此相类，休宁汪韫玉有《送外之兰陵》：

> 绿遍郊原草正肥，垂杨千缕思依依。已怜春去客兼去，那更帆飞花又飞。玉笛寻常吹落月，疏林容易下斜晖。劝君别后休吟苦，白雪天涯和者稀。⑥

---

① 宋长白：《柳亭诗话》卷二十九，清康熙天苗园刻本，第320页。

② 沈蕙香：《侍夫子泛舟湖上，历北山礼佛归来奉和四首》，恽珠编：《国朝闺秀正始集》，道光癸巳仲秋红香馆原本，退思堂重刊，第19页。

③ 恽珠编：《国朝闺秀正始集》，道光癸巳仲秋红香馆原本，退思堂重刊，第20页。

④ 陈诗编辑：《皖雅初集》卷十七，民国己巳（1929）上海美术图书公司排印本，第11—12页。

⑤ 恽珠编：《国朝闺秀正始续集》，道光丙申镌红香馆藏校，第227—228页。

⑥ 恽珠编：《国朝闺秀正始集》，道光丙申镌红香馆藏校，第588—591页。

垂杨依恋，客去帆飞，笛声落月，疏林遮目，别时无奈与别后孤寂之情全在其中。无独有偶，休宁陈玉为王鸣盛侧室，亦有诗《送外口占》："送郎送罢立沙滩，只见风帆不见船。转眼连帆都不见，奴身欲化望夫山。"[①]由此可知，徽州男性多乘船经水路外出为宦或经商，船帆成了才媛用以寄托分离之苦、依恋之情的常见意象。

才媛诗词中，不乏传统的闺怨之作。如休宁程凤娥颇多闺怨之词：

> 腊未尽，柝逾长，匆匆岁暮最凄凉。庭梅窗外飘，残雪何事，良人滞远方。(《捣练子》)
>
> 竟日湘帘慵卷，窗外已来新燕。双袖倚雕栏，日暖风和人倦。人倦，人倦，独上画楼消遣。(《如梦令·春闺》)
>
> 一点愁心指上弹，梅花羞带病中看，相怜早被湖山隔，空对孤灯带影残。情没绪，思无端，更深犹自倚朱栏，长空独有天边雁，为我勾留伴晓寒。(《鹧鸪天·有怀》)
>
> 思漫漫，恨漫漫，无限离愁指上弹，翠被怯春寒，对栏干，倚栏干，一纸家书仔细看，函露语平安。(《长相思·信至》)[②]

程凤娥是官宦妻室，其夫宦游异地，诗词书写了徽州女人的特有心境。腊月之后是新年，正当阖家团圆之际，留守在家的徽州女人却感受岁暮凄凉；风和日暖之春，只能独上画楼，病中羞看梅花；更多时候是空倚栏干，摩挲家书，聊以慰藉。

休宁金若兰著有《花语轩诗抄》，道光二十四年甲辰(1844)鄉嬛别馆刊入《国朝闺阁诗抄》第6辑，收诗20首。其《四时闺怨》诗，诗意相同，方式各一。其《暮春遣怀》亦书写暮春寂寥：

> 不绣鸳鸯爱读书，草留书带拂庭除。天边有梦怜鸿雁，江上何人寄鲤鱼。好藉风云挥彩笔，休寻花竹恋郊居。高车驷马家声旧，莫笑题桥客不如。(《暮春遣怀》选一)

作为寡居的女性诗人，金若兰所存20余首诗作，多书写自己的无尽寂寥之境。唯《见燕》诗略有不同："巢新泥未干，雨细丝初剪。最喜汝归来，花影和帘卷。"[③]如

① 光铁夫编，《安徽名媛诗词征略》，黄山书社1986年版，第171页。

② 徐树敏、钱岳编选：《众香词》，民国二十三年(1934)上海大东书局影印本，御集。

③ 均见胡文楷编著：《历代妇女著作考》，上海古籍出版社1985年版，第405页。

此春意融融、愉悦清新之作，在金若兰诗作中难得一见。

夫婿在外，不能随去，才媛多有寄夫赠夫之诗。歙人汪嫈有《寄夫子》诗，句意多为作者对夫君的劝诫和嘱咐。原籍休宁的胡佩兰为歙县汪启淑侧室，以“主人”呼夫，有《寄主人》一诗：“珍簟生凉感别愁，闲听风竹满庭秋。惟应团扇情相似，空对山楼月一钩。”[①]凉秋之际深感离愁，虽寂寥而无奈，团扇见弃之怨亦只轻诉。休宁人吴淑有诗《酬夫子见怀韵》，虽为酬和，亦同寄夫，“怀人江上起离愁”“却诵新吟添别恨”[②]之句，直诉离愁别恨。

夫君外任，为妻者本当随任同去，然有双亲在堂、需要侍奉时，才媛便陷入了两难境地。婺源王少华有词《浪淘沙》曰：

> 皓魄满窗前，不照人圆，离魂真欲上青天。只为分巢双燕小，破尽宵眠！　何计慰高年，日薄虞渊，时来甥馆问鱼笺。甚日浣花溪畔水，准送归船！[③]

题下注曰：“丙寅仲秋，余以侍亲留白下，遣方海、方澜两儿赴蜀侍夫子。”侍亲与侍夫不能兼顾，遂遣两子代己侍奉，然常问书信，是借双亲之念，寄寓思夫之情。虞渊，古代神话所说日入之处，典出《淮南子·天文训》。末二句盼归之意显豁而又柔婉。

有子者可以遣子侍夫，无子者只能在家痴等。倘若遇到没有行为约束力的丈夫，才媛也只好采取委婉的方式进行劝谏。歙县程伯生室张玉仪，有诗《戏示外子盖因其好作狭邪游也》云：“歌舞楼中列绮筵，等闲花草亦因缘。可曾记得痴性情，郎不归来妾不眠。”[④]作者劝诫丈夫不要眠花宿柳，可是又顾及丈夫颜面，于是只好“戏示”。

才媛患病甚或病重之时，关注的仍是夫婿生活和儿女成长。顺康时歙县才媛汪是，嫁同邑吴之騄为侧室，夫迁任镇江府教授，时正在病中的汪是留在家中侍亲养儿，为免夫君担心，遂赋诗《病中送郎北上》示夫，既理性劝勉夫君，又恐自己病重，永无再见之日，生离即成死别，不禁恸绝。汪是存诗不多，但均为示夫、别夫之作，一感君恩，二念幼子，三嘱将金钗绣褥留待新人，均哀婉自怜，伤痛无已。

休宁才媛程琼，夫吴震生是歙县人，号玉勾词客，乃康乾时期文学家，诗文戏

① 恽珠编：《国朝闺秀正始续集》，道光丙申镌红香馆藏校，第215—216页。

② 吴颢原编，孙振棫重编：《国朝杭郡诗辑》卷三十，同治十三年（1874）刊本，第43页。

③ 徐乃昌著，《闺秀词钞十六卷》十集卷十二，宣统元年己酉年刊本，第36页。

④ 光铁夫编：《安徽名媛诗词征略》，黄山书社1986年版，第157页。

曲作品俱丰。程琼病弱，子又夭折，更加重病势，遂一病不起。其病中诗作《有疾豫别玉勾词客》，预感自己寿将不永、痛惜夫妇情感不能持久；《卧病坐乐轩》则深知自己回天乏术；《疾作梦母氏孙淑人挈儿来兹不复梦矣》是因子夭折，悲痛成疾，梦见母亲携子来探而作，见出诗人对人伦亲情的珍视；《属玉勾生椁外题小眠斋三字》则是嘱咐丈夫在自己死后的眠息之椁上题"小眠斋"三字。人之将死，殷殷嘱咐化作点点期许，读来自然缠绵凄恻。

相对于才媛自身体弱病亡所致的伤感，夫婿亡故带给才媛的悲恸要更深更重。文襄公于敏中（1714—1780）堂妹于氏，乃太史休宁汪燮亭室。夫殁，赋《悼亡》诗曰：

> 送君南浦正初春，惊报楼成赴玉宸。有妾可怜身后累，无儿何惜未亡人！萧条旅榇来燕市，缥缈灵旗傍水滨。检点朝衣今尚在，凭棺恸绝恨难陈。
>
> 闻道临危珍重言，累伊辛苦主苹蘩。北方有药如钩吻，西域无方不返魂。少妇低头甘井臼，严亲系念切晨昏。他生若化通灵鸟，愿效慈乌答厚恩。①

初春才送丈夫远行，不料此时已经撒手人寰，朝服还在，而人已故去，不禁感慨万千，悲从中来。诗作哀而不怨，伤而不绝，如泣如诉，是悼亡诗中的佳作。

才媛们在诗词中书写的是她们的观念、生活、勇力、智慧，书写自我的生命火光、情感体验与价值追求，书写千般爱恨万种情愁。于徽州才媛，诗作虽只表现了她们个人生活的断面、情感的点滴，但于徽州才媛身后的读者们，诗作却层次丰富地呈现了明清时代徽州闺媛群体多元化的生活状态和精神风貌。这些发黄的书卷，使我们还原明清两季这一区域女性文学书写的历史状貌成为可能。

［作者简介：俞晓红，安徽师范大学文学院教授。出版有专著《佛典流传与唐代文言小说》等。］

① 光铁夫编：《安徽名媛诗词征略》，黄山书社1986年版，第171—172页。

永乐阁臣黄淮的狱中创作与台阁诗风

◇党月瑶

摘　要：永乐十二年闰九月，朱棣因太子遣使迎驾缓而罪及辅臣，导致黄淮、杨士奇等人下狱。黄淮在狱中创作了大量诗歌，反映出诏狱环境之恶劣、生活之艰苦，以及与狱内外亲友的交流。此外，诗中对朱棣及明王朝的赞颂，对自身的反省，以及悲惨境遇的自述，都是其恋阙心态下的主观呈现。黄淮在失去阁臣身份后，才大量地关注到自我。他狱中的颂圣受当时政治环境的影响，这一创作心态导向了台阁诗学与政治伦理问题，从而使得《省愆集》成为凸显文臣的伦理道德和儒教诗学品格的典型诗歌文本。

关键词：狱中；黄淮；省愆集；诗学

永乐十二年(1414)三月朱棣北征瓦剌，六月初九班师，七月二十八日到达沙河，皇太子派遣的使者兵部尚书兼詹事府詹事金忠、指挥使杨义迎驾，并进迎銮表。八月初一，到达北京。闰九月初四，朱棣“以太子遣使迎驾缓，征侍读黄淮，侍讲杨士奇，正字金问及洗马杨溥、芮善下狱”①。朱棣因“迎驾缓”一事勃然大怒，并归咎于东宫辅导者的失职。除蹇义中途被宥，杨士奇未几复职，其余涉事官员都饱受牢狱之苦，特别是杨溥、黄淮遭遇了长达十年的牢狱之灾，直至永乐二十二年(1514)八月朱高炽继位才被释放。从政治视角来看，此事因“迎驾缓”而产生，实际上却是皇子继承权、天子太子权力冲突等相关矛盾的集中爆发，背

① 张廷玉等：《明史》卷七，中华书局1974年版，第94页。

后有深层的政治原因[①]。从文学的视角来看,"迎驾缓"导致的牢狱之灾为黄淮等人的文学创作带来了异样风采。黄淮等人狱中的诗歌创作,一方面能够展现入罪官员身处囹圄的生活状态,成为"迎驾缓"事件主导下文学生态的独特呈现。另一方面囿于曾经的阁臣身份,而体现出复杂的创作心态,在与台阁文风产生密切关联的同时,生发出具有典型意义的诗学路向。因而当我们以阁臣为对象观照永乐时期上层文学时,也应当注意到诏狱这个未承圣恩的角落。

纵观黄淮一生,阶段分明,反映在文集中,《退直稿》对应在朝,《省愆集》属于狱中,《归田稿》《入觐稿》则作于乡居时期。本文将以黄淮狱中所作的《省愆集》为对象,分析黄淮狱中的诗歌创作及其心态,在台阁文风的观照下挖掘作品的诗学内涵,由此揭示"迎驾缓"事件下阁臣文学的重要面相。

一、黄淮的监禁生活与诗歌创作

《省愆集》中的诗歌记录了黄淮狱外与狱中的生活。所谓狱外,指两次押解的过程,即永乐十二年因"迎驾缓"事件,朱棣下令将黄淮等人从南京押送到北京,永乐十四年秋黄淮等人由北京押送至南京。相比而言,《省愆集》更多地反映了黄淮狱中的生活。[②]

黄淮等人被关在北京诏狱,据相关研究表明,诏狱的生活环境恶劣,"诏狱建筑为半地下式结构,为防止犯人之间串供和狱情泄露,牢房墙壁建筑很厚,且相互之间隔音效果非常好。"[③]这种"半地下式"的结构不但有碍采光,也影响通风,使得夏天酷暑难耐。黄淮入狱一年后的夏天,因病体逢暑气,极为难受,作诗云:

① 相关研究有张兆裕:《黄淮之狱与朱高炽的太子地位》,南开大学历史研究所明清史研究室编:《明清史论文集》第2辑,天津古籍出版社1991年版,第34—42页。赵中男:《朱棣与朱高炽的关系及其社会政治影响》,《明史研究》第6辑,黄山书社1999年版,第101—108页。

②《省愆集》版本有三:明宣德八年刊本(台湾国家图书馆藏),文渊阁四库全书本,《丛书集成续编》所收民国二十年敬乡楼丛书本。经目录比对,前两者仅有个别差异。与文渊阁四库本相比,《丛书集成续编》前后序皆存,但缺失多首,卷上缺:杂咏二首,缺一首;辛丑春日书怀十首,缺一首。卷下缺:《梦友》《承表弟敬德相顾诗以志感》《屡承诸友惠物又闻酒米之贶诗以志之》《丁酉除夕》《雪》《巳亥人日》《伤春》《闻胡学士物故诗以悼之二首》《佳人》《得寄来白苎衣》《元夕》《春晴》《闷坐》《秋夜初睡聪檑中见月》《秋热》《中秋》《归鸦》《重九前一日同侪者举唐人况复明朝是岁除之句要余仿此赋之》《九日代妇作》《秋夜》《冬夜思亲》《乙未夏五月初三日夜梦侍朝因追想平日所见成绝句三十八首》。本文以下所引黄淮《省愆集》皆以文渊阁四库全书本为准,不再注释说明。

③ 魏天辉:《简论明代诏狱的管理》,《河南师范大学学报》2010年第6期。

“炎蒸侵瘦骨，雨湿透重裯。”（《病暑》）某年六月，久无雨，狱中病者甚多，忽逢大雨，黄淮特赋诗志喜：“久晴思得雨，一雨惬群情。病逐炎蒸退，凉随喜气生。”然而雨水极易加重牢狱的湿气，加以夏季高温，又复有炎蒸之感。为此，黄淮诗云：“暑雨连朝未放晴，不堪病体困炎蒸。何当置我昆仑顶，两腋清风万壑冰。”（《暑雨》）更有甚者，某年七月中旬，某晚霖雨大作，床榻旁边的墙体坍塌，导致黄淮伤鼻出血。入秋意味着暑气渐退，黄淮特作诗表达消暑的渴望，然而有时也感叹“庭梧久矣报新秋，余热凭陵尚未收”（《秋热》）。到了冬天，寒气袭来，被冷不成眠，黄淮作诗云：“朔风吹冷透衾裯，铃柝交鸣聒耳频。展转无眠愁思剧，却疑羲驭夜停轮。”（《寒夜》）黄淮用诗歌记录了自己的监狱生活，在此恶劣的环境下，不可避免地会产生失落愁苦的思绪。

狱中条件的恶劣还不止于此，除了艰苦的牢狱环境外，下狱官员的衣食成为一个大问题。杨溥“在狱中十年，家人供食久数绝，粮不能继，又上命叵测，日与死为邻，愈励志读书不辍”①。同被监禁的金问也需要他人的接济，但“非义相馈，皆不受”②，在狱十年“衣食之需皆澄周之”，文中的“澄”即长洲人沈澄（字孟渊），因此金问曾经对人说：“吾微孟渊为瘐鬼矣。”③同样，黄淮在狱中也得到不少亲友的物资帮助，《寄来绵衣宽博甚揣情因赋》《得寄来白苎衣》《屡承诸友惠物又闻酒米之贶诗以志之》等都是因此而作。其中就有同侍东宫的杨士奇，对于身处狱中的黄淮，杨士奇不仅赠送饮食医药，还关照家人。黄淮《祭少师东里杨公文》详细描述了当年的情景：

> 公方入对明廷，旋复释还故职。我则拘幽圜土，一滞十稔有奇。常承悯恻之念，屡馈药食之资。诇我音耗，抚我痴儿。绸缪恳悃，久而不衰。④

在这篇祭文中，黄淮深情地回忆了杨士奇对自己的恩情及两人辅佐东宫的往事。“寮友之中，公尤我知。情之相孚，坚如胶漆”及“慎简宫僚以励翼，惟我与公而相依。异体同心，合辙并趋”等语说明，辅佐东宫那段时间是二人友谊的奠定

---

① 陈建：《皇明通纪集要》，《四库禁毁书丛刊》史部第34册，北京出版社1997年版，第186页。

② 过庭训：《本朝分省人物考》，《续修四库全书》第533册，上海古籍出版社2012年版，第384页。

③ 王鏊：《（正德）姑苏志》，《影印文渊阁四库全书》第493册，上海古籍出版社2012年版，第1051页。

④ 黄淮：《黄文简公介庵集》，《四库全书存目丛书》集部第27册，齐鲁书社1995年版，第61页。

期。黄淮在狱中有《追和东里诗韵三绝》,"有时成邂逅,多是梦中来"等诗句反映出二人的情谊。

《省愆集》明确提及的,与狱中黄淮有交往的官员还有柯暹、杨景衡、潘文奎。柯暹,字启晖,永乐初被选入翰林,与时任翰林院侍读的黄淮当有交往。数年后,柯暹擢户部给事中,永乐二十年因事下狱,洪熙元年(1425)大赦出狱。黄淮《闻柯启晖谈黄蒙进学》一诗当作于黄淮入狱之后柯暹入狱之前。黄淮曾在某个重阳节作诗《九日》,柯暹次韵一首。黄诗感伤狱中的自己来期未卜,柯诗也为自己的"客途"临风哀叹。杨南,字景衡,以字行,"草心"当为杨景衡的号。洪武间会试中副榜,永乐间任福建左参政,佐闽三十年。潘文奎,字景昭,号愚庄,建文二年中进士,永乐八年二月左春坊左司直郎。杨景衡、潘文奎与黄淮有同乡之谊,其中潘文奎与黄淮还同为洪武二十九年丙子举人。[①]黄淮《冬夜梦会草心愚庄二老友》云:"汉水既深广,闽山复逶迤。"《用樗庵韵奉简草心愚庄二友》其一云:"楚水闽山千里隔。"说明彼时潘文奎正在汉阳,杨景衡在福建。

除了与外界亲友交流之外,黄淮、金问、杨溥三人因"迎驾缓"同年入狱,在狱中"相得欢甚,省躬念咎之暇,各持一经讲论,曰:此处忧患之道也"[②]。同乡潘畿(樗庵)永乐初年由黄淮推荐入翰林,先预修《太祖实录》,后为《永乐大典》副总裁,永乐九年因解缙牵连入狱,与永乐十二年入狱的黄淮同囚数年,等到仁宗继位释放出狱。狱中二人互相砥砺,也时常一起唱和诗歌,推敲论辩。《省愆集》中提及"樗庵"的诗歌有十一首。萧仪(蘗庵)因得罪朱棣,于永乐十九年九月左右关押诏狱,至永乐二十一年七月十九日亡故。期间,黄淮与萧仪成为狱友,同处二三年。二人狱中有春日抒怀的次韵之作,于永乐二十年中秋还有互相唱和之诗。

从上可以看出,狱中的黄淮并没有隔绝与同僚、同乡的书信往来及诗歌交流,与同陷牢狱的友人也时常有诗歌唱和。这在一定程度上能够被黄淮视为情感和精神上的支持,从而减轻恶劣环境下的负面情绪。由于资料有限,《省愆集》中还有不少唱和、次韵诗作的创作背景无法得知。但可以确定的是,狱外与黄淮相联系,甚至提供帮助的官员不止上面几位。从政治角度来看,黄淮等人所谓的"失职",并非大是大非、罪不可恕的政治问题,杨士奇、蹇义也都被无罪释放。这一点可与靖难事件相比较。惩戒黄淮等人,只不过是朱棣用来压制东宫势力的

① 汤日昭:《(万历)温州府志》,《四库全书存目丛书》史部第210册,齐鲁书社1995年版,第695页。

② 过庭训:《本朝分省人物考》,《续修四库全书》第533册,上海古籍出版社2002年版,第384页。

一种手段，而绝不会上升到政治敌对的地步。"迎驾缓"事件对黄淮等人所造成的也不是特别严重的，不可挽回的后果。时人所持的也是这样的认知态度，甚至黄淮也是这样认识自己的这一遭遇的。所以一些同朝官僚不会因政治避嫌而断绝往来，反倒会提供物质帮助与精神支持。

二、颂圣与恋阙：黄淮狱中诗歌的正面抒发与心态

如前所述，受到政治灾祸及恶劣牢狱环境的影响，内心愁苦感伤并发之于诗歌，这是理所当然的事。我们确实能从《省愆集》中发现这类作品。不过，值得注意的是，黄淮在狱中对皇权不仅没有抱怨，甚至还有不少颂圣之作。《省愆集》共有作品381首（诗歌369首，赋2篇，词10首），其中语及颂圣的有79首，占比20.73%。作于朝堂时期的《退直稿》诗、词、赋数量共369首，语及颂圣的有72首，占比19.51%。作于归乡时期的《归田稿》诗、词、赋数量共115首，语及颂圣的有20首，占比17.39%。尽管上述统计会受选取标准[①]与别集收录情况的双重限制，但《省愆集》中五分之一的颂圣比例已然能够说明问题。纵观黄淮各个时期的诗文集，《省愆集》与《退直稿》《归田稿》在颂圣的意旨和话语形式方面并没有什么差异。主要的不同之处在于颂圣主体（黄淮）处于与前后期大为不同的特殊环境，即遭受皇权打压，身陷囹圄。特别的处境突出了颂圣的独特之处，并生发出一些值得探讨的问题。

《退直稿》中的颂圣诗，主要出现在应制、朝臣唱和、同僚赠行（赴任、考绩、出使）等场合，充分展示了黄淮内阁文臣的身份。狱中的黄淮失去了这一显豁的身份标识，随之也失去了应制的资格以及朝臣唱和、同僚赠行的机会。故而黄淮将颂圣的词语和内容转移到了其他诗歌主题上。主要包括元夕诗歌的创作，如《戊戌元夕》《庚子元夕次韵二首》；对往昔生活的怀想，如《乙未夏五月初三日夜梦侍朝因追想平日所见成绝句三十八首》；与友人的唱和，如《和樗庵中秋诗韵》《和友人中秋月来韵》；自我的感悟与表达，如《释闷》《秋暮书怀》。由此带来的问题是：狱中失去了诸多颂圣机会的黄淮，为什么还要喋喋不休地将颂圣之语挂在嘴边？如果说《退直稿》中的颂圣是基于阁臣身份迎附、歌颂皇权的心态，是政治风波后台阁文风的群体性表现，那么《省愆集》中的颂圣则稍显刻意。

黄淮素有进取之心，他在《送赵子野还乡序》中就说道："虽然命（富贵利达之

---

① 在此说明的是，笔者对"颂圣"的选取标准为，诗中明显含有赞颂君主王朝的词句，如宠恩、圣恩、皇恩、圣明、圣君、圣明等词汇，表达对皇权及朝廷的歌颂。

命）由乎天，而志存乎己。由乎天者，固非人力之可求；存乎己者，岂非平日之当勉。"[①]在狱中也有"功名富贵须及时，谁肯龌龊陷泥滓"（《短歌行》）等语。皇权的打压并未磨灭黄淮的积极进取、博求功名之心。这一方面是个性所致，另一方面也与当时的政治实情以及他对自己境遇的估计密切相关。朱棣没有给黄淮等罪臣下定牢狱的期限，蹇义在押解北京的途中被宥，数月之后，杨士奇也被释。因此，黄淮也一直期待着自己能够不日出狱，重为朝臣，恋阙之心从未磨灭。《省愆集》中有33首诗不同程度地表达了自己会被赦免的预估和重回朝堂的祈盼，如《送春》："闻知天上多恩露，不信余生委草莱。"《中秋次韵》："明年定在南楼上，坐看骊珠出海圆。"永乐十四年，因朱高煦逾制，朱棣南下并对其处罚。原属东宫官僚的黄淮自然对当时的局势持乐观态度。在由北京诏狱押送至南京期间，作诗《和韵》云："梦寐惟应怀魏阙，文章未必误儒冠。于今公论明如日，心地无忧体自安。"[②]足见其心情甚佳，而前两句隐约表达了自己前途有望的乐观情绪。

事实上这次事件并没有对他产生积极的影响，但黄淮的渴望并不因此而消竭。其原因在于，自己的罪名乃皇帝所定，因此所有的前途与希望都寄托在对方身上。歌颂皇帝，向其表达忠心是唯一可行的道路。《省愆集》中有四首元夕诗。元夕乃观灯应制的佳节，黄淮这几首元夕诗虽非应制，却颇有拟应制的色彩，诗中对君主的歌颂也是不遗余力。此外，《闻车驾幸海子阅海东青》《乙未夏五月初三日夜梦侍朝因追想平日所见成绝句三十八首》也与一般的应制诗相差无几。黄淮身为罪臣而拟作应制，本身就说明他具有强烈的恋阙心态。需要注意的是，在颂圣的同时，也时常不忘突出自己的境况、表明心迹。《闻车驾幸海子阅海东青》在一番颂圣之后，末句云："羁臣闻说升平乐，独倚东风望赤霄。"这隐隐含有盛世之中被遗忘的可怜情绪，也表达了自己迎附皇权的虔诚态度。《戊戌元夕》结尾云："愚生寡昧自贻戚，回首云泥成迥隔。清宵飞梦绕蓬瀛，落月寒窗正愁寂。侧闻优诏覃恩波，弃瑕擿垢咸搜罗。排云献赋会有待，作诗先继康衢歌。"在表达自己寡昧、处境寒愁之后，"康衢歌"的典故直接揭示出自己重为朝臣的意愿。即便与友人的唱和，甚至自我的感慨之中，仍不忘歌颂皇权与表现忠心。如《写诚短古三章》分言自己的丹心、衷情与气节，从中有"酌以奉君王，寿与天无极"这样的颂圣之语。《对镜》一诗哀叹年老白发生，却"喜有丹心在，常怀报圣明"。《自勖》："往事悠悠是与非，此心仰荷圣明知。"《忆友二首》："中年坎壈鬓成丝，惟有

① 黄淮：《黄文简公介庵集》，《四库全书存目丛书》集部第26册，齐鲁书社1995年版，第559页。

② 题下有小注"曾同往南京复回"，所和之人应当是因"迎驾缓"入狱的文臣。

忠君志未衰。"这些诗句均有"表忠"意味，希望君主能够明鉴自己的一片赤诚之心。总之，我们不能说黄淮颂圣是虚情假意，但可以说这具有明确的目的性。从形式上来说，黄淮诗歌的颂圣延续了身在朝廷时的台阁文风，展现出阁臣的身份与创作惯性。从内容上说，颂圣之语就是黄淮恋阙心态主导下，希望重回朝臣，而主动迎附朱棣的一种主观表达。

三、省愆乞怜与关注自我：黄淮狱中诗歌的负面抒发

黄淮将自己狱中的诗文集命名为"省愆"——反省自己的过失，明显是反躬自省之意。他在《省愆集》自序中就说道："然而质素愚戆，以处事乖方有不副上意旨者。明年秋逮诣北京，自分当被显辟，乃复蒙恩矜恤，但实之狱，俾自省过，一何幸也。"①所以陈敬宗在为其撰墓志铭时，也称《省愆集》："无非引咎责躬之言"②。面对迎驾缓事件以及自己的牢狱之灾，黄淮一方面歌颂君主的恩德、圣明，另一方面将责任归结到自己。所以说，反躬自省正是颂圣表忠的另一面，二者相辅相成。《省愆集》中约有30首诗歌都表达了自省、自悔之意。他没有对朱棣有半句怨言，每言及此，都认为是自己任职之过。永乐十二年初入狱时，黄淮就作了一首"自讼"诗，永乐十四年押解南京，他又作了一首"自讼"诗。所谓"自讼"，即自责与自省。如作于永乐十二年的《自讼二首甲午秋初入狱赋》云："地位天光近，君恩海水深。竟无经济略，空负圣明心。中岁时同弃，南冠雪渐侵。沈思时引咎，深愧玷儒林。"首联歌颂君恩，颔联和尾联则表达了辜负圣心、有愧儒林的自责之意。再如《承友人和立秋诗韵复成一律以谢之》："只惭孤圣眷，宁肯哭穷途。"《夜梦二亲》："臣子立身忠与孝，不才深愧负明时。"《偶成》："俛仰默无语，悠然愧昨非。"可以看出，处在狱中的黄淮，在写作层面上即不能抱怨君主，又不能抱怨朝廷，唯有多加反省。也即，在面对皇权与自我的二元观照时，皇权是他日后希望所在，所以他只有揽下责任，将问题归结到自己身上。

狱中的黄淮有不少自叙境遇的言词。从恋阙的角度来看，颂圣是对君主的赞美，表忠与自省是向君主表明心迹，自叙境遇则有乞求怜悯的因素在内，希望自己不被忘记。《对镜》前两联哀叹自己的衰容白发，后两联则喜自己节义丹心尚存。这里对自我境遇的写照与其说是为了通过重内在而轻外在来表达自己的忠心，毋宁说是突出一个忠心耿耿却老态龙钟的自我形象。《戊戌元夕》《癸卯正旦

① 黄淮：《省愆集自序》，《丛书集成续编》第169册，新文丰出版公司1988年版，第370页。

② 陈敬宗：《明故荣禄大夫少保户部尚书兼武英殿大学士谥文简黄公墓志铭》，《景印文渊阁四库全书》第1374册，上海古籍出版社2002年版，第686页。

简同列诸公二十八韵》等诗歌都在一番颂圣之后，自叙了狱中境遇，其潜台词就是不希望被皇权与盛世所遗忘。《言志》一诗表现得更为明确，全诗云："六籍穷搜不惮劳，喜承恩宠圣明朝。一心自拟全臣节，万死谁知触宪条。垂老双亲俱白髮，应门弱子未垂髫。中情无限凭谁诉，安得因风达九霄。"黄淮希望朱棣知晓的"中情"，除了臣节之外，必定还有上有老下有小的乞怜之心。此外，黄淮在《晚步》《次韵二首》之二都用了"盐车"这一典故——困厄悲惨的老马得到伯乐的关心而嘶鸣，言下之意，黄淮也希望处于悲惨境遇的自己遇到到"伯乐"的眷顾。

然而，黄淮不可能一直保持颂圣忠君、反躬自省的心态。牢狱生活对其身体和精神造成极大的伤害，由此产生的负面情绪也只能向自己释放。未定期限的牢狱生活能够让他产生被释回朝的期待与预估，也能让他在漫长无止境的等待中消磨意志。日复一日，年复一年，不知出路何在。黄淮难免有这样的情绪波动，深感自己身如萍梗，漂浮无定，发出"谋身多为儒冠误，对客休将旧事拈"（《再和酣黔韵二首》）的感慨与无奈。永乐十九年朱棣迁都北京，大赦天下，黄淮等人却不在赦免之列。他作了一首《辛丑遇赦后未释》："雨露覃恩焕凤纶，岂知屈蠖未全伸。愁来羞看墙东柳，一度春风一度新。"永乐二十年，黄淮在自己生日那天作感怀诗一首云："节近端阳日，予当初度时。劬劳恩罔极，忧患事多岐。踪迹随蓬梗，年华入鬓丝。白云天共远，举目已先悲。"（《壬寅生日感怀》）另有《迹困》《老态》《自悼》等诗歌，都充满了自怜哀婉的情绪。核检《省愆集》，"愁"字共出现90次，分布在78篇作品中（包括诗与赋，下同），"悲"字出现在18篇作品中。另外，言头发之"白"的有38篇，形容头发如"雪"的有9篇，言"老"（指自己）的有25篇，言"衰"有15篇，言"病"有19篇，言"疾"有7篇。负面情绪产生的直接原因自然是牢狱之灾对黄淮身体和精神的伤害——《退直稿》和《归田稿》就少有负面的表达[①]。但换个角度来说，黄淮在去除掉了自己外在的阁臣身份后，才能大量地关注到自我，只不过这时的自我已饱经风霜。

四、回望台阁：黄淮狱中诗歌的诗学意义

永乐二十二年，黄淮、金问、杨溥等被释出狱。其中，黄淮在担任了两年的户部尚书兼武英殿大学士后，便归田养疾，开始了长达二十余年的乡居生活。此后的黄淮对于台阁即便钦羡，终究只能蓦然回望了。经历了"迎驾缓"事件和十年

①《归田稿》及《入觐稿》中多是阐述"归田养疾""谢病南归"的事实，这种情形有21处，目的是展示自己远离朝堂，表达闲适自由的状态，与狱中所写不太相同。

牢狱之灾，黄淮为人行事变得愈发谨慎。《省愆集》中就有近10首诗歌表达出自己“兢惕”“深惕”的心态。出狱之后所作的“进止有常书汉史，卑微尤必慎持循”“怀旧料应怜念汝，切宜端谨事枢趋”“平仲久交惟在敬，平居处事必咨谋”[①]等诗句更是直接告诫儿子黄采在朝为官要谨言慎行。这折射出黄淮的畏祸心理，而畏祸的主要源头，乃皇权的控制与压力。黄淮在《省愆集》中为了出狱而颂圣表忠，也可视为畏祸的一种表现。

当我们从更广阔的视野回望永乐时期的政治境况。则会发现，靖难事件就像一个筛子，不服、甚至反对朱棣的官员或被杀、或归隐，清除殆尽；剩下的官员或甘心迎附、或惧于圣威，激烈的个性被逐渐消磨。这正是滋生台阁文风的政治土壤。皇权的更易及其带来的政治高压，促进了永乐时期台阁文风的形成，并在很大程度上保证了台阁文风的稳固。黄淮狱中颂圣正是台阁文风稳固性的典型体现。若因正统观念而得罪朱棣，尚可依循儒道大义而指责皇帝，但这样的人大多性命不保，对上怨怒也无济于事。而剩下像黄淮这样的官员，因自己过失而入罪，找不到任何道义上的依据，除了请求宽宥，别无他法。所以，摆在黄淮面前的，只有延续台阁文风，颂圣表忠。

因此，在特定的政治环境下，黄淮（以至于其他阁臣）的诗歌创作、政治言行被紧密地连接在一起，从而形成一种富有台阁风味的诗学表述。黄淮在回望自己狱中创作时，说道：“或追想平昔见闻以铺张朝廷盛美，或怀恩恋阙以致愿报之私，或顾望咨嗟以兴庭闱之念。”[②]这三者实可用“恋阙”二字囊括。狱中的黄淮满怀恋阙之心，诗歌中的颂圣、表忠、反躬自省、自叙境遇等，也都需要在恋阙、重为朝臣的主题下才能得到全面的理解。而这一心态很容易导向时人所认同的创作主张和诗学理念。杨荣在给《省愆集》所作的序中就认为该集怨而不伤，得性情之正。这是典型的台阁文臣论诗的路数。四库馆臣将《省愆集》与黄淮的其他诗集作了比较：

> 其文章舂容安雅，亦与三杨体格略同。此集乃其系狱时所作，故以省愆为名。当患难幽忧之日，而和平温厚，无所怨尤，可谓不失风人之旨。故特存之，以见其著作之梗概。至其退直、入觐、归田三稿，同编为介庵集者，门径与三杨不异，东里诸集既已著录，则是可姑置焉。[③]

---

① 黄淮：《黄文简公介庵集》，《四库全书存目丛书》集部第27册，齐鲁书社1995年版，第71页。

② 黄淮：《省愆集自序》，《丛书集成续编》第169册，新文丰出版公司1988年版，第370页。

③ 永瑢等：《四库全书总目》，中华书局1965年版，第1484页。

这段话直接说明了《省愆集》与《退直》《归田》《入觐》三稿的不同之处——也即《四库》收录《省愆集》而弃其余三稿的原因。“和平温厚”与“春容安雅”较为相近，二者都是台阁文人所追求的诗风。因而，简单地抽出“和平温厚”四个字，并不能充分理解《省愆集》的独特之处。黄淮因迎驾缓入狱，可以说是飞来横祸。面对朱棣的责难，居于狱中的黄淮没有怨尤，依旧保持和平温厚的诗歌风格，这才是四库馆臣看重《省愆集》的关键所在。故上述评价的重心应当落在“无所怨尤”四个字上。换句话说，四库馆臣之所以收录《省愆集》，并不是为了突出《省愆集》“和平温厚”的诗歌风格，而是看重黄淮在面对政治遭遇时对儒家诗教的遵循。所谓“风人之旨”就是对“和平温厚无所怨尤”的简练总结，尽管“风人之旨”也可以指涉怨刺上政、主文谲谏的诗学主张，但考以上述语境，四库馆臣似乎并没有这方面的意思。

四库馆臣的评价，是否能够完整地反映黄淮在狱中的创作情况及书写心态呢？答案当然是否定的。左东岭就指出，黄淮的内心深处并没有保持温和平静，《省愆集》中有不少对命运的嗟叹与凄伤情感的抒写，这是真情的显现，是自言自语，也有自伤乞怜的色彩在内。[①]依此，黄淮实际上并没有做到“无所怨尤”。左东岭以四库馆臣对《省愆集》的评价为切入口，揭示狱中黄淮的妾妇心态。而我们关注的问题是：四库馆臣不可能不知道《省愆集》的全部内容，为什么他们依旧给出“无所怨尤”的评价呢？问题的节点就出在“怨尤”的对象上。遭受牢狱之灾的黄淮实为罪臣，而罪臣身份所招致的，就是皇权对自我的打压，所以黄淮必然时常面临着对皇权与自我的二元关照。皇权与自我二者，黄淮是否怨尤，以及如何怨尤，这个问题直接关涉到狱中黄淮的心理历程，并贯穿于整个《省愆集》的创作过程之中。

将杨荣“怨而不伤”的判断与四库馆臣的“无所怨尤”的评语比较，前者指黄淮对自己的态度，后者指黄淮对君主的态度。因此，这看似抵牾的表述，在本质上是相通的。黄淮的狱中诗歌代表了一个罪臣在处理自己与皇权的关系，认识和表达自我遭遇时的一种值得推扬的做法。可以说，诗歌只是黄淮在政治环境中塑造自我，展现自己为人与性情的一种“工具”。所谓的“风人之旨”“怨而不伤”，其本质是为臣者如何规训自己的言行。杨溥《省愆集序》云：“观公名集之义，岂徒诗云乎哉。”[②]这是诗文集序中常见的表述，蕴含着作诗实为做人的理念。通过黄淮的狱中创作与心态，以及杨荣、杨溥及四库馆臣的评价，便能清晰

① 左东岭：《王学与中晚明士人心态》，人民文学出版社2000年版，第14—15页。

② 杨溥：《省愆集序》，《丛书集成续编》第169册，新文丰出版公司1988年版，第370页。

地见出，台阁诗学（以至于正统的儒教诗学）在很大程度上处理的并非是诗歌创作问题，而是政治伦理问题。与阁臣未受挫折时和平安雅的诗歌相比，黄准狱中创作更能凸显作为文臣的伦理道德和儒教诗学品格，这当是《省愆集》的典范性所在，也当是四库馆臣收录《省愆集》的根本原因。

［作者简介：党月瑶，江南大学人文学院讲师，主要研究方向为明代文学。发表论文有《族谱所见〈蝴蝶梦〉作者谢弘仪生平考略》等。］

翁方纲宋诗批评的历史意义

◇蒋　寅

摘　要：翁方纲的宋诗批评虽然范围颇广，但意义最重要的是以正面实作沟通苏轼与杜甫的关系，就东坡作为大家的内涵有很大充实；又通过逆笔之说，实现了黄庭坚与杜甫的沟通，从而使黄庭坚顺理成章地与杜甫、韩愈并列为清代后期诗坛的不祧之宗，同时也扩大了宋诗在嘉道以后诗风中所占的份额；同时以"伧"的评价限制了南宋、元诗的典范值，一定程度上遏制了袁枚性灵诗学对杨万里的推崇，以杜、韩、苏、黄、元的典范谱系对嘉道以后诗歌以杜、韩、黄为宗主的师法路径给予重要的启迪。

关键词：翁方纲；宋诗；正面实作；逆笔；伧

翁方纲（1733—1818），才学博赡，诗文书画兼长，又精于金石鉴赏，今人张舜徽《学林脞录》将他与姚鼐、章学诚并称为三通儒。他的著述虽然多涉及经学或金石学，但这并不妨碍他在乾隆朝名列诗学著作数量第一，堪称是乾嘉时期在诗学上用功最深的人。他在诗学方面的著述之多、形式之多样，在乾隆诗坛罕有俦比。除了撰有传统的诗话、诗选、笔记之外，校订、笺评前贤的诗学著述是他开的先例，文集中数量丰富的专题论文更是他论诗的独到之处。

翁方纲虽然科举成名甚早，但诗学活动要到乾隆三十年（1765）出任广东学政才开始活跃，是年他在广州度岁，与选拔诸生在药洲亭论诗，撰有《药洲诗话》若干则。乾隆三十二年（1767）八月，在雷州看《全唐诗录》，钱、刘之后，随手取五古；李杜以前，以《唐贤三昧集》《唐诗选十种》相印证。十二月，又读黄庭坚诗，自觉"今年才于各家各体略见真径路，是以所得较往年稍多"（翁方纲《家事略记》）。这一认识上的飞跃很可能是由黄庭坚与唐诗的对比中获得的，两种截然不同的诗风让他感受到唐宋两大诗学传统的差异，同时体会到两者的异量之美。翌年他将视学粤东以来巡试诸州与幕中诸子论诗语加以整理，编成《石洲诗话》六卷，后又增入两卷元好问、王渔洋《论诗绝句》的评析，刊刻行世。这八卷诗话内容虽很丰富，但也有一个缺陷，那就是多系研究某些专书的札记，而非广泛阅读、研讨的心得。前两卷论唐人，可能是研读王渔洋唐诗选本的札记；三、四两卷论宋人，像是读吴之振《宋诗钞》所记；卷五论金元人诗，又像是读元好问《中州集》、顾嗣立《元诗选》所记；卷六为渔洋评杜摘记，系据海盐张宗柟辑《带经堂诗话》摘录；卷七为元好问《论诗绝句三十首》中十八首笺说；卷八为王渔洋《戏仿元遗山论诗绝句三十五首》中十六首笺说。全书既没有先唐诗歌评论，也没有明代（高叔嗣、徐祯卿是例外）及本朝诗歌批评，说明他的诗歌批评更接近学者式的钻研而非诗论家的批评。学者式的钻研给他的诗话带来浓厚的专业色彩，而非诗论家的批评则又造成讨论问题的非系统性和偶然性。尽管如此，书中还是留下了他诗学嬗变的轨迹——逐渐由独尊唐诗转向唐宋兼师①，从而以杜为宗确立起杜、韩、苏、黄、元的宗法谱系。翁方纲的诗歌批评，虽不像他的诗歌理论那么受到关注，但关于正面实作、逆笔、伧等问题已有一些研究②，笔者在其他论文中也曾略有触及。不过从清代中叶诗学的流变来看，其中蕴含的诗学史意义还有待于进一步揭示。

一、重塑以杜为宗的观念

生当唐人之后，如何创新是每个时代都不能不面对的问题。宋以后人学唐诗的得失及其与唐诗的异同一直是南宋以来诗家热议的话题。翁方纲的看法是，"宋人精诣，全在刻抉入里，而皆从各自读书学古中来，所以不蹈袭唐人也。

---

① 韩胜：《清代唐诗选本研究》，中国社会科学出版社2010年版，第127页。

② 有关翁方纲的宋诗批评，可参看吴淑钿：《近代宋诗派诗论研究》，台湾文津出版社1996年版，第41—48页；陈伟文：《清代前中期黄庭坚诗接受史研究》，中国人民大学出版社2012年版，第104—108页；张高评：《翁方纲〈石洲诗话〉论宋诗宋调——以苏轼、黄庭坚诗为核心》，《文与哲》第22期；张然：《说"伧"气——从一个角度谈翁方纲的诗论与创作》，《江汉论坛》2006年第10期；唐芸芸：《逆笔：翁方纲论黄庭坚学杜》，《云梦学刊》2011年第1期；吴中胜：《翁方纲与近代宋诗派：以陈衍为中心的讨论》，《中国文学研究》2012年第4期。

然此外亦更无留与后人再刻抉者，以故元人只剩得一段丰致而已，明人则直从格调为之。然而元人之丰致，非复唐人之丰致也；明人之格调，依然唐人之格调也。孰是孰非，自有能辨之者，又不消痛贬何、李始见真际矣。”[①]如此说来，宋以后学唐者分为三路，一为宋人之深刻，二为金元之丰致，三为明人之格调。其中明人的格调是他极力排斥的——他评价诗人通常就按是否模拟格调来褒贬进退；宋人的深刻则为他所宗尚；金元的丰致他也有所取法，盖丰致又可称风调，“大约自元遗山而降，才气化为风调，逮乎杨廉夫、顾仲瑛之属，一唱百和，残膏賸馥，一撇一拂，几于人人集中有之。即后来西泠、云间诸派风调所沿，其源何尝不出自唐贤，讵可以相承相似而废之耶！”[②]此后可取者只有国初前辈中由唐人入手而出入于宋元的王渔洋和朱竹垞，这两家也是他心目中最能独辟蹊径的诗人。王渔洋讲神韵，尤系“合丰致、格调为一而浑化之”。但这样一来，一个尖锐的问题就摆在包括他自己在内的乾隆诗人面前：“渔洋先生则超明人而入唐者也，竹垞先生则由元人而入宋而入唐者也。然则二先生之路，今当奚从？”他的答案是：“吾敢议其甲乙耶？然而由竹垞之路为稳实耳！”[③]王渔洋的超明人而入唐，即仍走学唐的道路，只不过绝非停留在明人那种字句摹仿的表面，而是要深度体得唐诗的美学精神；朱彝尊的由元人而入宋而入唐则是改由宋、元入手，由宋、元上溯唐人的境界。翁方纲权衡斟酌的结果是朱彝尊更值得取法，或者说在今日走朱彝尊的路更容易成功，而这就不可避免地又触及融合唐宋的问题，必须考虑如何在唐宋之间找到一些沟通点。

到乾隆时代，经过从叶燮迄袁枚的有力论辩，唐宋诗的艺术价值之争已被超越，剩下的问题是从师法策略得出的对唐宋诗典范性的不同判断。清初钱谦益、王士禛之提倡宋诗，曾使唐诗的典范性受到很大冲击，尤其是杜甫有些被冷落，这是沈德潜和翁方纲都深切感觉到的问题。如何使唐宋诗的艺术精神得以沟通，如何维护杜甫的典范性不至失坠，成为翁方纲诗学的一个基本出发点。问题的复杂性就在于，生当诗歌传统的接受视野已极大丰富的乾隆时代，究竟该如何确认杜诗的典范性及师法途径呢？就像翁方纲在《苏斋笔记》中说的：

① 翁方纲：《石洲诗话》卷四，《清诗话续编》（第3册），上海古籍出版社1983年版，第1427页。

② 翁方纲：《石洲诗话》卷五，《清诗话续编》（第3册），上海古籍出版社1983年版，第1468页。

③ 翁方纲：《石洲诗话》卷四，《清诗话续编》（第3册），上海古籍出版社1983年版，第1427页。

> 诗必以杜为万法归原处，诗必以杜为千古一辙处，学者皆知此义也。而无如博稽古今，见《选》体以上，若似乎五言必力追杜以前矣；又见宋元以后诸家格调之变、家数之不同，若似乎未能专以杜为定程者。是以诗道纷歧，无又率循也。①

针对这两个使人犹豫不定的疑惑，翁方纲举出“杜以叙述乱离为长”和“杜不长于绝句”两个最经典的评价，说明学诗不可貌取而必须从精神上领会。“惟不以貌取，而后知上而风雅颂之典则，即皆杜诗也；下而宋元明之流别，即皆杜诗也。于是乎真诗学出焉矣！”②不只是杜甫，继杜甫开宗立派的苏东坡，也只有如此理解，才能透悉他和杜甫的血脉相通之处：“宋之有苏诗，犹唐之有杜诗，一代精华气脉全泄于此。苏亦初不学杜也，然开卷荆州五律何尝不从杜来？其后演迤宏肆，令人不能识其诣所至耳。”③为此他不无自得地启发后学说：“窃尝为喜读苏诗者进一辞，曰：能知杜法，则苏诗皆真诗矣，皆无一处之滋弊矣。持此说以读苏、黄，皆此义也；持此说以上下千古，该遍百家，皆此义也。”④这样，他就为建立杜韩苏黄元这一祖四宗的宗法谱系奠定了理论基础。

二、正面实作：沟通杜甫与苏东坡

将苏东坡与杜甫相比拟，乃是翁方纲很独特的看法。这基于他对唐宋两大诗歌传统的基本体认。翁方纲清楚地看到，诗坛对唐宋两大诗歌传统的认识明显存在着偏差：“今论者不察，而或以铺写实境者为唐诗，吟咏性灵、掉弄虚机者为宋诗。”⑤这样的区分当然是不靠谱的，甚至恰好说反了唐宋诗的特征。应该说写实境才是宋诗所长，只不过这种长处恰是由李白、杜甫诗歌中的正面铺写倾向发展出来的。翁方纲在《与友论太白诗》一文中曾特别推崇李杜两家正面铺写的

---

① 翁方纲：《苏斋笔记》卷九，《复初斋文稿》，《清代稿本百种汇刊》，台湾文海出版社影印本，第8657页。

② 翁方纲：《苏斋笔记》卷九，《复初斋文稿》，《清代稿本百种汇刊》，台湾文海出版社影印本，第8658页。

③ 翁方纲：《苏斋笔记》卷十，《复初斋文稿》，《清代稿本百种汇刊》，台湾文海出版社影印本，第8687页。

④ 翁方纲：《苏斋笔记》卷十，《复初斋文稿》，《清代稿本百种汇刊》，台湾文海出版社影印本，第8690页。

⑤ 翁方纲：《石洲诗话》卷四，《清诗话续编》（第3册），上海古籍出版社1983年版，第1429页。

能力，说：“大约古今诗家，皆不敢直擂鼓心，惟李、杜二家能从题之正面实作，所以义山云：‘李杜操持事略齐，三才万象共端倪。’盖非具此胸次者，亦无由而知也。”[①]这种能力在他看来又与魄力之大分不开：“杜之魄力声音，皆万古所不再有。其魄力既大，故能于正位卓立铺写，而愈觉其超出；其声音既大，故能于寻常言语，皆作金钟大镛之响。”[②]韩愈与苏轼正是在这一点上有了高下之分。两家同作有《石鼓歌》，翁方纲认为：“苏诗此歌，魄力雄大，不让韩公，然至描写正面处，以‘古器’‘众星’‘缺月’‘嘉禾’错列于后，以‘郁律蛟蛇’‘指肚’‘箝口’浑举于前，尤较韩为斟酌动宕矣。而韩则‘快剑斫蛟’一连五句，撑空而出，其气魄横绝万古，固非苏所能及。方信铺张实际，非易事也。”[③]陆游在摹写正面一点上相比苏轼又不免逊色：“竹垞尝摘剑南七律语作比体者，至三四十联。然亦不仅七律为然，放翁每遇摹写正面，常用此以舒其笔势，五古尤多。盖才力到正面最难出神彩耳，读此方知苏之大也。”[④]翁方纲看出，陆游无论在内容上、在艺术表现上都学杜甫，只不过生活在南宋那个诗歌语境中，气运所被，终究不能摆脱当时流行的平熟之风，但相比明人之尺摹寸拟，他毕竟有自己的面目[⑤]。由此可见，与其学唐而流于模拟，还不如学宋而自成面目，这就是他认同朱彝尊而放弃王渔洋的理由。

对于翁方纲这样崇尚以学问为诗的人来说，作诗的要害当然不在于妙悟，而在于铺陈、排比，更难的则是铺排而后能化。化是与“大”相联系的概念，也是区分天工和人巧的境界，所谓“大，可为也；化，不可为也。其李诗之谓乎”[⑥]。在他心目中，李白五律是“自然入化”的代表，此外还有苏东坡《夜泛西湖五绝》“以真

---

① 翁方纲：《复初斋文集》卷十一，《清代诗文集汇编》（第382册），上海古籍出版社2010年版，第117页。

② 翁方纲：《石洲诗话》卷一，郭绍虞辑《清诗话续编》（第3册），上海古籍出版社2010年版，第1375页。

③ 翁方纲：《石洲诗话》卷三，郭绍虞辑《清诗话续编》（第3册），上海古籍出版社2010年版，第1407页。

④ 翁方纲：《石洲诗话》卷四，郭绍虞辑《清诗话续编》（第3册），上海古籍出版社2010年版，第1438页。

⑤ 翁方纲：《石洲诗话》卷四：“自后山、简斋抗怀师杜，所以未造其域者，气力不均耳。降至范石湖、杨诚斋，而平熟之迳，同辈一律，操牛耳者，则放翁也。平熟则气力易均，故万篇酣肆，迥非后山、简斋可望。而又平生心力，全注国是，不觉暗以杜公之心为心，于是乎言中有物，又迥出诚斋、石湖上矣。然在放翁，则自作放翁之诗，初非希杜作前身者，此岂后之空同、沧溟辈但取杜貌者，所可同日而语！”郭绍虞辑《清诗话续编》（第3册），第1439页。

⑥ 翁方纲：《石洲诗话》卷一，《清诗话续编》（第3册），第1373页。

境大而能化，在绝句中，固已空绝古人矣"[①]。以善写真境而达到化的境地，苏东坡所以成就其超越古今的大家地位，也成为翁方纲终极的理想。事实上，能不能超越时代，的确是大家、名家所以成立的重要标志[②]。翁方纲谈到宋人不祖苏而祖黄的现象，曾指出："宋诗之大家无过东坡，而转祧苏祖黄者，正以苏之大处，不当以南北宋风会论之，舍元祐诸贤外，宋人盖莫能望其肩背，其何从而祖之乎？"[③]他不仅看出苏东坡在宋代正像杜甫在唐代一样，有着难以位置的超越性，而且更认定这样的大家必有难以效法的独绝之处，不得已只能退而求其次，仿效王渔洋之取道于黄庭坚。

三、逆笔：沟通杜甫与黄庭坚

在翁方纲重定的典范谱系中，元好问是他夙所心仪、一再推崇的七古大家，韩愈则是被叶燮与杜甫、苏东坡相提并论的古今三大家之一，惹人注目的只有黄庭坚的入围[④]。郭绍虞先生曾说："渔洋虽不废宋诗，却不宗宋诗中之江西诗派，而覃溪所得则于山谷为多。"[⑤]这里指出翁方纲多得力于黄庭坚，大体不错；但要说王渔洋不宗江西派，却又不尽然。王渔洋恰恰是清代最早力挺黄庭坚诗的重要人物，门人查慎行更是使黄诗流行于世的重要推手，曾宣称："涪翁生拗锤炼，自成一家，值得下拜。江西派中无第二手也！"[⑥]其难弟嗣瑮也有诗响应："后五百年谁再到，香留一瓣待涪翁。"[⑦]黄庭坚的身价由此扶摇日上，稳踞宋诗的代表诗人之位。

自清初以来，黄庭坚诗尽管已获得较高评价，但要说典范性在哪里，或他与杜诗的渊源在哪里，其实并不清楚。翁方纲对黄庭坚的研究和推崇，不仅阐明并提升了黄庭坚诗的典范性，还在文本的具体层面揭示了他与杜甫的共同特征，以

---

① 翁方纲：《石洲诗话》卷三，《清诗话续编》(第3册)，第1408页。

② 这个问题我曾在《家数·名家·大家——有关古代诗歌品第的一个考察》(《东华汉学》第15辑，2012年6月版)一文中略有阐述，可参看。

③ 翁方纲：《石洲诗话》卷四，《清诗话续编》(第3册)，上海古籍出版社1983年版，第1426页。

④ 有关翁方纲对黄庭坚诗歌的接受，可参看邱美琼《由求同到证异：翁方纲对黄庭坚诗歌的接受》，《江西社会科学》2007年第10期。

⑤ 郭绍虞：《中国文学批评史》第七十三节"翁方纲肌理说"，上海古籍出版社1978年版，第592页。

⑥ 查慎行：《初白庵诗评》卷下，乾隆四十二年张氏涉园观乐堂刊本。

⑦ 查嗣瑮：《送同年陈秋田之官长宁三首》其二，《查浦诗钞》卷十，乾隆刊本。

“逆笔”说沟通了两者的渊源。翁方纲首先指出,黄庭坚藉逆笔求新,以突破东坡藩篱的创新,体现在逆笔和用事两方面:

诗至坡公,才力之雄肆,风格之深厚,殆无可以复变矣。是以山谷用逆笔矫变出之,实即坡诗之小变,遂以苏黄并称。又,其使事工于运用,无□鞲之迹而肌理所从出,则实仍杜法也。[①]

现在看来,翁方纲之倾倒于黄诗,似乎不是由钻研王渔洋诗学而窥入山谷境界,倒像是受到钱载的启迪,从而体会到黄庭坚逆笔的魅力。前人论文章向有用逆之说,清初文章批评家吕留良曾说:“文之一气呵成者,必用逆不用顺。盖用逆势,则一句磬一句,一层剥一层,洄翻云涌,势不可遏,读至终篇,恰如一句方佳。”[②]钱载论诗,最忌顺滑而重视逆笔,就是要严防笔轻滑之弊。他批翁方纲《七榕行》“此珠当已历百年,百年前事凭谁溯”一联曰:“此句放手即不入调,软而俗、轻而滑矣。”批《春日药洲杂咏十首》其一又曰:“此首顺而滑,删之。”[③]参照批《题朱竹幛子》“少逆笔,则轻滑不免”之说可见[④],顺滑之弊是缘于无筋骨,因此他批《王右丞画江南初冬欲雪时歌》有“熟极而清泻,无钩勒之筋骨”的说法[⑤]。翁方纲《七言诗歌行钞》曾引钱载说“山谷纯用逆笔”[⑥],他很可能就是由此受到启迪,而专门写作了《黄诗逆笔说》,将逆笔解释为李后主的拨镫法:

逆者意未起而先迎之,势将伸而反蓄之。右军之书势似欹而反正,岂其果欹乎?非欹无以得其正也。逆笔者,戒其滑下也。滑下者顺势也,故逆笔以制之。长澜抒泻中时时有节制焉,则无所用其逆矣。事事言情,处处见提掇焉,则无所庸其逆矣。然而胸所欲陈,事所欲详,其不能自为检摄者,亦势也。定以山谷之书卷典故,非襞积为工也。比兴寄托,非借境为饰也。要亦

① 翁方纲:《苏斋笔记》卷十,《复初斋文稿》,《清代稿本百种汇刊》,台湾文海出版社影印本,第8693页。

② 曹鋡辑:《吕晚村先生论文汇钞》,俞国林编:《吕留良全集》(第2册),中华书局2015年版,第597页。

③ 均见潘中华、杨年丰:《〈钱载批点翁方纲诗〉整理》,《古代文学理论研究》第36辑,华东师范大学出版社2013年版,第276页。

④ 潘中华、杨年丰:《〈钱载批点翁方纲诗〉整理》,《古代文学理论研究》第36辑,华东师范大学出版社2013年版,第277页。

⑤ 潘中华、杨年丰:《〈钱载批点翁方纲诗〉整理》,《古代文学理论研究》第36辑,华东师范大学出版社2013年版,第282页。

⑥ 翁方纲:《七言诗歌行钞》卷十,苏斋丛书本。

不外乎虚实乘承、阴阳翕闢之义而已矣。[①]

陈伟文研究清代前中期黄庭坚诗接受史，曾论及逆笔，就其节制笔势的作用做了很好的阐发，唐芸芸也续有阐发[②]。但张健指出逆笔的节制意在蓄势，也是很值得重视的见解[③]。翁方纲曾经在《与友论太白诗》中，以李白《圮桥》为例阐明逆笔"势蓄而不泻"的原理。在翁方纲看来，黄庭坚的逆笔源于学杜。他认为历来学杜"不必与杜合而不容不合"者，只有李商隐和黄庭坚两人，而两人得力处又各有不同："义山以移宫换羽为学杜，是真杜也；山谷以逆笔为学杜，是真杜也。"[④]关于逆笔，他除了在评论山谷诗时提到之外，还曾与法式善交流过自己琢磨黄庭坚诗用逆法的心得，见于法式善《陶庐杂录》记载：

> 覃溪先生告余云："山谷学杜所以必用逆法者，正因本领不能敌古人，故不得已而用逆也。若李义山学杜，则不必用逆，又在山谷之上矣。"此皆诗家秘妙真诀也。今我辈又万万不及山谷之本领，并用逆亦不能。然则如之何而可？则且先咬着牙忍性，不许用平下，不许直下，不许连下，此方可以入手。不然，则未有能成者也。[⑤]

在此，翁方纲不仅注意到黄庭坚喜用逆法，而且试图揭示其背后的动机，经与李商隐对照，他颇有说服力地阐明了前人技巧上师法承传的复杂情形。这的确是心得之谈，对认识、比较杜甫、李商隐、黄庭坚诗歌艺术的异同很有启发。值得注意的是，他说李商隐学杜不必用逆的看法后人并不认同。姚莹曾指出：

> 七言律诗，五六两句最难工，以上四句雄骏直下，至此力竭，气难转运故也。昔人论此，推义山《马嵬》一首，其五六云："此日六军同驻马，当时七夕笑牵牛。"盖用逆挽法也。然此法亦本少陵。《诸将》第一首云："见愁汗马西戎逼，曾闪朱旗北斗殷。"第二首云："胡来不觉潼关隘，龙起犹闻晋水清。"义山实本于此。盖以锁上斗转，更开收结，章局既变化，而气骨益见开拓。[⑥]

---

① 翁方纲：《复初斋文集》卷十，《清代诗文集汇编》第382册，上海古籍出版社1983年版，第105页。

② 陈伟文：《清代前中期黄庭坚诗接受史研究》，中国人民大学出版社2012年版，第105—108页；唐芸芸：《逆笔：翁方纲论黄庭坚学杜》，《云梦学刊》2011年第1期。

③ 张健：《清代诗学研究》，北京大学出版社1999年版，第707—708页。

④ 翁方纲：《同学一首送别吴谷人》，《复初斋文集》卷十五，《清代诗文集汇编》第382册，上海古籍出版社1983年版，第158页。

⑤ 法式善：《陶庐杂录》卷二，中华书局1959年版，第31页。

⑥ 姚莹：《识小录》卷五，黄山书社1991年版，第143—144页。

这并不是姚莹一个人的看法，其他诗论家也有类似的见解。许印芳评杜甫《奉济驿重送严公》“几时杯重把，昨夜月同行”一联，即指出：“第四句乃逆挽法，老杜惯用此法，学杜者亦多用之，不独温、李二家。”[①]这里的逆挽法就是逆笔。虽然无论怎么说，逆笔只是章句调运的一种模式，尽管能营造独特的艺术魅力，与大家之“大”尚无必然联系。翁方纲再三推崇黄庭坚的逆笔，无非是寻觅可觅的路径，借鉴可鉴的艺术手法，可以视为现实的取法策略。但他这一论说客观上起到通过黄庭坚沟通唐宋两代诗学的作用，坐实了黄庭坚作为杜甫正宗传人的地位。

事实上，王渔洋提倡黄庭坚诗虽有助于其地位的提升，但还不足以赋予黄诗以典范的品位，可与杜、韩、苏相提并论。乾隆前期秦武域称边连宝“以杜为主，韩、苏为辅，斯道未坠，必有英绝领袖之，舍先生其谁与？”[②]黄庭坚还没有进入宗师行列中。要经过翁方纲的具体阐发、剔抉，乃至在不同场合的一再表彰，他才得与杜、韩、苏共享俎豆。前引翁方纲《粤东三子诗序》告诫后学“吾学侣宜博精经史，而后其诗大醇。诗必精研杜、韩、苏、黄以厚根柢，而后其词不囿于一偏”[③]，虽然宗旨仍不离质厚二字，但已填充了具体的典范谱系和取法路径，与蒋士铨、姚鼐对黄庭坚的推崇相呼应，最终奠定乾隆中叶以后诗歌取法的基本走向[④]。这到乾隆末年，在崇尚性灵抒发的袁枚眼中已是很无奈的现实：“今之士大夫，已竭精神于时文八股矣；宦成后，慕诗名而强为之，又慕大家之名而挟取之。于是所读者，在宋非苏即黄，在唐非韩则杜，此外付之不观。”[⑤]不光是他不理解，至今我也觉得很难说清，究竟是一股什么样的力量，将清代诗歌的趣味和艺术取向推到了这一方向。

四、揭示宋元诗的负面特征——“伧”

我们知道，相对清奇雅正的唐诗美学主流，日益走向日常化、生活化、口语化的宋诗仿佛天生带有粗鄙的原罪。自从钱谦益倡导宋元诗风，就不断招致诗坛的抵斥。时人断言：“诗必袭唐，非也。然离唐必伧。”[⑥]伧也就是粗野，在内容上

① 李庆甲辑：《瀛奎律髓汇评》卷二十四，上海古籍出版社1986年版，第1028—1029页。

② 边连宝：《病余长语》卷七，齐鲁书社2013年版，第256页。

③《岭海楼黄氏家集》卷首，广州富文斋刊本。

④ 这一点陈伟文已指出，见《清代前中期黄庭坚诗接受史研究》，中国人民大学出版社2012年版，第104—105页。关于翁方纲对苏、黄的具体评价，可参看张高评《翁方纲〈石洲诗话〉论宋诗宋调——以苏轼、黄庭坚诗为核心》，《文与哲》第22期。

⑤ 袁枚：《随园诗话》卷四，江苏古籍出版社2000年版，第93页。

⑥ 孙廷铨：《梁苍岩蕉林近稿序》，《沚亭文集》卷下，康熙刊本。

意味着与文雅相对的鄙俗，在风格上意味着与细腻相对的粗糙。事实表明，学宋元诗的确难免流于伧即鄙俗粗糙的结果。但问题是，谁也无法否认，这些“伧”的苗头都是在杜诗中萌生的，翁方纲也注意到杜诗以绍古之绪“杂入随常酹酢布置中”，首开日常应酬之风的趣向，但出于尊杜的价值观，纵然注意到杜诗这种世俗色彩，也没影响他对杜甫这部分诗作的评价，反而是宋元诗人一再被他目为“伧”①。从苏舜钦“尚不免于麤气伧气”②，到元代玉山唱和中杨维桢原唱与诸公和作“纵极妍丽，皆不免伧俗气耳”③，“伧”仿佛是一个时期诗歌的通病：

张耒：气骨在少游之上，而不称着色，一着浓绚，则反带伧气，故知苏诗之体大也。④

唐庚：其诗有“满引一杯齐物论”之句，然新而带伧气矣。⑤

陈与义：盖同一未得杜神，而后山尚有朴气，简斋则不免有伧气矣。⑥

周必大：未能免于伧俚，已入杨诚斋法门矣。⑦

范成大：《巫山图》一篇，辨后世媟语之诬，而语不工。且云“玉色赪颜元不嫁”，此更伧父面目矣。⑧

杨万里：(咏秦桧诗)篇末用杜语，亦带伧父气。⑨

---

① 有关翁方纲诗论中的“伧”，张然《说“伧”气——从一个角度谈翁方纲的诗论与创作》(《江汉论坛》2006年第10期)一文曾有专门讨论，可参阅。

② 翁方纲：《石洲诗话》卷三，《清诗话续编》(第3册)，上海古籍出版社1983年版，第1403页。

③ 翁方纲：《石洲诗话》卷五，《清诗话续编》(第3册)，上海古籍出版社1983年版，第1472页。

④ 翁方纲：《石洲诗话》卷三，《清诗话续编》(第3册)，上海古籍出版社1983年版，第1422页。

⑤ 翁方纲：《石洲诗话》卷四，《清诗话续编》(第3册)，上海古籍出版社1983年版，第1431页。

⑥ 翁方纲：《石洲诗话》卷四，《清诗话续编》(第3册)，上海古籍出版社1983年版，第1432页。

⑦ 翁方纲：《石洲诗话》卷四，《清诗话续编》(第3册)，上海古籍出版社1983年版，第1434页。

⑧ 翁方纲：《石洲诗话》卷四，《清诗话续编》(第3册)，上海古籍出版社1983年版，第1435页。

⑨ 翁方纲：《石洲诗话》卷四，《清诗话续编》(第3册)，上海古籍出版社1983年版，第1436页。

杨万里：（进退格寄张功甫姜尧章）叫嚣伧俚之声，令人掩耳不欲闻。[①]

陈唐卿：亦有打诨处，然伧俚矣。打诨最要精雅。[②]

王彧：《和二宋落花诗》，颇伧劣。[③]

刘因：纯是遗山架局，而不及遗山之雅正，似觉加意酣放，而转有伧气处。[④]

伧既然意味着内容的鄙俗、风格的粗糙，那么翁方纲目为粗的评价，也等于是伧的另一种说法。如《石洲诗话》卷四云：

清江三孔，盖皆学内充而才外肆者，然不能化其粗。正恐学为此种，其弊必流于真率一路也。言诗于宋，可不择诸！[⑤]

清江三孔博学多才，自然不会有鄙俗之气，所不能消除的粗只能是肌理之粗，联系《诗话》同卷所举王令"肌理亦粗"、唐庚"肌理粗疏"、周密"肌理颇粗"之类的批评[⑥]，可信他所感觉到的宋元诗之"伧"很大程度是和肌理之粗相联系的。这其实是宋元诗的通病，而且很大程度上与学杜不当有关，清初冯班即已断言："今人学杜甫者，只欠细润。"[⑦]到乾隆间纪晓岚评《瀛奎律髓》中宋诗，更不离粗、野、鄙、俚、滑、俗等字，就是苏、黄两家也未能幸免，质言之仍不出一个"伧"字。翁方纲出于为尊者讳，矛头避开了两人——既然要树他们为典范，又岂能不维护典范的尊严？但对宋元诗整体的评价却不容宽假，因为这同时意味着师法的界限。不划清这一界限，随意学宋元诗的粗率之风，最后必将流于伧的结局。翁方纲上文用"真率一路"指伧，或许矛头指向主率意言情的袁枚性灵派。众所周知，

① 翁方纲：《石洲诗话》卷四，《清诗话续编》（第3册），上海古籍出版社1983年版，第1437页。

② 翁方纲：《石洲诗话》卷四，《清诗话续编》（第3册），上海古籍出版社1983年版，第1440页。

③ 翁方纲：《石洲诗话》卷五，《清诗话续编》（第3册），上海古籍出版社1983年版，第1445页。

④ 翁方纲：《石洲诗话》卷五，《清诗话续编》（第3册），上海古籍出版社1983年版，第1448页。

⑤ 翁方纲：《石洲诗话》卷三，《清诗话续编》（第3册），上海古籍出版社1983年版，第1421页。

⑥ 翁方纲：《石洲诗话》卷四，《清诗话续编》（第3册），上海古籍出版社1983年版，第1443页。

⑦ 冯班评方回评张祜《金山寺》，方回选评，李庆甲集评校点：《瀛奎律髓》卷一，上海古籍出版社2005年版，第14页。

袁枚性灵说的直接源头是南宋杨万里,《随园诗话》开篇第二则就举杨万里的说法,表示深爱其言:"从来天分低拙之人,好谈格调,而不解风趣,何也? 格调是空架子,有腔口易描;风趣专写性灵,非天才不办。"①而上举两则诗话表明,杨万里在翁方纲眼中恰恰是不脱伧父俚气的作者。这样看来,他提醒学宋诗者留意宋元诗之粗,实际上也就是要将南宋、元诗排除在诗史传统的视野之外,以免学者沾染其"伧"气,重蹈宋元诗的流弊。

翁方纲论诗惯于在诗歌史的大背景下把握具体诗人、具体作品的得失和意义,这是他诗歌批评的一个重要特点。凭借博学和透彻的历史眼光,他论宋诗也不乏精彩见解,但从诗学史的意义来说,还是这三点最为重要:(一)巩固了苏东坡的宋诗宗师地位。苏东坡在诗歌史上虽拥有远比黄庭坚更具有说服力的大家地位,但除了骋才使气和熔铸雅俗这两种让人佩服却未必欣赏的能力外,似乎也没有更多强硬的优点。继王渔洋发掘苏东坡七古声律的典范性之后,翁方纲更由正面实作沟通了苏诗与杜甫的关系,就使得苏东坡作为大家的内涵有很大充实。(二)提升了黄庭坚诗歌的典范性。通过逆笔之说,实现了黄庭坚与杜甫的沟通,从而使黄庭坚顺理成章地与杜甫、韩愈并列为清代后期诗坛的不祧之宗,同时也扩大了宋诗在嘉道以后诗风中所占的份额。(三)以"伧"的评价限制了南宋、元诗的典范值,甚至将其排除在典范序列之外,一定程度上遏制了袁枚性灵诗学对杨万里的推崇,使宋诗传统的影响源仅限于北宋,并以杜、韩、苏、黄、元的典范谱系对嘉、道以后诗歌以杜、韩、黄为宗主的师法路径有所启迪。当然,我还没看到这些见解在嘉、道以降的诗论中被祖述和称引,但能感觉到它们溶解在当时的诗学主流中。我想这很大程度上是伴随着宋诗的普及,与桐城派的文法观念融汇交织在一起,随着桐城派文学教育的强大影响普及和渗透到诗学中去的。将翁方纲的逆笔说与方东树的顿挫说联系起来看,很容易看出其中的消息潜通之处。

[作者简介:蒋寅,华南师范大学文学院教授,出版有专著《清代诗学史》(第一卷)等。]

---

① 袁枚:《随园诗话》卷一,江苏古籍出版社2000年版,第1—2页。

从沈善宝《名媛诗话》看清代才媛的历史观念

◇王力坚

摘　要：沈善宝以诗话的形式为清代才媛纪史立传，从而建构起清代顺治初期至咸丰中叶的才媛文学发展简史，并且在编纂《名媛诗话》的过程中形成以其为中心的才媛关系网，确立其在当时才媛文坛的领袖地位。沈善宝及其《名媛诗话》"谈天下事，衡量古今人物，议论悉中窾要"，以及以古鉴今的表现，尤其是为女性纪史立传的努力，以及"一代人才待品评"的企图心，相当程度上反映了变易历史观的精神。但沈善宝及其《名媛诗话》所载录的清代才媛对传统女德的固守，则是因循守旧历史观的体现。

关键词：沈善宝；名媛诗话；清代才媛；历史观念

引　言

沈善宝，字湘佩，号西湖散人，籍贯浙江钱塘（杭州）；生于嘉庆十三年（1808），卒于同治元年（1862），终年五十五岁。沈氏虽早年失怙，仍自强不息，奉母养家，并勤于著述，著有《鸿雪楼诗选初集》[①]《鸿雪楼词》[②]及《名媛诗话》[③]。其子武友怡称："太恭人幼禀异质，博通书史，旁及岐黄丹青星卜之学，无所不精，而尤深于诗。"（续集下）如果说《鸿雪楼诗选初集》与《鸿雪楼词》体现了沈善宝个人的文学成就，那么通过对《名媛诗话》的编纂过程及其中表现的考察，便可了解以沈善宝为代表的清代才媛的历史观念。所谓历史观念，简言之，就是对历史的认识——即通过相应的概念方式对历史的理解与认识，并且给予具有价值判断的诠释与评价。[④]

一、编纂《名媛诗话》的历史意义与当代意识

沈善宝一生的文学交游，以其于道光十七年（1837）三十岁北上入京归于来安武凌云（？—1862）为界，主要体现在杭州与北京两个才媛圈。道光八年（1828），沈善宝二十一岁时，其业师李世治（1757—1837）为《鸿雪楼诗选初集》作序，评沈善宝曰："吐属风雅，学问渊博，与之谈天下事，衡量古今人物，议论悉中窾要。"不仅称赞沈善宝吐属风雅，学问渊博，更彰显了沈善宝具有谈论天下大事、衡量古今人物的眼界与胸襟，以及"议论悉中窾要"见识，这样一种眼界、胸襟与见识，显然是史家观念不可或缺的要素。于是，道光二十二年（1842），沈善宝三十五岁时，在与京师才媛积极交往之际，也仍然保持着与江南才媛的密切关系，勾连起南北两地才媛诗群的基础上，开始了编纂《名媛诗话》的工作。关于编纂《名媛诗话》的动机，沈善宝在《名媛诗话》卷一开篇即表述：

---

① 《鸿雪楼诗选初集》主要有四卷本与十五卷本两个版本流行，前者刊印于道光十六年（1836），民国十三年（1924）重印，上海图书馆藏；后者出版时间不详，所收诗至清咸丰四年（1854），北京国家图书馆藏。本文所引《鸿雪楼诗选初集》资料（诗、序、跋），除注明外，皆出自十五卷本。

② 收于徐乃昌：《小檀栾室汇刻闺秀词》第3册，清光绪二十二年（1896）南陵刊本。本文所引沈善宝词，除注明外，皆出自此集。

③ 《名媛诗话》至少有杜松柏编：《清诗话访佚初编》本（四卷）、光绪五年鸿雪楼刊巾箱本、光绪间上海寓言日报馆附刊本、民国十年刊鸿雪楼全集本与民国十二年沈补愚刊本（均为八卷），以及清光绪鸿雪楼刊本（十五卷）。参蒋寅：《清诗话考》，中华书局2005年版，第534—535页。本文采用清光绪鸿雪楼刻本十五卷（包括续集上中下），收录于《续修四库全书》集部诗文评类第1706册，上海古籍出版社2002年版。本文有关《名媛诗话》的引文，皆只随文注明卷数（包括续集上中下）。

④ 此处所谓"历史观念"与下文提及的"史家观念"，是一体两面的概念。前者立足于对历史事实（客体）的观照结果，后者则立足于主体（史家）观照历史的方法与方式。因此，在大的历史范畴中，二者是相通的。

自南宋以来，各家诗话中多载闺秀诗。然搜采简略，备体而已。昔见如皋熊澹仙女史所著《澹仙诗话》内载闺秀诗亦少。窃思闺秀之学与文士不同，而闺秀之传又较文士不易。盖文士自幼即肄习经史，旁及诗赋，有父兄教诲、师友讨论。闺秀则既无文士之师承，又不能专习诗文，故非聪慧绝伦者，万不能诗。生于名门巨族，遇父兄师友知诗者，传扬尚易；倘生于蓬荜，嫁于村俗，则湮没无闻者不知凡几。余有深感焉。故不辞摭拾，搜辑而为是编。

显然，这是不满历史上（尤其当朝）女性创作不受重视甚至备受压制，故专意为女性立传以弘扬后世。诚如蒋寅所评曰："（沈善宝）因于两性文学地位之差异有清醒认识，对女性之文学命运深感悲哀，故凡女性有才能者皆大力表彰，不限于诗也。于诗最称赞柴贞仪、蔡婉、高景芳等落落大方、无脂粉气者。"[①]当时才媛已清醒地认识到这一点，如邱云漪称："足下以闺秀诗坛盟主，编集海内同人之作而为诗话，自是不朽盛事。"（卷七）陈静宜《题〈名媛诗话〉·大江东去》词更是充分阐明了这一意义：

鸿荒初辟，女娲氏、曾把乾坤手补。灵气常钟，闺阁内、"三百篇"多妇女。风絮联吟，璇玑识字，千载咸推许。即看近代，诗人更难仆数。　之子才调无双，贤名第一，是吟坛宗主。大集刊成诗话继，舌底青莲纷吐。剪腋为裘，酿花作蜜，慧业超千古。军开娘子，请看何等旗鼓！（续集上）

据上，《名媛诗话》为女性立传的历史意义不言而喻；而沈善宝聚焦所在为同时代的才媛，更显见其弘扬女性文学、壮大才媛声势的当代意识。如果仅止于此，那么沈善宝的《名媛诗话》跟王端淑的《名媛诗纬》、恽珠（1771—1833）的《兰闺宝录》、丁芸的《闽川闺秀诗话续编》、陈芸（1763—1803）的《小黛轩论诗诗》、梁章钜（1775—1849）的《闽川闺秀诗话》、雷瑨与雷瑊的《闺秀诗话》与《闺秀词话》、雷瑨的《青楼诗话》、苕溪生的《闺秀诗话》、况周颐（1859—1926）的《玉楼述雅》等并无二致。沈善宝《名媛诗话》更值得注意的，是其当代意识体现在《名媛诗话》编纂策略与操作手法之中。

前代作者编诗话，或取平时闻见拉杂成文，或汇辑前人论说，至清代诗话编撰，则多倾向于访求、征稿与投稿三种方式。[②]《名媛诗话》的编纂策略与操作手法，从表面看亦大略为访求、征稿与投稿三种方式：

① 蒋寅：《清诗话考》"292. 名媛诗话十二卷续集三卷"条，中华书局2005年版，第535页。

② 参蒋寅：《清诗话的写作方式及社会功能》，《文学评论》2007年第1期。

其一，访求——广泛搜集各地才媛的材料，即前引卷一所云："不辞摭拾，搜辑而为是编。"如沈善宝"幼年在江西见菰城庄瑞红女史诗钞并序"，"读之不胜凄恻，爱其才之幽艳，悲其遇之坎坷，遍访其人，卒无知者"，因之以较大篇幅载录于《名媛诗话》卷十二中；卷十二还收录了诸多题壁诗作、"祝发为尼"者诗作、"仙子"（女冠）降乩诗作，以及通过《板桥杂记》蒐集柳如是（1618—1664）秦淮名妓（校书）等"或负奇节或任侠烈，莲出于污泥亦复不少"的事迹及作品。

其二，征稿——邀约相识的才媛提供材料，即如《名媛诗话》卷六所云："余向屏山索祖香诗稿。屏山云：'吾妹素不存稿，当写书往问。今仅记其词数阕，子可采择。'"卷七云："毕节邱云漪（荪）……余因诗话中各相知，皆以零珠碎玉见投，而云漪独无，亟往索之。"卷九云："余闻筠香之节操贤淑已深钦服，且闻才学甚富，善作擘窠大字，行草极佳；余即作书索其诗稿。"卷十亦有载："余闻瑟君与南林相识，因向瑟君觅其残稿。报书至，得今古诗一册，山水画数纸。"

其三，投稿——接受各地才媛主动提供（寄呈）材料，即如《名媛诗话》卷八载称，张孟缇（1792—?）将其母汤瑶卿（1763—1831）作品寄与好友沈善宝，云："子可以于诗话中纪之，借传不朽，庶不负先慈一番心血也。"沈善宝"遂诺而笔之"。相比之下，前二者是沈善宝主动而为之，后者则是被动接受，但从《名媛诗话》的案例表现看，后者亦颇为多见。原因或有二：一是沈善宝个人的号召力（南北才媛圈交游广泛），一是《名媛诗话》本身为才媛立传的号召力与吸引力。故此，沈善宝众多相识好友纷纷主动提供自己或转呈他人的作品，《名媛诗话》各卷多有记载，诸如：

（潘素心）少作《和矢音集》数章，未刊，写示数联，嘱为采入。（卷八）

海昌郑佩香莲孙年十四，工诗善画，词学三李；其吟稿为许听樵孝廉携至都门；云林嘱余采入诗话。（卷九）

安邱李琬遇，云舫漕帅长女……常问字于余，闻余诗话将成，寄诗二章至。（卷九）

云姜出李纫兰介祉题太清画册诗数纸……伯芳又出其从姊孟端德容诗一册。（卷十）

上元梅竹卿碧兰……随任赴闽，临行出其姊看云子《看云阁诗》并自序，嘱余采入诗话。（卷十一）

宗寿香寄其姑周清馥太孺人芬诗稿来，嘱为采录。（续集上）

张孟缇于乙巳冬初同令弟仲远赴武昌，丙午寄来诗一册……而寄余七古一篇，沉郁顿挫，尤称杰构。（续集上）

戊申春莫晤（山阴韩淑珍）于孟缇处，论诗谈画，相得甚欢，出其诗稿，嘱采《哭弟古风二章》。爰录于此，亦足征友爱之重也。（续集上）

灵石何季赞，知府兰士先生道生女……以《哭侄女烈妇贞祥》《赠节妇裕祥》二律，嘱为采入，以彰节孝。（续集上）

芝仙寄相识投赠之作，命采数章于诗话。（续集下）

这样一种即时互动情形，使《名媛诗话》的编纂工作，更能体现出纪实性、可靠性、普泛性以及权威性。

考察这三种方式在沈善宝编纂《名媛诗话》过程中的表现，可见有其独到之处：如果说“访求”的方式更多是表现为通过零散资料对以往历史进行一般性的铺叙，以及借助旧日往事对历史话语权的追溯，那么“征稿”与“投稿”的方式，则是使沈善宝能更为自如自主地对相关资料进行选择、取舍、详略、改写或误读乃至诠释与批评，由此得以切实掌控当下才媛诗坛的话语权与阐释权。虽然说诗话“在很大程度上成了记载作者本人涉诗经历的一种体例”[①]，但沈善宝对《名媛诗话》的编纂，更是着意甚或是刻意通过叙述其与才媛交游的现实生活与创作及其对此的所思所想，体现了作者对现实发言权的掌控，并进而强化了其自身在重构女性文学史过程中的现实参与感及时代责任感，从而形成了《名媛诗话》所呈现的以沈善宝为中心的才媛关系网。不管有意无意，这样一个关系网的形成，确实十分有利于沈善宝掌控才媛诗坛的主导权，并进而确立其在道咸时期才媛文坛的领袖地位。

从《名媛诗话》的体例看，卷一至卷五，基本上是记录沈善宝生活年代之前，即顺治至嘉庆前期的才媛（包括籍贯、身世、事迹、创作——下同），卷六至卷十一记录嘉庆后期至道光后期的才媛（主要是江浙一带的才媛），所记多为“生于名门巨族，遇父兄师友知诗者”（卷一）；卷十二辑录复辑侧室（妾）、民间（题壁）、方外、乩仙、朝鲜才媛等所谓边缘人物，所记多为“生于蓬荜，嫁于村俗，则湮没无闻者”（卷一）；续集上中下三卷，则是补记前述才媛之间的交游活动。所涉人物达七百多名[②]，所涉年代已及咸丰中叶。从书写方式看，则是以人领诗，以诗见人；即以诗话的形式纪史立传，从而建构起清代顺治初期至咸丰中叶的才媛诗歌发展

① 张寅彭：《从〈渔洋诗话〉观清人分辨“诗话”与“诗说”两种体例的意识》，《追求科学与创新——复旦大学第二届中国文论国际学术会议论文集》，中国文联出版社2006年版，第332页。

② 据台湾学者统计，《名媛诗话》总共评论了七百十六名才媛。参顾敏耀：《清代女诗人的空间分布析探——以沈善宝〈名媛诗话〉为论述场域》，台湾中央大学《中国文学研究所论文集刊》（2006年第11期），第102—156页。

简史。

值得注意的是，沈善宝在评说各方才媛、弘扬才媛诗学的同时，亦通过各种方式凸显自己的人生、历史、才学，以及与此关系密切的其家系女性成员的方方面面的表现。[1]同时，沈善宝将个人的历史/家族史（自传）穿插交错于群体的历史（才媛传记）之中，方秀洁（Grace S. Fong）即指出，沈善宝在《名媛诗话》通过不同的形式体现其自传书写欲求——其自我表述、其编排诗集的方式，以及在文本叙述中不时征引她自己的诗作。[2]这样一种处理方式，与西方将包括个人陈述与自传在内的"私人的形式"，视为"典型的女性主义形式"[3]，颇有异曲同工之妙。或许，就是以期借助群体的力量突破个体的局限并消解外在的阻力，由（个人）闺阁的私领域（通过才媛群体）进入社会的公领域，从而也就顺理成章且更为有利地扩大其自身的影响力。[4]

由此可见，在《名媛诗话》编纂过程中，沈善宝不仅是一位历史的叙述者、诠释者，还是一位历史的参与者、创造者。与此同时，沈善宝还俨然成为现实生活中才媛社会中一位勾连南北、网络八方、引领才媛文坛风气的领袖人物。前引"闺秀诗坛盟主"（邱云漪语）、"吟坛宗主"（陈静宜语），当为实至名归的称誉。在这个意义上可以说，《名媛诗话》在编纂过程中所体现的当代意识大于其历史意义。具体而言，这无疑是有别于"究天人之际，通古今之变，成一家之言"（司马迁《太史公自序》）的传统史家观念，体现为立足现实、基于主体性而掌控话语权、建构才媛网络的当代意识。

---

① 参王力坚：《〈名媛诗话〉的自我指涉及其内文本建构》，《中山大学学报》2008年第1期。沈善宝的侄孙沈敏元在为《鸿雪楼诗选初集》作跋时便已指出："诗选与诗话中涉及吾家轶事甚多，可补谱乘之阙。"

② Grace S· Fong, "Writing Self and Writing Lives: Shen Shanbao's (1808—1862) Gendered Auto/Biographical Practices." Nan Nü: Men, Women and Gender in Early and Imperial China, Bill, Leiden, 2.2(2000): 295. 这种自传欲望也体现沈善宝的诗歌创作中，胡晓真即指出，通过沈善宝的作品便可追溯她一生的经历。参胡晓真：《艺文生命与身体政治——清代妇女文学史研究趋势与展望》，《近代中国妇女史研究》2005年第13期。

③ Harold Bloom, The Anxiety of Influence: A Theory of Poetry, Oxford: Oxford University Press, 1973:320.

④ 西方自传研究者对女性自传不感兴趣，其原因是认为女人的生活往往局限于家庭，没有公共空间，不能缔建丰功伟业。因此女人在提笔写自传时，往往自惭形秽，或是遭到许多外在的阻力。参看朱崇仪：《女性自传：透过性别来重读/重塑文类》，载《中外文学》1997年第4期。

二、以诗论史与以古鉴今

沈善宝同时代人李树滋撰《石樵诗话》八卷，开篇即谓：“诗话始于宋欧阳公，自后作者大约不出纪事、论诗、感旧三种。然以诗纪事，唐人《丽情集》《本事诗》已肇其端。”[①]显见诗话体例在一定程度上具备了通论古今的纪史立传特征。《名媛诗话》也大抵沿袭时风，多见纪事、论诗、感旧三种方式，以诗纪事者尤为普遍。但亦有其特异之处——所记清代才媛，多有好读史、通经史、善论史者，如《名媛诗话》卷十一便有记载：“（陈仙九）泛览书籍，辄通其义；尤好读史，上下古今，其识见不类巾帼。”“（陈）慕青诗、书、画皆臻神妙，史学甚深。”“王太宜人，博通经史。”“（汪竹斐）有《研香堂诗钞》，善于论古。”卷十二有载：“（陈敦蕙）辄翻阅架上书而心知其意，熟于史，余暇即呼与议论以为乐。”于是，清代才媛常有以诗论史之举，如卷十一载录“史学甚深”的陈慕青所作《题姜如农给谏砚》：“胜国当年事尽非，批鳞遑计履危机。但令圣主金汤固，何惜孤臣血月飞。阃帅生辜关内祭，老兵死恋敬亭薇。研田以外无余地，想见摩挲泪满衣。”姜如农，前明进士，礼科给事中（即给谏），明末因直谏言事受廷杖遣戍，入清不仕，以高士名世。陈慕青为姜氏所遗砚台（原注“背镌宣州老兵四字”）题诗，从一砚台的小角度，对前朝兴亡大事提出自己的看法，对姜氏书生议政、抗颜谏言表示由衷感佩。又如卷八载，阳湖徐嗣昭“工古文，精史鉴”，有《杂咏》云：“别有英雄感，来登广武城。千秋遗恨在，竖子竟成名。南渡长城在，谁教脱虎符。英雄怜失意，老去亦骑驴。”以《晋书·阮籍传》“尝登广武，观楚汉战处，叹曰：时无英雄，使竖子成名”的典故，表达英雄失意，报国无门的喟叹。沈善宝为之推崇：“可谓工于咏古，善于尊题。”（卷八）

另外，项祖香的《减字木兰花·西湖怀古》：“宫车晓蹕，全宋山河输一半。安稳杭州，回首中原唱莫愁。　西湖花月，云里帝城双凤阙。多少官家，雨冷冬青咽暮笳。”（卷六）张婉纠（1798—？）的《读史偶成》：“冬雷殷殷夏雪飞，错逆阴阳变新律。长鲸拔浪海水浑，黄尘暗天激白日，古来争战能几时，百万苍生慨枯骨。杀伐原非上帝心，凶残终藉王师灭。九州岛荡荡四海一，虞颂唐歌久洋溢。大地春回万物冒，空山杜宇休啼血。”（卷八）上引二作，一词沉郁一诗磅礴，均从宏观视野表述了哀悯苍生、企盼和平的反战史观。

① 引自蒋寅：《清诗话考》，中华书局2005年版，第540页。

沈善宝的同里好友汪端(1793—1838)可谓以诗论史的佼佼者[①]。汪端不满时人论明诗多沿袭沈德潜(1673—1769)尊前后七子李梦阳(1472—1529)与王世贞(1526—1590)而薄高启(1336—1374)的做法,"竭数年心力选明诗初二集,参以断语,多知人论士之识。集出,海内诗家莫不折服。"(卷六)沈善宝还特举汪端《三十家题词》各家品题诗云:"赵燕悲歌骑瘦马,山陵酹酒拜啼鹃"(顾亭林);"新蒲细柳孤臣累,流水桃花野老家"(陆桴亭);"风凋玉树宫嫔泪,云暗苍梧帝子愁"(陈忠裕);"莺花有恨平陵曲,沧海无家楚泽吟"(夏节愍);"云飘六出悲贞魄,磷化全家吊国殇"(陈元孝)。无论吊古、咏史、抒怀,莫不寄寓深沉,风格苍劲奔放,颇具高启遗风,亦确乎见"知人论士之识"。

"咏史"之作,自东汉班固(32—92)以降,魏晋文人如曹植(192—232)、王粲(177—217)、阮瑀(165?—212)、诸葛亮(181—234)、卢子谅(284—350)等均有创作,多为对历史人物或事件进行描绘叙述,至左思(250?—305)《咏史》八首进一步借史事来叙述自己的怀抱[②],亦即清人何焯(166—1722)所说:"题云《咏史》,其实乃咏怀也。"(《义门读书记》卷四十六)如果说,魏晋人的咏史之作表现为从叙述性走向抒情性,那么,清代才媛的咏史诗则多为沿袭了唐宋人的路径——思辨性。[③]即对历史人与事提出更具理性思考的论析与商榷,以致建构起基于主体自觉意识对历史问题的认知与鉴识。

又如汪端,不仅以诗论史,还配合诗作直接展开史论,《名媛诗话》卷六引其《论古偶存·吴蜀》诗:"一失荆州汉业休,曹刘兵劫换孙刘。本来借地缘婚事,何事寒盟起寇仇。鱼浦至今遗石在,蟂矶终古暮潮愁。负心毕竟君王误,莫以疎虞议武侯。"随即更以较大篇幅征引汪端的史论:

> 三国以荆州为枢机,蜀失荆州,人多归咎武侯,余谓此昭烈之过也。昭烈既定蜀遣一介之使,迎孙夫人正位中宫,则吴蜀交固,荆襄之势成,而汉业可复。乃惑于法正之言,别立吴后,致无以服吴人之心,荆州失、猇亭败,永安托孤,而汉业从此不振矣。人必先疑也,而后谗人之,法正卖主,小人岂有真爱于昭烈哉?实欲乘隙弄权耳!观于立吴后,而武侯不谏,其情事可想。法

① 沈善宝对同时代才媛最为推崇者便是汪端,《名媛诗话》卷六即有对汪端的高度评价:"悱恻芬芳,闺中罕有其匹"。并在同卷借助吴藻诗中注释"吾杭闺秀除汪小韫外,无出其右者"加以肯定。

② 蔡英俊:《导论》,《兴亡千古事》,台北故乡出版社1980年版,第3页。

③ 如白居易"周公恐惧流言日,王莽谦恭未篡时;向使当时身先死,一生真伪有谁知"(《放言五首》其三)、王令"去梁无故又辞齐,弟子纷纷益不知;天下未平虽我事,己身已枉更何为"(《读孟子》)可为例。

正不死，武侯君臣之际，未可知也。千金之堤，溃于蚁穴，女子小人之际，其慎之哉！

汪端的立论基础为"蜀失荆州，人多归咎武侯，余谓此昭烈之过也"（即诗末二句"负心毕竟君王误，莫以疎虞议武侯"）。此立论或可商榷，但汪端据此展开论述而推导的"惑于法正之言，别立吴后，致无以服吴人之心，荆州失、猇亭败，永安托孤，而汉业从此不振矣"，"法正卖主，小人岂有真爱于昭烈哉？实欲乘隙弄权耳"；并由此总结出"人必先疑也，而后谗人之"，"千金之堤，溃于蚁穴"，可称令人深思之见[①]。沈善宝所谓"兹读所论，不禁五体投地"，并且推崇"小韫议论古人，具有特识"，"议论英伟，可破拘墟之见"（俱见卷六），亦并非妄语谀辞。

清代才媛如此表现的时代背景，当是以经世致用为标志的实学风气。[②]明清之际，作为宋明理学空疏之弊的反动，以经世致用为标志的实学重新崛起而为社会学术思想的主流，这在史学上的反映尤为显著。明清之际的黄宗羲（1610—1695）即认为："明人讲学，袭语录之糟粕，不以六经为根柢，束书而从事于游谈。故问学者必先穷经，经术所以经世。不为迂儒，必兼读史。读史不多，无以证理之变化；多而不求于心，则为俗学。"[③]顾炎武（1613—1682）进一步主张："夫史书之作，鉴往所以训今。"[④]章学诚（1738—1801）即鲜明地提出了"经世史学"的观念："史学所以经世，固非空言著述也。"[⑤]前引李世治论沈善宝"吐属风雅，学问渊博，与之谈天下事，衡量古今人物，议论悉中窾要"（《鸿雪楼诗选初集序》），显见沈善宝深受经世史学风气的影响。在现实生活中，沈善宝亦不乏与闺友"纵谈今古，相得甚欢"（卷六）之类的表现。在《名媛诗话》卷八，沈善宝描述跟闺友张孟缇"因论夷务未平养痈成患，相对扼腕"，因而二人合作《念奴娇》词：

（张孟缇）良辰易误，尽风风雨雨，送将春天。兰蕙忍教，摧折尽，剩有漫空飞絮。塞雁惊弦，蜀鹃啼血，总是伤心处。已悲衰谢，那堪更听鼙鼓。（沈善宝）闻说照海妖氛，沿江毒雾，战舰横瓜步。铜炮铁轮，虽猛捷，岂少水

① 但"女子小人"并举，却不免有陈腐意识之嫌，详见后。

② 参王力坚：《〈名媛诗话〉与经世实学》，《苏州大学学报（哲学社会科学版）》2006年第3期。

③ 清史稿校注编纂小组：《清史稿校注》第14册，台北国史馆1986年版，第10971页。

④ 顾炎武：《答徐甥公萧书》，《顾亭林诗文集》（华忱之点校），中华书局1983年版，第138页。

⑤ 章学诚：《文史通义·内篇二·浙东学术》，《章学诚遗书》（影印本），文物出版社1985年版，第14页。

犀强弩。壮士冲冠，书生投笔，谈笑擒夷虏。妙高台畔，蛾眉曾佐神武。

虽然通篇照应鸦片战争现实，但篇末的“妙高台畔，蛾眉曾佐神武”却指向了南宋抗金名将韩世忠（1090—1151）的夫人梁红玉（1102—1135）为韩世忠神武军击鼓退金兵的史实。沈善宝随即再引张孟缇《感事·念奴娇》：

> 秋光正好，甚浮云翳日，才情还雨。做弄秋容，狼藉甚，宋玉悲秋正苦。括耳商飚，填膺幽愤，咄咄终何补。流波欲挽，可堪更惜迟暮。　极目衰草繁霜，荒烟独树，摇落浑无主。啼杀鹧鸪，行不得，一片精诚难诉。伍相潮飞，汨罗江阔，只共冤魂语。沉埋谏草，谁教饮恨千古。

词中征引宋玉、伍子胥（？—484）、屈原（前340？—前278？）等令人“填膺幽愤”的历史典事，以“沉埋谏草，谁教饮恨千古”结语，贯串古今，强化了前述“养痈成患，相对扼腕”的现实情怀，进而感慨：“孟缇弱不胜衣，而议论今古之事，持义凛然，颇有烈士之风，与余尤为肺腑之交。”（卷八）虽然沈善宝的叙述聚焦于与张孟缇的知己交情，但从中亦显示了二人以古鉴今的史家胸襟。

三、自强自立与谨守女德

作为清代才媛精英，议论古今，以古诫今，自然会更多聚焦于女性。沈善宝所处的道咸年间，经历了两次鸦片战争外患与太平天国内乱，是中国历史由传统社会向近代社会转型的关键时期，才媛的历史观无疑也经受了这一时代转型的深刻影响。《名媛诗话》卷四所载可见一斑：

> 文人笔墨，皆喜回护同类，亦自占身分，闺阁亦然。如吴县邹朗岑（溶）《读汉书》云：“信史偏成女弟成，汉家巾帼擅才名。等闲莫笑裙钗侣，一代人才待品评。”

“自占身分，闺阁亦然”“等闲莫笑裙钗侣，一代人才待品评”云云，表现出一种女性自我身份的自觉认同，亦自强自立的意识。前引沈善宝《念奴娇》“壮士冲冠，书生投笔，谈笑擒夷虏。妙高台畔，蛾眉曾佐神武”，及其《满江红·渡扬子江感成》“滚滚银涛，泻不尽、心头热血；想当年、山头擂鼓，是何事业……数古来、巾帼几英雄”之类的表述，充分展现了这一时代的新气象，佟景文（1776—1836）为沈善宝《鸿雪楼诗选初集》所作序中，便有如此评价：

闺阁中有此如椽巨笔，不特扫尽脂粉之习，且驾蕉园七子而上之。岂惟巾帼中不易得，正恐翔步木天，入金马堂之选，亦不数数觏也。……吊古咏物，遣兴感怀之作，揆度事理，言中有物，一空前人窠臼，尤徵卓识，非寻常裁红刻翠者所能望其肩背。

沈善宝为闺友吴藻（1799—1862）词稿的点评，也正是“续史才华，扫除尽脂香粉腻”（《满江红·题吴苹香夫人花帘词稿》），从而在诗词创作中展现史家的胸襟与气概。

然而，历史的传统因袭，在沈善宝及其《名媛诗话》所载录的清代才媛身上，仍留下了深浅不同的印记，且看以下卷四所引二例：

吾乡戴衣仙《读明史》云：“三杰孤危入虎强，对山能不救三杨。摊书更读《娄妃传》，一曲凄清片石头荒。养士恩深三百年，国殇能得几人贤。红颜力弱能诛贼，长向思陵泣杜鹃。”阳湖刘撰芳《咏昭君》云：“琵琶一曲总堪哀，环佩何尝夜月回。春草有灵青作冢，几曾生向李陵台。”吾乡顾螺峰（韶）《咏昭君》云：“紫台人去最销魂，冷抱琵琶出玉门。太息麒麟高阁上，汉家诸将也承恩。”

满洲瓜尔佳氏，自号吟香主人，《读汉书偶题》云：“鸿沟割据各东西，楚汉争雄震鼓鼙。试听刘家大风曲，何如垓下泣虞兮。不听蒯通言至此，龙门妙笔表纯臣。淮阴功业空千古，生死偏由两妇人。”

前例在形式上回归到魏晋时的咏史诗类型，一诗咏一人一事；内涵上则是凄清哀婉的情调交织着承恩报国的意识。后例在短短的篇幅中，运用项羽（前232—前202）别虞姬（？—前202）、吕后（前241—前180）斩韩信（前230？—前196）的典故，对历史兴衰与个人因素关系发表不无新意的独到见解，但其间却隐然可见红颜祸水的陈腐意念（前引“千金之堤，溃于蚁穴，女子小人之际，其慎之哉”亦有此意）。

《名媛诗话》卷六称誉汪端：“小韫史学既深，其激扬忠孝表彰贞烈之诗，取材宏富，比例经当，即须眉大家亦当却步。”随后所举诗例，即既有“行吟屈子常怀楚，避地留侯矢报韩”（《吊戴叔能》）、“僧帽儒衣逃世盛，残山剩水故宫愁”（《顾仲瑛》）、“蜀道流人悲李特，秦家壮士哭符融”（《张士德》）、“柴桑甲子遗民录，薇蕨壬辰野史亭”（《元王吉》）之类“激扬忠孝”者；更有“孟昶偏亲迟又宋，陈婴贤母解尊秦”（《曹太妃》）、“烈性难凋霜里柏，贞魂应化火中莲”（《刘夫人》）、“新婚惨别辞巢燕，古战场空啄肉鸟”（《刘节妇》）、“铜仙泪下春难驻，玉女星明夜有霜”（《齐云楼殉难诸宫女》)、"云中紫凤长离鸟,池上夭桃薄命花"(《悼姬人紫湘》)之类"表彰贞烈"者。而后者,正是彰显了沈善宝编纂《名媛诗话》以"奉扬贞德"(卷十一)的意旨。《名媛诗话》卷五所载录的陈炜卿(1783—1820)与恽珠,便是以"援古诫今""论古今世运"发扬光大传统女德而成为女界典范:"(陈炜卿)矧能阐发经旨,洋洋洒洒数万言,婉解曲喻,援古诫今,嘉惠后学不少,洵为一代女宗。因择尤切闺阃者四条于此集中,载有《妇职集编序》,《辑历代后妃表成诗以落之》。此二书必然大观,惜未得读耳。""(恽珠)尝论古今世运,有治乱维持不敝者,全在纲常。乃仿《列女传》,博采史志,纂《兰闺宝录》六卷,先孝行贤德慈范节烈,而以智略才华殿焉。又广搜国朝女士之作,选为《正始集》二书,可为闺中之文献。"陈、恽二人的表现,以及沈善宝的赞颂,莫不共同聚焦于闺阃纲常的维系及贤德慈范的建树。

毋庸置疑,这是一种因循守旧的历史观。遍览《名媛诗话》,所记述才媛,遵循传统谨守女德为十分普遍的现象。如卷三称何梅隣"咏史诸作,颇见特识",所引诗作却并非咏史诗而是训子诗《勖儿》,不过,诗中倒也表达了其根植于传统道德的历史观:"六经为根柢,诸史亦藩篱。不知千古事,伥伥欲何之。源远流浩瀚,膏沃光陆离。有本者如是,吾儿知未知?"卷十一称汪雅安(1781—1842)"能阐发经史微奥,集中多知人论世经济之言,洵为一代女宗",但沈善宝所推崇的却是其"《闺训篇》足与曹大家《女诫》并传",全文载录于卷十一的《闺训篇》足见清代才媛的女德观与历史观:"男儿希圣贤,女亦贵自立。礼义与廉耻,四维毋缺一。千秋传女宗,在德不在色。德厚才自正,才华本经术……三从有定臬,女戒恒慄慄。熟读四子书,义理都洞悉。经史苟旁通,万卷盈胸臆……"

这些现象,体现出编撰者本身的思想局限,秦焕(1818—1891)《名媛诗话序》即称:"十二卷中,所载信乎,德必有言;性情之章,修齐之助也;学问之什,陶淑之原也;赠答之文,道义之范也;感慨之语,名节之箴也。传在古人,劝在今人,觉在后人,厥功伟哉!"在这些称颂沈善宝为清代才媛立传纪史的言辞中,也概括了她以传统道德为基础的历史观,由此也可见沈善宝所谓"奉扬贞德,讵敢论文字乎"(卷十一),并非谦辞。同时,也反映了当时清代才媛普遍的思想局限:"陈眉公谓女子无才便是德。吾姊娴笔墨,工诗文,可称绝世。以妹言之,虽则绣虎嘉名,实非祥鸾本色。戒之慎之。"[①]"(王贞仪)虽喜耽翰墨,而从不轻易出以示人……唯

① 周浣月:《与姊书》,王秀琴编辑、胡文楷选订:《历代名媛书简》,长沙商务印书馆1941年版,第76页。

守内言不出之训，以存女子之道耳。”[①]“（王如沂妻）博涉经史，善吟咏，年二十五，夫殁，尽焚所作诗，守节二十年卒。”[②]诸如此类自发自觉而又病态可悲的现象比比皆是。归根结底，这也就是时代的局限。[③]当然，或许这就是清代知识女性在中国历史由传统社会向近代社会转型之际，所必须经受的蜕变冲击与成长阵痛。

结　语

如前所述，沈善宝生活的年代，正处于中国历史由传统社会向近代社会转型之际，其时流行者为变易历史观。[④]龚自珍（1792—1841）认为：“自古及今，法无不改，势无不积，事例无不变迁，风气无不移易。”[⑤]魏源（1794—1857）亦指出：“三代以上，天皆不同今日之天，地皆不同今日之地，人皆不同今日之人，物皆不同今日之物。”[⑥] 即强调“变”是自然界和人类社会的共同规律，历史亦是一往无前的发展。[⑦]这种变易历史观，显然是继承并发扬了前述史学（实学）经世致用的价值取向，龚自珍便开启了近代“去经就史”的学风，提出“智者受三千年史氏之书，则能以良史之忧忧天下……探世变也，圣之至也”[⑧]，从而导致中国近代历史观念的转折变化。[⑨]沈善宝及其《名媛诗话》“谈天下事，衡量古今人物，议论悉中窾要”（李世治《鸿雪楼诗选初集序》），以及以古鉴今的表现，尤其是为女性纪史立传的努力，以及“一代人才待品评”（卷四）的企图心，在相当程度体现了变易历史观的精神，反映清代中后期的才媛——女性世界的先锋——已然从传统社会向近代社会日渐过渡。当然，沈善宝及其《名媛诗话》所载录的清代才媛对传统女德的固守，仍无疑是因循守旧历史观的体现。或许，这就是在走向近代社会的清代才媛

① 王贞仪：《答白夫人》，王秀琴编辑、胡文楷选订：《历代名媛文苑简编》，上海商务印书馆1947年版，第69页。

② 见胡文楷：《历代妇女著作考》，上海商务印书馆1957年版，第408页。

③ 参王力坚：《清代才媛文学之文化考察》，文津出版社2006年版，第17—25页。

④ 参王晴佳：《中国史学的西“体”中用——新式历史教科书和中国近代历史观之改变》，《北京大学学报（哲学社会科学版）》，2014年第1期；马庆玲：《近代历史观的嬗变——从变易史观到进化史观》，《哈尔滨市委党校学报》总第59期第5期（2008年9月）；刘天喜、张岩冰：《从前提出发的近代历史观内涵与性质新探》，《延安大学学报（社会科学版）》，2017年第5期。

⑤ 龚自珍：《上大学士书》，《龚自珍全集》，上海人民出版社1975年版，第319页。

⑥ 魏源：《默觚下·治篇五》，《魏源集》，北京中华书局1983年版，第47—48页。

⑦ 参马庆玲：《近代历史观的嬗变——从变易史观到进化史观》，《哈尔滨市委党校学报》总第59期第5期（2008年9月）。

⑧ 龚自珍：《乙丙之际箸议第九》，《龚自珍全集》，上海人民出版社1975年版，第7页。

⑨ 参王贵仁：《20世纪初中国新史学思维方式析论》，《江西社会科学》2009年第11期。

身后一道挥之不去的历史阴影。

[作者简介:王力坚,台湾中央大学中国文学系专任教授暨历史研究所合聘教授,出版过专著《清代文学跨域研究》等]

建构、深化、反思：论北美“中国抒情传统”学说的发展脉络*

◇陈水云　邓明静

摘　要：1971年旅美华裔学者陈世骧在美国亚洲研究学会比较文学讨论组上以《论中国抒情传统》为题进行致辞，引起广泛关注。陈世骧承“五四”学脉，站在中西比较的立场上首倡“中国抒情传统”论；随后高友工“接棒”，利用中西学术资源对“中国抒情传统”学说进行理论奠基和体系搭建。此后，该学说迅速在北美、中国台湾、新加坡等地掀起三波发展浪潮，形成强大的学术影响并完成谱系的建构。与此同时，我国学界也出现了一些批判和质疑的声音，台湾、香港、大陆等地相继有论者对此说进行冷静反思与总结评价。经过近半个世纪的历程，北美“中国抒情传统”学说呈现出建构、深化、反思的发展脉络。

关键词：“中国抒情传统”；发展脉络；建构；深化；反思

1958年，韦勒克在教堂山大会上以题为《比较文学的危机》之演讲，引领国际比较文学从重视“影响研究”、依靠材料考证、强调事实联系的“法国学派”时代，进入了重视“平行研究”、看重文学作品自身独立性和文学性，强调跨文化和跨学科研究视野的“美国学派”时代。[①]自此，北美，尤其是美国的中国古典文学研究

*本文系湖北省教育厅人文社科项目“欧美地区中国文学史书写特点及其启示”（编号：201711511301001）的阶段性研究成果。

① 参见沈一帆：《中国抒情传统的海外建构及其影响》，暨南大学2008年硕士学位论文，第19页。

越来越成为海外中国古典文学研究的"领头羊"。1971年旅美华裔学者陈世骧在美国亚洲研究学会比较文学讨论组上以《论中国抒情传统》为题进行致辞，引起广泛关注，从此"中国抒情传统"这一命题正式进入了中外学者的研究视野。

一、北美"中国抒情传统"学说的建构

"中国抒情传统"是20世纪70年代建构起来的一个学术命题，但其建构并非偶然，有特殊的时代背景、深厚的学术积淀和美籍华裔学者陈世骧、高友工的努力探索蕴藏其中。

（一）时代背景

自晚清西方列强用坚船利炮打开国门，中国文人学者就被迫在中西比较的视野下重新检视自己的文化传统。为克服自卑心理，探索中国文化的价值，文人学者们将目光投向了中国古典文学，试图从中寻出中国文化独特性和优秀性的例证。这种心心念念的愿望一直延续着，到美籍华裔学者陈世骧首倡"中国抒情传统"论终于找到一个突破口，于是一发不可收拾地流露出来。虽然现代学者可以说"中国抒情传统"论是"文化民粹主义"的产物，"是为了寻找能够同西方艺术文化分庭抗礼的'中国特色'，而殚精竭虑发明出来的一个概念"①，但在当时却自有其特定的价值和意义。面对几乎压倒一切的西方文学价值，陈世骧孜孜以求地建设"中国抒情传统"使之与西方文学传统进行对话，是为了替本民族文学进行辩护。夏志清在悼念陈世骧的文章中就说"世骧无时无刻不在洋人面前赞扬我国的文化、文学"，并列举了多个陈世骧为中国诗之文学价值与洋人激烈辩论的真实事例。②也从侧面说明了当时中国文学在世界文学中的尴尬境地，确实迫切需要有"中国抒情传统"论这样直接有力的话语来为中国文学发声。

（二）学术积淀

陈世骧倡导"中国抒情传统"并非凭空"发明"，而是有着深厚的学术渊源和积淀。此论的破土而出实有赖于前辈学者如梁启超、王国维的先导，陈独秀、胡适、周作人、朱自清等的铺垫，以及朱光潜、闻一多、林庚等的指引。

---

① 徐岱：《代序：抒情作品与审美伦理》，载徐承《中国抒情传统学派研究》，中国社会科学出版社2015年版，第6页。

② 参见夏志清：《序二——悼念陈世骧并试论其治学之成就》，载陈世骧《陈世骧文存》，辽宁教育出版社1998年版，第9页。

梁启超是近现代中国文学史上最早的觉醒者之一，他先后倡导“诗界革命”“小说界革命”以改良中国文学。早在1900年，他就宣称“今日不作诗则已，若作诗，必为诗界之哥仑布、玛赛郎然后可”[①]，主张从“欧洲之意境、语句”中发现诗的新大陆，预设了西方文学观念作为文学批评的标准。后来他又将目光转向情感美学，提出“天下最神圣的莫过于情感……情感教育最大的利器，就是艺术。音乐、美术、文学这三件法宝，把‘情感秘密’的钥匙都掌住了”[②]，认为中国韵文（《诗经》、《楚辞》、乐府歌谣、古近体诗、词曲乃至骈体文）的主流是表现情感。而王国维则是中国引用西方理论来研究中国古典文学的第一人，其《〈红楼梦〉评论》（1904）是第一篇完全引用西方哲学和文学理论写成的中国文学批评专著。他在《文学小言》（1906）中也最先阐明了中国文学长于抒情、拙于叙事的特点：“上之所论，皆就抒情的文学言之（《离骚》、诗词皆是）。至叙事的文学（谓叙事诗、史诗、戏曲等，非谓散文也），则我国尚在幼稚之时代。”[③]梁启超、王国维所论对后世抒情传统论具有重要的导向作用。

承梁启超、王国维所论，“五四”学人们继续耕耘。先有陈独秀在《文学革命论》（1917）中倡导“建设平易的抒情的国民文学”，推崇“抒情写事”“抒情写世”“抒情写实”。[④]再有胡适在《建设的文学革命论》（1918）中指出“一切语言文字的作用在于达意表情；达意达得妙，表情表得好，便是文学”[⑤]，崇尚“表情”的文学，并表明中国文学“以体裁而论……韵文只有抒情诗，绝少纪事诗，长篇诗更不曾有过”[⑥]的特点。还有周作人在《中国新文学的源流》（1932）中认为“诗言志”和“文以载道”两种潮流的彼消此长造就了中国古代文学史，而“诗言志”的主张才符合文学的本质——“文学只有感情没有目的”[⑦]。再有朱自清在《诗言志辨》（1947）中对“诗言志”的原始含义及其发生转义的轨迹进行谨慎的辨析和梳理，

① 梁启超：《夏威夷游记》，载《饮冰室文集点校》第3集，云南教育出版社2001年版，第1826页。

② 梁启超：《中国韵文里头所表现的情感》，载《饮冰室文集点校》第6集，云南教育出版社2001年版，第3430—3431页。

③ 王国维：《文学小言》，载《王国维文集》第1卷，中国文史出版社1997年版，第28页。

④ 参见陈独秀：《文学革命论》，载胡适《胡适文集》第2卷附录一，北京大学出版社1998年版，第15—18页。

⑤ 胡适：《建设的文学革命论》，载《胡适文集》第2卷，北京大学出版社1998年版，第46页。

⑥ 胡适：《建设的文学革命论》，载《胡适文集》第2卷，北京大学出版社1998年版，第55页。

⑦ 周作人：《中国新文学的源流》，华东师范大学出版社1995年版，第13页。

指出"'抒情'这词组是我们固有的，但现在的涵义却是外来的"[①]，"诗言志"和"比兴"这两个批评概念虽原始含义不同于后世所谓的"抒情"，但其在发生转义之后却最终导引出一条接近于"抒情"的线索。他们的研究对后来者的抒情传统论有巨大的铺垫作用。

朱光潜、闻一多、林庚等人与陈世骧有直接或间接的师承关系[②]，他们的研究对"中国抒情传统"论有更多指引价值。朱光潜在1926年就提出：当务之急是要引入西方的研究方法，补上文学批评这一课。[③]随后他撰写过多篇文章对中国文学和文化进行重新体认[④]，希望通过不离"现代"关怀的"传统"研究，把中国传统放在多元的西方理论中来确定其位置。[⑤]闻一多被誉为"中国抒情传统"论的"思想先驱"[⑥]，他的很多学术观点和思路后来也体现在陈世骧的论述中。例如，他说"印度、希腊，是在歌中讲着故事……而中国，以色列则都唱着以人生与宗教为主题的较短的抒情诗。……所以我们的文学传统既是诗，就不但是非小说戏剧的，

① 朱自清：《诗言志辨》，载《朱自清古典文学论文集》上册，上海古籍出版社1981年版，第230页。

② 据陈国球教授考证，陈世骧早年在北京大学读书以至担任讲师期间，曾与朱光潜过从甚密，是当时在北平慈慧殿3号朱光潜家中进行的"读诗会"的常客，出国后也仍然与朱光潜有学术交往（参见陈国球：《代序："抒情传统论"以前——陈世骧早期文学论初探》，载陈世骧著、张晖编：《中国文学的抒情传统：陈世骧古典文学论集》，生活·读书·新知三联书店2015年版，第2页）；而林庚与陈世骧则有同学关系和师友渊源（参见陈国球：《诗意的追寻——林庚文学史论述与"抒情传统"说》，载《北京大学学报》（哲学社会科学版）2010年第4期）。另据学者徐承考证，陈世骧与林庚的文学史观虽有类同，但其思想方法却与闻一多有更多相似之处，鉴于林庚曾为闻一多之学生与助教，故陈世骧亦极有可能直接或间接受教于闻一多（参见徐承：《中国抒情传统学派研究》，中国社会科学出版社2015年版，第51页）。

③ 参见朱光潜：《中国文学之未开辟的领土》，载《朱光潜全集》第8卷，中华书局2012年版，第12页。

④ 包括朱光潜：《中西诗在情趣上的比较》（1934）、《长篇诗在中国何以不发达？》（1934）、《诗的隐与显——关于王静安的〈人间词话〉的几点意见》（1934）、《从"距离说"辩护中国艺术》（1935）、《从生理观点论诗的"气势"和"神韵"》（1935）、《从研究歌谣后我对于诗的形式问题意见的变迁》（1936）、《中国诗何以走上"律"的路》（1936）、《乐的精神与礼的精神》（1942）、《诗的普遍性与历史的连续性》（1948）、《诗的意像与情趣》（1948）、《朱佩弦先生的〈诗言志辨〉》（1948）等文章。

⑤ 参见陈国球：《代序："抒情传统论"以前——陈世骧早期文学论初探》，载陈世骧著、张晖编：《中国文学的抒情传统：陈世骧古典文学论集》，生活·读书·新知三联书店2015年版，第11页。

⑥ 徐承：《中国抒情传统学派研究》，中国社会科学出版社2015年版，第51页。

而且推到极端,可能还是反小说戏剧的"[①],这与陈世骧将中西文学传统并举对照的思路几乎一致。再如,他谓"《三百篇》的时代,确乎是一个伟大的时代,我们的文化大体上是从这一刚开端的时期就定型了。文化定型了,文学也定型了,从此以后二千年间,诗——抒情诗,始终是我国文学的正统的类型,甚至除散文外,它是唯一的类型"[②],也与后来陈世骧确定《诗经》为"抒情传统"源头之论如出一辙。而他通过字源学考证"诗"字之字根的方式也被陈世骧所承袭,陈世骧在《寻绎中国文学批评的起源》(1951)中论"诗"字之字根时就直陈"有两位权威人士的中国古代文学论著,可以证实我们的观点。一是晚近的闻一多教授"[③]。林庚则很有可能"使陈世骧与闻一多建立起了思想联系"[④],他在中国文学史撰述上贡献颇大[⑤],对陈世骧的影响可能正体现在其文学史观上,他提出的"中国的文学传统不是戏剧性的,而是诗意的"[⑥],"中国的诗歌一开始就走上了一条抒情的道路,而不是叙事的道路"[⑦],"中国的文化就是以诗歌传统为中心的文化,因此才真正成为诗的国度"[⑧]等观点,与陈世骧所论大同小异,陈世骧从中国文学史中追述"抒情传统"的思路可能正源于林庚的启发。

此外,陈世骧的美国老师艾克敦的学术思路,以及他旅美后在西学浸润下逐渐习得的比较文学研究理论和方法,也对他日后提出"中国抒情传统"论有重要作用。正是在这些前辈同仁的导引和启迪下,陈世骧关于"中国抒情传统"的学术思路才日渐成形,有了破土而出的契机。

---

① 闻一多:《文学的历史动向》,载《闻一多全集》第10卷,湖北人民出版社1993年版,第16—18页。

② 闻一多:《文学的历史动向》,载《闻一多全集》第10卷,湖北人民出版社1993年版,第17页。

③ 陈世骧:《寻绎中国文学批评的起源》,刘倩译,载陈世骧著、张晖编:《中国文学的抒情传统:陈世骧古典文学论集》,生活·读书·新知三联书店2015年版,第17页。

④ 徐承:《中国抒情传统学派研究》,中国社会科学出版社2015年版,第71页。

⑤ 林庚以大半个世纪的时间写成了三部中国文学史,分别是1947年《中国文学史》(厦门大学出版社)、1954—1957年《中国文学简史》(上海文艺联合出版社、古典文学出版社)、1995年《中国文学简史》(北京大学出版社)。林庚以"诗的"语言策略来酝酿经营全书的论述模式,故而他的文学史显得非常与众不同。

⑥ 林庚:《谈文学史研究》,载《林庚诗文集》第9卷,清华大学出版社2005年版,第276页。

⑦ 林庚:《漫谈中国古典诗歌的艺术借鉴——诗的国度与诗的语言》,载《林庚诗文集》第7卷,清华大学出版社2005年版,第171页。

⑧ 林庚:《漫谈中国古典诗歌的艺术借鉴——诗的国度与诗的语言》,载《林庚诗文集》第7卷,清华大学出版社2005年版,第174页。

（三）陈世骧和高友工的努力探索

陈世骧承前辈同仁所论，从中西比较的视野，从字源学、人类学的视角，通过考证和溯源，提出中国有一个“抒情传统”的新观念。

在正式推出“中国抒情传统”论之前，陈世骧已经为此努力探索了多年。从英译陆机《文赋》开始，他就站在中西比较的视野进行中国古典文学研究。在1951年发表的《寻绎中国文学批评的起源》一文中，就指出“最早的古代中国文学批评观念，建立在对《诗经》(Book of Odes)中简短得多的抒情诗、美刺诗的审视之上”[①]，并从字源学的角度考察了“诗”“志”“情”等批评关键字词的原始含义及其批评启迪。在1953年发表的《中国文学的文化要义》一文中，他又从考证“文”字的本义及其所代表的审美观念出发探讨中国文学的文化特质，指出“同质性(homogeneity)无疑是中国文学中起最大作用的价值观之一的起源”[②]。在1959年撰写的《中国“诗”字之原始观念试论》中，他进一步“援引较可适用的比较文学，和比较文字学的方法”深入探求“诗”字之原始构成因素[③]，得出这样的结论：“诗”字与西方的“life”一样，其字根含有两面性，从原始构成上就有一个明确的意象，即“蕴止于心，发之于言，而还带有与舞蹈歌永同源同气的节奏的艺术”[④]。1969年撰写的《原兴：兼论中国文学特质》又从字源学、人类学的角度考察了“兴”字的原始意义及其意涵发展，指出“兴”字的基本意义起源比“诗”字早，“乃是初民合群举物旋游时所发出的声音”[⑤]，“是初民合群歌乐的基础”[⑥]，脱颖而出的领唱者“回溯歌曲的题旨，流露出有节奏感有表情的章句，这些章句构成主题，如此以发起一首歌诗，同时决定此一歌诗音乐方面乃至情调方面的特殊形态。此即古诗歌

---

① 陈世骧：《寻绎中国文学批评的起源》，刘倩译，载陈世骧著、张晖编：《中国文学的抒情传统：陈世骧古典文学论集》，生活·读书·新知三联书店2015年版，第12页。

② 陈世骧：《中国文学的文化要义》，石旻译，载陈世骧著、张晖编：《中国文学的抒情传统：陈世骧古典文学论集》，生活·读书·新知三联书店2015年版，第34页。

③ 陈世骧：《中国“诗”字之原始观念试论》，载陈世骧著、张晖编：《中国文学的抒情传统：陈世骧古典文学论集》，生活·读书·新知三联书店2015年版，第83页。

④ 陈世骧：《中国“诗”字之原始观念试论》，载陈世骧著、张晖编：《中国文学的抒情传统：陈世骧古典文学论集》，生活·读书·新知三联书店2015年版，第99页。

⑤ 陈世骧：《原兴：兼论中国文学特质》，载陈世骧著、张晖编：《中国文学的抒情传统：陈世骧古典文学论集》，生活·读书·新知三联书店2015年版，第115页。

⑥ 陈世骧：《原兴：兼论中国文学特质》，载陈世骧著、张晖编：《中国文学的抒情传统：陈世骧古典文学论集》，生活·读书·新知三联书店2015年版，第117页。

里的'兴',见于《诗经》作品的各部分"[①]。这些论述均体现出他在中西比较视野下对中国文学特质的苦苦探寻,为后来推出"抒情传统"学说打下了思想基础。

1971年,陈世骧在《论中国抒情传统》一文正式推出"中国抒情传统"这一命题。他开门见山地指出"与欧洲文学传统——我称之为史诗的及戏剧的传统——并列时,中国的抒情传统卓然显现"[②]。这一命题源自他对中西文学"文类"的研究,他认为中国文学创作虽然取得了毫不逊色欧洲文学的成绩,却没有类似史诗的作品,戏剧也出现得很晚,只有诗这一中国文学的核心"文类"可以代表中国文学,而中国诗自一出现就表现出了强烈的抒情特质,所以"中国文学的荣耀别有所在,在其抒情诗"[③]。随后,陈世骧在追述中国文学发展脉络的过程中进一步论证了中国文学的抒情精神。《诗经》和《楚辞》作为中国文学传统的源头,将"歌——或曰:言词乐章(word-music)所具备的形式结构,以及在内容或意向上表现出来的主体性和直抒胸臆(self-expression)"[④]这两大定义抒情诗的基本要素结合了起来,确定了中国文学创作的主要航道,"从此以后,中国文学注定要以抒情为主导"[⑤]。汉代两大文类——乐府和赋"拓宽并加深了以抒情精神为主导的中国文学传统的主流"[⑥]。抒情文学为主导的局面"贯穿六朝、唐代甚至更久远,而其他方面如叙事或戏剧的发展,都只能靠边站,长期萎弱不振,或者是被兼并、淹没"[⑦]。甚至"当戏剧和小说的叙事艺术极其迟缓地登场以后,抒情精神依然继续主导,渗透,甚或颠覆它们"[⑧]。通过上述回顾,他得出的结论是:"如果说中国文

① 陈世骧:《原兴:兼论中国文学特质》,载陈世骧著、张晖编:《中国文学的抒情传统:陈世骧古典文学论集》,生活·读书·新知三联书店2015年版,第118页。

② 陈世骧:《论中国抒情传统》,杨彦妮、陈国球合译,载陈世骧著、张晖编:《中国文学的抒情传统:陈世骧古典文学论集》,生活·读书·新知三联书店2015年版,第4页。

③ 陈世骧:《论中国抒情传统》,杨彦妮、陈国球合译,载陈世骧著、张晖编:《中国文学的抒情传统:陈世骧古典文学论集》,生活·读书·新知三联书店2015年版,第4页。

④ 陈世骧:《论中国抒情传统》,杨彦妮、陈国球合译,载陈世骧著、张晖编:《中国文学的抒情传统:陈世骧古典文学论集》,生活·读书·新知三联书店2015年版,第5页。

⑤ 陈世骧:《论中国抒情传统》,杨彦妮、陈国球合译,载陈世骧著、张晖编:《中国文学的抒情传统:陈世骧古典文学论集》,生活·读书·新知三联书店2015年版,第5页。

⑥ 陈世骧:《论中国抒情传统》,杨彦妮、陈国球合译,载陈世骧著,张晖编:《中国文学的抒情传统:陈世骧古典文学论集》,生活·读书·新知三联书店2015年版,第5—6页。

⑦ 陈世骧:《论中国抒情传统》,杨彦妮、陈国球合译,载陈世骧著,张晖编:《中国文学的抒情传统:陈世骧古典文学论集》,生活·读书·新知三联书店2015年版,第6页。

⑧ 陈世骧:《论中国抒情传统》,杨彦妮、陈国球合译,载陈世骧著,张晖编:《中国文学的抒情传统:陈世骧古典文学论集》,生活·读书·新知三联书店2015年版,第6页。

学传统从整体而言就是一个抒情传统,大抵不算夸张"[①]。并进一步指出"可以将中国文学的传统……摆放在一个聚焦点下,与欧洲文学传统并置、区辨"[②],以便理解中西迥异的文学批评传统——"以史诗和戏剧为首要关注点的欧洲古典批评传统,启动了后世西方讲求客观分析情节、行动和角色,强调冲突和张力的趋向……倾重抒情诗的中国古典批评传统,则关注诗艺中披离纤巧的细项经营,音声意象的召唤能力,如何在主观情感与移情作用感应下,融和成一篇整全的言词乐章(word-music)"[③]。陈世骧此文犹如宣言一般具有纲领性作用,可谓"一鸣惊人",引起了广泛关注。

高友工是"陈世骧之后最重要的抒情论者"[④],可谓"一代宗师"。他从陈世骧"中国抒情传统"论薄弱的理论环节入手,利用中西学术资源对"中国抒情传统"学说进行理论奠基和体系搭建,使陈世骧所论"获得进一步的论题化,更加的知识系统化,扩大为中国抒情美学这样的论题,而把论述拉高到哲学的抽象层次"[⑤]。

高友工借用西方哲学及美学资源[⑥]在共时态上对"抒情传统"进行理论建设,并引用中国哲学[⑦]及文学艺术资源在历时态上对"抒情传统"进行体系搭建,"重构"中国历史上各个时期、各种艺术体类的抒情美典。他的著述不算多[⑧],但却体系严明、极有分量,被台湾学者柯庆明称为"就个人阅读所及应是廿世纪以中文

---

① 陈世骧:《论中国抒情传统》,杨彦妮、陈国球合译,载陈世骧著、张晖编:《中国文学的抒情传统:陈世骧古典文学论集》,生活·读书·新知三联书店2015年版,第6页。

② 陈世骧:《论中国抒情传统》,杨彦妮、陈国球合译,载陈世骧著、张晖编:《中国文学的抒情传统:陈世骧古典文学论集》,生活·读书·新知三联书店2015年版,第6页。

③ 陈世骧:《论中国抒情传统》,杨彦妮、陈国球合译,载陈世骧著、张晖编:《中国文学的抒情传统:陈世骧古典文学论集》,生活·读书·新知三联书店2015年版,第8页。

④ 龚鹏程:《成体系的戏论:论高友工的抒情传统》,载台湾《清华中文学报》2009年第3期。

⑤ 黄锦树:《抒情传统与现代性:传统之发明,或创造性的转化》,载陈国球、王德威编:《抒情之现代性:"抒情传统"论述与中国文学研究》,生活·读书·新知三联书店2014年版,第692页。

⑥ 主要包括分析哲学、心理学美学、英美"新批评"、意象派与象征主义诗论、结构主义诗学、语言学、符号学、原型批评、意识批评等思想方法与阐释工具。

⑦ 主要指台湾新儒家学派方东美、徐复观、牟宗三等人的思想理论。

⑧ 高友工在中文世界只发表过几篇论文,后来这些论文被集结出版。其中,三篇唐诗研究论文被辑为一册,题为《唐诗的魅力——诗语的结构主义批评》(上海古籍出版社1989年版)出版;另外一些关于抒情美典的论文被收集编校,在中国台湾以《中国美典与文学研究论集》(台湾大学出版中心2004年版)为题进行出版,后来又在中国大陆以《美典:中国文学研究论集》(三联书店2008年版)为题增订出版。

撰述的最为深入又最为周密的文学研究的理论分析"[1]。

在理论建设上,《文学研究的理论基础——试论"知"与"言"》一文相当于导论。高友工从区分"现实之知"和"经验之知"开始,分别对应"分析语言"和"象征语言",并认为"现实之知"和"分析语言"是现代西方文学批评的主要对象和工具,而"经验之知"和"象征语言"则是中国古代文学批评的主要对象和工具,指明文学研究应借用西方的分析方法来处理由"经验之知"和"象征语言"构成的批评传统。[2]《文学研究的美学问题(上):美感经验的定义与结构》和《文学研究的美学问题(下):经验材料的意义与解释》两文则沿着此思路,试图以西方的分析方法勾勒一个"能兼容中西文化中的美学范畴与价值"[3]的理论蓝图。前者隆重推出了"美感经验"一词,指出美感经验的本质是在"自我感"与"现时感"作用下的"再经验"。[4]后者则从经验材料出发,认为美感经验的对象——感象由"直觉印象""等值通性""延续关系""外缘语境"四类情境产生,而"直觉印象"处于最低层次,"等值通性"和"延续关系"处于较高层次,"外缘语境"处于最高层次。据此,他将话题转移到"抒情传统"上面,指出"抒情传统"和"描写、叙述传统"的根本区别在于前者作品中的经验"本体""代体"及创作主体在对"个人心境"的体验中融合了;而后者作品中作为"外在物境"的"本体"与模拟它的"代体",以及作为描述者的主体却是各自独立的。且从"外缘语境"的角度来看,"抒情传统"是中国文化的理想精神,因此可以吸纳抒情诗及以外的所有艺术体类。[5]这三篇论文论证严密、逻辑完整,完成了高友工对"抒情传统"的理论奠基。

在体系搭建上,《中国文化史中的抒情传统》一文论述最为完整。高友工在此文中不仅以对举的方式明确定义了"抒情美典"和"叙事美典":抒情美典是以"自我现时"的经验为创作品的本体或内容,其目的是保存"自我现时"的经验,保存的方法是"内化"(internalization)与"象意"(symbolization);而叙事美典以艺术品为对象本身,以交流为目的,交流的方式始于"外观"(display)而终于"代表"

① 柯庆明:《导言》,载高友工《中国美典与文学研究论集》,(台北)台湾大学出版中心2004年版,第1页。

② 参见高友工:《文学研究的理论基础——试论"知"与"言"》,载《中国美典与文学研究论集》,(台北)台湾大学出版中心2004年版,第1—20页。

③ 高友工:《文学研究的美学问题(上):美感经验的定义与结构》,载《中国美典与文学研究论集》,(台北)台湾大学出版中心2004年版,第21页。

④ 参见高友工:《文学研究的美学问题(上):美感经验的定义与结构》,载《中国美典与文学研究论集》,(台北)台湾大学出版中心2004年版,第21—43页。

⑤ 参见高友工:《文学研究的美学问题(下):经验材料的意义与解释》,载《中国美典与文学研究论集》,(台北)台湾大学出版中心2004年版,第44—103页。

(representation)。[①]还以时间为序梳理了中国文学艺术史上的抒情美典,认为先秦乐论中所包含的音乐观已经具备了抒情美典的主要特征[②];汉魏六朝出现的《诗大序》《文赋》《文心雕龙》等既是代表性文论,也于抒情美典的意涵有充分体现[③];而隋唐兴起的律诗和草书则是最具代表性的抒情美典;宋元绘画是体现了融合之美的抒情美典。《试论中国艺术精神》一文是对徐复观《中国艺术精神》的致敬和对《中国文化史中的抒情传统》的补充。《律诗的美学》一文则专门对律诗美典进行了更深入详尽的论述。《小令在诗传统中的地位》《词体之美典》《中国叙述传统中的抒情境界——〈红楼梦〉与〈儒林外史〉读法》等文则是接续《律诗的美学》所论,讨论律诗之后的词(小令、长调)、小说等文体的抒情美典意义。至此,他关于"中国抒情传统"的各代、各体抒情美典的架构已经搭建起来了。

由陈世骧开创、高友工搭建的"中国抒情传统"体系,"深深地影响了大陆地区以外不止一代的中国文学研究者"[④],并在北美和中国台湾形成了掀起热潮,也直接促成了一个学术流派的积聚成形。

二、"中国抒情传统"学说的发展深化

陈世骧、高友工关于"中国抒情传统"的学术体系建构完成之后,在北美、中国台湾、新加坡等地引起广泛回应,渐次出现三波发展浪潮:第一波是高友工在普林斯顿大学指导的两位高足——孙康宜、林顺夫在中国诗词研究上继续发扬其师的学说,在北美形成相当的影响力;第二波是中国台湾的"抒情传统"热潮,主要由蔡英俊、吕正惠、张淑香、郑毓瑜等学者"扬其波";第三波是任教于新加坡的萧驰和美籍华裔学者王德威分别从古典诗学研究和中国现当代文学研究上自觉接续"中国抒情传统"论。

(一)第一波发展浪潮

高友工从美感经验的角度创设"抒情美典"并搭建"中国抒情传统"美学体系

---

① 参见高友工:《中国文化史中的抒情传统》,载《中国美典与文学研究论集》,(台北)台湾大学出版中心2004年版,第107—108页。

② 高友工:《中国文化史中的抒情传统》,载《中国美典与文学研究论集》,(台北)台湾大学出版中心2004年版,第124—127页。

③ 高友工:《中国文化史中的抒情传统》,载《中国美典与文学研究论集》,(台北)台湾大学出版中心2004年版,第128—136页。

④ 陈国球:《陈世骧论中国文学——通往"抒情传统论"之路》,载台湾《汉学研究》2011年第2期。

的学术思想和治学思路对其当时在普林斯顿指导的两位高足——孙康宜和林顺夫影响极大，两人先后撰写中国诗词研究方面的著述来声援和发扬其师的抒情美学思想。

孙康宜的《抒情与描写：六朝诗歌概论》[①]和《晚唐迄北宋词体演进与词人风格》（中译本在中国大陆出版时更名为《词与文类研究》）[②]可看成是高友工《律诗的美学》一文的前奏和后续。前者通过陶渊明、谢灵运、鲍照、谢朓、庾信五位六朝诗人的个案研究"来标示六朝诗歌中'抒情'和'描写'渐趋接近的漫长里程"，从而关注"传统与个人创作的相互作用"；[③]并表明六朝诗对抒情与描写（尤其是抒情式描写）的探索已经穷极了诸般可能，对诗歌格律形式的探索也已臻高峰。几乎预示了律诗的出场。后者同样从个案研究入手，以温庭筠、韦庄、李煜、柳永、苏轼五位词人为例，通过分析具体词作来展示文人词在晚唐至北宋年间的演进轨迹，指出词因为高度文人化、形式化而取代诗的地位成为"纯抒情最佳的媒介"[④]；而律诗依靠平行性描写取得的情景交融的意境在词体中演变成了"弦外之音"和"直言无隐"等风格，成就了不同于律诗美典的新的抒情美典。

林顺夫的《中国抒情传统的转变——姜夔与南宋词》[⑤]也从姜夔的个案研究切入，见微知著地反映南宋词史和中国抒情传统在姜夔时代的转变，而这种转变与咏物词在姜夔手上的发展成熟密切相关。林顺夫采用结构分析法对姜夔词的正文与序进行了剖析，认为其多数词的正文着力表现了"抒情主体的当下经

① Kang-I Sun Chang: *Six Dynasties Poetry*, Princeton: Princeton University Press, 1986。中译本中国台湾版参见孙康宜：《抒情与描写：六朝诗歌概论》，钟振振译，（台北）允晨文化实业股份有限公司2001年版。中译本中国大陆版参见孙康宜：《抒情与描写：六朝诗歌概论》，钟振振译，上海三联书店2006年版。

② Kang-I Sun Chang: *The Evolution of Chinese Tz'u Poetry: From Late Tang to Northern Sung*, Princeton: Princeton University Press, 1980。中译本台湾版参见孙康宜：《晚唐迄北宋词体演进与词人风格》，李奭学译，（台北）联经出版事业公司1994年版；中译本大陆版参见孙康宜《词与文类研究》，李奭学译，北京大学出版社2004年版。

③ 参见孙康宜：《抒情与描写：六朝诗歌概论》，钟振振译，（台北）允晨文化实业股份有限公司2001年版，第7—8页。

④ 孙康宜：《晚唐迄北宋词体演进与词人风格》，李奭学译，（台北）联经出版事业公司1994年版，第200页。

⑤ Shun-fu Lin: *The Transformation of the Chinese Lyrical Tradition: Chiang K'uei and Southern Sung Tz'u Poetry*, Princeton: Princeton University Press, 1978。中译本参见林顺夫《中国抒情传统的转变——姜夔与南宋词》，张宏生译，上海古籍出版社2005年版。

验"[①],而其多数词的序则是对词人创作行为的背景描述,对正文所表现的情境有补充参照作用。但这种情形在姜夔咏物词上发生了变化,"序和词两不相关",这是"重'物'的必然结果",揭露出"'咏物'这一新的形式本身就是更大规模的艺术整体,而不必依赖于序与词的互补"。[②]

作为高友工的嫡系门徒,孙康宜与林顺夫皆在著述中不时回顾和阐发其师高友工的抒情美学思想,并直接继承了其师在分析哲学、结构主义诗学、意识批评等方面的研究方法。孙、林二者的研究进一步扩大了陈世骧及高友工"中国抒情传统"学说在北美的影响力,致使当时的很多学者均对此说表示认同。如威斯康辛大学的林毓生就说:"中文是世界上最优美的文字之一,它特别能够表达具体的感情与丰富的意象,所以它特别适合抒情。有人说,中国文化是诗的文化,中华民族是重情的民族,如只看这句话所要表达的重点所在,它不是没有道理的。"[③]加拿大的叶嘉莹也在其著作中说:"中国之韵文一向是以抒情为其主要之传统的。关于中国诗歌之抒情传统,本质上就是一条感觉与感情的系带,它系连了个人与社会,并扩充到自然界。而当这种浑然一体之情,从时间上纵的延伸下来,就产生了连绵不断的历史意识,透过记忆之长流,把现在与过去结成了一体,并奔向了未来。"[④]除此之外,美国学者宇文所安也被认为对此说有感应和可堪比拟的思考[⑤],有一定的贡献作用[⑥]。

(二)第二波发展浪潮

20世纪下半叶,陈世骧、高友工都曾受邀赴台讲学,并在台湾学术期刊发表论文,其建构的"中国抒情传统"学说在台湾中文学界,"影响了一个年轻世代,刺

① 林顺夫:《中国抒情传统的转变——姜夔与南宋词》,张宏生译,上海古籍出版社2005年版,第47页。

② 参见林顺夫:《中国抒情传统的转变——姜夔与南宋词》,张宏生译,上海古籍出版社2005年版,第64—65页。

③ 林毓生:《中国传统的创造性转化》,生活·读书·新知三联书店2011年版,第3页。

④ 叶嘉莹:《进入古典诗词之世界的两支门钥》,载《我的诗词道路》,河北教育出版社1997年版,第128—129页。

⑤ 参见陈国球、王德威编:《抒情之现代性:"抒情传统"论述与中国文学研究》,生活·读书·新知三联书店2014年版,第317页。

⑥ 参见王德威:《引言》,载陈国球、王德威编《抒情之现代性:"抒情传统"论述与中国文学研究》,生活·读书·新知三联书店2014年版,第3页。

激生产了一批重要的研究成果"[①]。在蔡英俊、吕正惠、张淑香、郑毓瑜等学者的努力下,"中国抒情传统"学说迅速在中国台湾落地生根。

蔡英俊是台湾最早接受"中国抒情传统"学说的学者之一。早在20世纪80年代,他就组织岛内青年学者撰写以"中国抒情传统"为主题的论文,回应陈世骧、高友工所论,编为《抒情的境界》和《意象的流变》两本文集[②]。"前者'选择若干主题来勾勒中国文学所呈示的若干面向';后者是小规模的重写文学史,关切的是语言形式所显现的心灵倾向"[③]。后来蔡英俊又独立撰写了相关著作,集中对"中国抒情传统"论的核心诗学观念进行阐发。《比兴、物色与情景交融》[④]是蔡英俊的成名作,其旨在"清楚而完整地说明'情景交融'的历史发展与理论架构"[⑤]。蔡英俊认为"'比、兴'、'物色'与'形似'等观念的提出,清楚地说明了宋代以前的批评家为'情、景'问题找寻最合适、最确当的术语的努力"[⑥],将"比兴""物色""形似"等概念都纳入到了"情景交融"概念的发展轨道上,从而建构起一个专以抒情为目的的批评观念史。《中国古典诗论中"语言"与"意义"的论题:"意在言外"的用言方式与"含蓄"的美典》[⑦]一书则继续探讨与"情景交融"相关的另外两个批评概念——"意在言外"与"含蓄"。蔡英俊认为"'含蓄'的美典具体体现了中国古典诗学传统中一种整合性的审美价值或审美理想,可以包括'意在言外'所展现的各种特定而具体的表现手法,如'寄托'与'神韵'等"[⑧],据此他完成了"情景交融"——"意在言外"——"含蓄"这一组批评概念的逻辑轨迹搭建。

吕正惠也是较早接手"中国抒情传统"论的台湾学者之一。他对"中国抒情

① 参见黄锦树:《抒情传统与现代性:传统之发明,或创造性的转化》,载陈国球、王德威编:《抒情之现代性:"抒情传统"论述与中国文学研究》,生活·读书·新知三联书店2014年版,第695页。

② 刘岱总编、蔡英俊编:《中国文化新论文学篇一:抒情的境界》,(台北)联经出版事业公司1982年版;刘岱总编、蔡英俊编:《中国文化新论文学篇二:意象的流变》,(台北)联经出版事业公司1982年版。

③ 黄锦树:《抒情传统与现代性:传统之发明,或创造性的转化》,载陈国球、王德威编:《抒情之现代性:"抒情传统"论述与中国文学研究》,生活·读书·新知三联书店2014年版,第695—696页。

④ 参见蔡英俊:《比兴、物色与情景交融》,(台北)大安出版社1986年版,第1页。

⑤ 蔡英俊:《比兴、物色与情景交融》,(台北)大安出版社1986年版,第1页。

⑥ 蔡英俊:《比兴、物色与情景交融》,(台北)大安出版社1986年版,第338页。

⑦ 参见蔡英俊:《中国古典诗论中"语言"与"意义"的论题:"意在言外"的用言方式与"含蓄"的美典》,(台北)学生书局2001年版。

⑧ 蔡英俊:《中国古典诗论中"语言"与"意义"的论题:"意在言外"的用言方式与"含蓄"的美典》,(台北)学生书局2001年版,第106页。

传统”学说的声援主要体现在其论文集《抒情传统与政治现实》[①]中，其中《物色论与缘情说——中国抒情美学在六朝的开展》[②]一文尤为值得关注。在该文中，吕正惠修正了陈世骧的抒情传统起源论，把《古诗十九首》所表现的“感物”“叹逝”而“缘情”的诗歌经验作为中国抒情传统的新起点：“早期五言诗，尤其是《古诗十九首》，成为中国抒情传统的真正‘源头’，而更早以前的《诗经》和《楚辞》则只能算是‘远祖’。……对于这一新形成的文学现象所作的全盘的理论反省，可能始自于陆机。他正式铸造‘诗缘情’一语，并以‘叹逝’和‘感物’来笼括‘物色’问题……到了刘勰跟钟嵘……对于诗所下的定义，已经把‘情’‘物’两者都涵摄进去了……‘物色’与‘缘情’，是中国独特的抒情美学的初步开展。”[③]

台湾大学张淑香也对阐发“中国抒情传统”学说有重大贡献，她的论文集《抒情传统的省思与探索》[④]当时在华语世界很有影响力。卷首的两篇理论文章——《论“诗可以怨”》[⑤]和《抒情传统的本体意识——从理论的“演出”解读〈兰亭集序〉》[⑥]都令人耳目一新。前者从中西比较哲学的视野出发对孔子“诗可以怨”的命题进行思想阐发，认为“‘怨’作为中国悲剧意识的独特表现，与西方悲剧意识的表现对照……是一种温和节制的悲剧情感而非强烈的生命力与意志力之奔迸激扬……所以‘怨’的悲剧意识之表现于中国文学中便自然形成一种接近于‘诗’的特质，一种抒情的传统……故单从生命的悲剧意识之表现一端看，中国文学之重诗，言‘诗可以怨’；西方文学之重戏剧史诗或小说，谓悲剧可以使人之情绪得以发散，正足以说明反映中西文艺精神之不同”[⑦]。后者则试图“追寻隐藏在现象背后的根源，从发生学与本体论的观点来思考构成抒情传统的此一特质的因

① 吕正惠：《抒情传统与政治现实》，(台北)大安出版社1989年版。

② 吕正惠：《物色论与缘情说——中国抒情美学在六朝的开展》，载《抒情传统与政治现实》，(台北)大安出版社1989年版，第3—34页。

③ 吕正惠：《物色论与缘情说——中国抒情美学在六朝的开展》，载《抒情传统与政治现实》，(台北)大安出版社1989年版，第33—34页。

④ 张淑香：《抒情传统的省思与探索》，(台北)大安出版社1992年版。

⑤ 张淑香：《论“诗可以怨”》，载《抒情传统的省思与探索》，(台北)大安出版社1992年版，第3—39页。

⑥ 张淑香：《抒情传统的本体意识——从理论的“演出”解读〈兰亭集序〉》，载《抒情传统的省思与探索》，(台北)大安出版社1992年版，第41—62页。

⑦ 张淑香：《论“诗可以怨”》，载《抒情传统的省思与探索》，(台北)大安出版社1992年版，第33—34页。

缘”，即所谓的“抒情传统的本体意识”。[①]张淑香认为，这个抒情的本体意识，在王羲之的《兰亭集序》中已经有了自觉的理论性的表达，此文作为一个抒情传统理论的“演出”，它直接从人类集体共存交感的本体意识来肯定唯情的自本自根性意义，俨然成为抒情传统正本清源的宣言。这篇被张淑香自认为对“中国抒情传统”研究补充了一个“最根本的理论环节”[②]的文章被黄锦树称为“最具野心”[③]的论文。此外，文集中论小说的两篇文章《从惊天动地到寂天寞地——〈水浒传〉结局之诠释》[④]和《顽石与美玉——〈红楼梦〉神话结构论之一》[⑤]延续了高友工《中国叙述传统中的抒情境界——〈红楼梦〉与〈儒林外史〉读法》一文的研究思路，对《水浒传》和《红楼梦》这两部小说的抒情意境进行了阐发。论现代作家台静农散文集的文章《鳞爪见风雅——谈台静农先生的〈龙坡杂文〉》[⑥]则昭显了抒情传统对中国文人的影响历经“文学革命”犹然存在，并得到了新的发扬。

台湾大学郑毓瑜则是“中国抒情传统”学说的“后起之秀”[⑦]，她在此说上有很多新的创见。《诠释的界域——从〈诗大序〉再探“抒情传统”的建构》[⑧]一文最能体现她的学术见解，在该文中郑毓瑜回顾了陈世骧、高友工、蔡英俊、吕正惠、张淑香等的一系列研究成果，指出这些抒情传统论可以上溯远古，也可以自六朝往下发展，但中间这一大段时期相形之下就受到了忽视，因此她着眼于论述被忽视的历史时段，主张从《诗大序》中去探寻抒情传统论的存在空间。经过研究，她发现

① 张淑香：《抒情传统的本体意识——从理论的“演出”解读〈兰亭集序〉》，载《抒情传统的省思与探索》，(台北)大安出版社1992年版，第41—42页。

② 张淑香：《抒情传统的本体意识——从理论的“演出”解读〈兰亭集序〉》，载《抒情传统的省思与探索》，(台北)大安出版社1992年版，第61—62页。

③ 黄锦树：《抒情传统与现代性：传统之发明，或创造性的转化》，载陈国球、王德威编：《抒情之现代性：“抒情传统”论述与中国文学研究》，生活·读书·新知三联书店2014年版，第697页。

④ 张淑香：《从惊天动地到寂天寞地——〈水浒传〉结局之诠释》，载《抒情传统的省思与探索》，(台北)大安出版社1992年版，第195—222页。

⑤ 张淑香：《顽石与美玉——〈红楼梦〉神话结构论之一》，载《抒情传统的省思与探索》，(台北)大安出版社1992年版，第223—251页。

⑥ 张淑香：《鳞爪见风雅——谈台静农先生的〈龙坡杂文〉》，载《抒情传统的省思与探索》，(台北)大安出版社1992年版，第271—322页。

⑦ 柯庆明：《序》，载柯庆明、萧驰主编《中国抒情传统的再发现——一个现代学术思潮的论文选集》上册，(台北)台湾大学出版中心2009年版，第4页。

⑧ 郑毓瑜：《诠释的界域——从〈诗大序〉再探“抒情传统”的建构》，载台湾《中国文哲研究集刊》2003年第23期；后以《〈诗大序〉的诠释界域——“抒情传统”与类应世界观》为题，收录于郑毓瑜《文本风景：自我与空间的相互定义》，(台北)麦田出版社2005年版，第239—292页。

《诗大序》在“诗言志”的论述上有刻意剪接或错接《乐记》、荀子《乐记》甚至《虞书》等资料的嫌疑，可见所谓“自我（表达）”的产生其实与资料出处原本充满社会性的语境有着某种程度的拉锯或歧异，因此她并不认同前人预先设定了抒情传统本来就“应该”是个体自我的发展过程的观点，而认为自“引诗为比”以来所触连起的世界关系网才是“抒情传统”最具深广的存在背景。她推翻了“抒情自我”以表现“内在、主观”为重的观念，转而认为“引譬连类”的思维实际参与了抒情传统的建构。这种思路在《身体时气感与汉魏“抒情”诗——汉魏文学与〈楚辞〉〈月令〉的关系》[①]和《从病体到个体——“体气”与早期抒情说》[②]两文中得到了继续贯彻。在前者中，他指出从《楚辞》和《月令》所提供的气化宇宙观来看，汉魏抒情诗中的自然意象联系着一个在古人知识记忆中被给定的时气物候系统，诗人在类应原则下加以联想触引并应和通感，便能在气化感通中感知天与人交涉互动的整体情绪场域，因此“一直以来着重‘抒情自我’的发现，强调内在、主观的优位性；如果是从相感相应的角度看待……那么个人自我在‘感物’这件事情上就不必具有绝对主动或先发性”[③]。在后者中，她通过对《左传》《礼记》《楚辞》等文献的考察，指出“抒情”并不完全反映作者个人的内心自觉，而更可能是一种舒放体气的方式，以便解决人体的病痛问题，因此“由于是在‘体气’的基础上谈‘应（物）（兴）感’，气态的张弛、缩放正具体化了情思意绪的起落、起伏……所谓‘抒情’应该可以容纳各种不同向度的体气震荡，这不拘限于任何题材（声色万物或情志个性）或目的（如群己关系或天人关系），而是体现一个动情荡气的世界”[④]。

此外，柯庆明的研究也值得关注。他虽未能成为“抒情传统”学说的忠实粉

---

① 郑毓瑜：《身体时气感与汉魏“抒情”诗——汉魏文学与〈楚辞〉〈月令〉的关系》，载台湾《汉学研究》2004年第2期；又载郑毓瑜《文本风景：自我与空间的相互定义》，（台北）麦田出版社2005年版，第293—343页；又载柯庆明、萧驰主编《中国抒情传统的再发现——一个现代学术思潮的论文选集》上册，台湾大学出版中心2009年版，第89—128页。

② 郑毓瑜：《从病体到个体——“体气”与早期抒情说》，载杨儒宾、祝平次主编《儒学的气论与功夫论》，（台北）台湾大学出版中心2005年版，第417—459页；又载柯庆明、萧驰主编《中国抒情传统的再发现——一个现代学术思潮的论文选集》上册，（台北）台湾大学出版中心2009年版，第53—88页；后以《“体气”与“抒情”说》为题，收录于郑毓瑜《引譬连类：文学研究的关键词》，（台北）联经出版事业公司，2012年版，第61—103页。

③ 郑毓瑜：《身体时气感与汉魏“抒情”诗——汉魏文学与〈楚辞〉〈月令〉的关系》，载柯庆明、萧驰主编《中国抒情传统的再发现——一个现代学术思潮的论文选集》上册，（台北）台湾大学出版中心2009年版，第92页。

④ 郑毓瑜：《从病体到个体——“体气”与早期抒情说》，载柯庆明、萧驰主编《中国抒情传统的再发现——一个现代学术思潮的论文选集》上册，台湾大学出版中心2009年版，第87—88页。

丝，但却被认为能对此说在台湾的发展起到串联作用[①]。他早年曾撰文追踪抒情传统的线索，肯定存在一个“抒情传统”，但他的思维“通观衢路，不偏执于一”，故也并不吝惜指出此说的偏颇之处。如他在《悲剧情感与命运——陈世骧先生〈中国诗之分析与鉴赏示例〉一文若干论点之再思》[②]中就对陈世骧的中国悲剧论进行检讨。在讨论中国诗歌时，他也不局限于“抒情”论，也会探讨“叙事诗”，提出抒情诗外别有“叙事诗的传统”。他在后来发表的《从“现实反应”到“抒情表现”——略论〈古诗十九首〉与中国诗歌发展》一文[③]中仍表现出对“抒情传统”论持有存疑的态度。[④]故而他能在此学说牵动热潮的情况下始终保持客观冷静。

“中国抒情传统”学说在台湾的这一批论者虽然继承了陈世骧、高友工的主要观点，但大多舍弃了西方哲学及美学理论和方法，而着重从中国古代哲学和文学批评中寻找养分，使“中国抒情传统”学说走上了本土化之路。

（三）第三波发展浪潮

20世纪末、21世纪初，“中国抒情传统”学说在中国台湾以外继续壮大发展，这主要归功于萧驰和王德威。

出身中国大陆、游学美国、任教于新加坡的学者萧驰从1998年开始调整学术思路，自觉向“中国抒情传统”靠拢，他先将自己的古典诗学论文集命名为《中国抒情传统》[⑤]，并撰写自序追述了陈世骧、高友工、孙康宜、林顺夫、蔡英俊、吕正惠、张淑香等学者的抒情传统研究成果，还指出自己文集中各篇论文与上述诸人的研究有不谋而合之处。2003年他又出版专著《抒情传统与中国思想——王夫之诗学发微》[⑥]，以王夫之的诗学观念为研究对象，旨在“重现抒情传统与中国思

① 参见陈国球、王德威编：《抒情之现代性：“抒情传统”论述与中国文学研究》，生活·读书·新知三联书店2014年版，第450页。

② 柯庆明：《悲剧情感与命运——陈世骧先生〈中国诗之分析与鉴赏示例〉一文若干论点之再思》，载台湾《中外文学》1976年第2期，第98—107页。

③ 柯庆明：《从“现实反应”到“抒情表现”——略论〈古诗十九首〉与中国诗歌发展》，载《纪念许世英先生九十冥诞学术研讨会论文集》，台北文史哲出版社1999年版；后收入柯庆明《中国文学的美感》，（台北）麦田出版社2000年版，第153—180页。

④ 参见陈国球、王德威编：《抒情之现代性：“抒情传统”论述与中国文学研究》，生活·读书·新知三联书店2014年版，第455—457页。

⑤ 萧驰：《中国抒情传统》，台北允晨文化实业股份有限公司1999年版。

⑥ 萧驰：《抒情传统与中国思想——王夫之诗学发微》，上海古籍出版社2003年版。

想间一座天桥"[①]。2005年出版《佛法与诗境》[②]，对中国诗学中佛禅思想导引的纯感性的清净直观进行体认。2009年他与柯庆明合编《中国抒情传统的再发现——一个现代学术思潮的论文选集》[③]，对"中国抒情传统"学术谱系进行全面追认和检阅，界定"中国抒情传统"为"承陈世骧、高友工的学术思路而来，自中国思想文化的大历史脉络，或比较文化的背景去对以抒情为主体的中国文学艺术传统（而非局限于某篇作品）进行的具理论意义的探讨"[④]，并通过收录自己文章[⑤]入文集的做法使其作为该谱系成员的身份合法化。2011—2012年，他相继出版了"中国思想与抒情传统"三部曲——《玄智与诗兴》[⑥]、《佛法与诗境》[⑦]和《圣道与诗心》[⑧]。其中，唯第一卷《玄智与诗兴》为新著，第二、三卷分别是其旧作《佛法与诗境》和《抒情传统与中国思想——王夫之诗学发微》改头换面的再版。这三部曲从标题名称到时段安排上都效仿了牟宗三的中国哲学史三大名著——《才性与玄理》[⑨]、《佛性与般若》[⑩]、《心体与性体》[⑪]，体现出萧驰由明末清初（王夫之对宋明理学诗学观念的总结）至晋唐五代（受佛教影响的诗学观念）再至汉魏六朝（受玄学影响的诗学观念）进行逆向研究并最终形成相对完整的中国诗学观念史的治学路径。

王德威是美国中国现代文学研究的知名学者，他援引"中国抒情传统"学说

① 萧驰：《重现抒情传统与中国思想间一座天桥（代序）》，载《抒情传统与中国思想——王夫之诗学发微》，上海古籍出版社2003年版，第1—7页。

② 萧驰：《佛法与诗境》，中华书局2005年版。

③ 柯庆明、萧驰主编《中国抒情传统的再发现——一个现代学术思潮的论文选集》上下册，（台北）台湾大学出版中心2009年版。

④ 萧驰：《导言》，载柯庆明、萧驰主编《中国抒情传统的再发现——一个现代学术思潮的论文选集》上册，台湾大学出版中心2009年版，第6页。

⑤ 指萧驰：《论阮籍〈咏怀〉对抒情时观之再造》和《从"才子佳人"到〈红楼梦〉：文人小说与抒情传统的一段情结》两文。

⑥ 萧驰：《中国思想与抒情传统第一卷：玄智与诗兴》，（台北）联经出版事业公司2011年版。

⑦ 萧驰：《中国思想与抒情传统第二卷：佛法与诗境》，（台北）联经出版事业公司2012年版。

⑧ 萧驰：《中国思想与抒情传统第三卷：圣道与诗心》，（台北）联经出版事业公司2012年版。

⑨ 牟宗三：《才性与玄理》（与《名家与荀子》合为一册），（台北）联经出版事业公司2003年版。

⑩ 牟宗三：《佛性与般若》上下册，（台北）联经出版事业公司2003年版。

⑪ 牟宗三：《心体与性体》第3册，（台北）联经出版事业公司2003年版。

研究中国现代文学，撰写系列论文并四处演讲[1]，在华语学界引起震动。他考察“抒情传统”在现代文学中的新境况并非突发奇想，而是兼受“陈世骧—高友工—台湾学者”的中国抒情传统论述谱系与“普实克—夏志清—李欧梵”的中国现代文学研究统绪之双重沾溉的结果[2]。他不纠结“抒情传统”论的逻辑起点，而是沿述两大学术统绪的文学史观预设“中国抒情传统”的合法性，同意“抒情一直是文学想象和实践里的重要课题之一”[3]，并从“抒情”的面向上探讨“现代抒情主体”是怎样被一一建构的。他研究的出发点是不满于以往的现代文学研究过多关注革命、启蒙主体的倾向：“五四以来中国的文学论述以启蒙、革命是尚，一九四九年之后，宏大叙事更主导一切。”[4]因此他援引“抒情”论去研究沈从文、江文也、台静农、胡兰成及蒋光慈、瞿秋白、何其芳、陈映真、白先勇、李渝、钟阿城、海子、闻捷、施明正、顾城等在现代性境遇下地位颇显尴尬的抒情主体，尝试在革命、启蒙之外建构“抒情”作为中国文学现代性的又一面向。

经过这三波发展浪潮，“中国抒情传统”学说形成强大的学术谱系，“建立了二十世纪中国文学研究版图内具有强大解释效力的一套抒情论述和学术传统”[5]，从此“中国文学文化具备‘抒情精神’的讲法，已成为大陆以外华文地区的共识”[6]，“在大陆以外的中国文学研究，或多或少都曾受这个论述传统影响”[7]。

---

① 指王德威：《史诗时代的抒情声音——江文也的音乐与诗歌》（载《台湾文学研究集刊》2007年第3期）、《“有情”的历史——抒情传统与中国文学现代性》（载《中国文哲研究集刊》2008年第33期）、《抒情与背叛——胡兰成战争和战后的诗学政治》载（《台湾文学研究集刊》2009年第6期）、《国家不幸书家幸——台静农的书法与文学》（载《台大中文学报》2009年第31期）等论文，及在北京大学陆续发表关于“抒情传统与中国现代性”为题相关的演讲。这些论文和演讲内容后来结集为《抒情传统与中国现代性：在北大的八堂课》（生活·读书·新知三联书店2010年版）、《现代抒情传统四论》（台湾大学出版中心2011年版）、《史诗时代的抒情声音：二十世纪中期的中国知识分子与艺术家》（麦田出版社2017年版）出版。

② 参见徐承：《中国抒情传统学派研究》，中国社会科学出版社2015年版，第213—214页。

③ 王德威：《现代抒情传统四论》之《序》，（台北）台湾大学出版中心2011年版，第1页。

④ 王德威：《现代抒情传统四论》之《序》，（台北）台湾大学出版中心2011年版，第1页。

⑤ 吴盛青、高嘉谦：《抒情传统与维新时代：一个视域的形构（导言）》，载《抒情传统与维新时代——辛亥前后的文人、文学、文化》，上海文艺出版社2012年版，第8页。

⑥ 陈国球：《从律诗美典到中国文化史的抒情传统——高友工“抒情美典”初探》，载台湾《政大中文学报》2008年第10期。

⑦ 陈国球：《“抒情传统论”以前——陈世骧早期文学论初探》，载台湾《淡江中文学报》2008年第18期。

三、"中国抒情传统"学说的反思检视

当"中国抒情传统"学说不断壮大、声势渐隆,"大家几乎以此说为理所当然、不辩自明的事实"①之时,我国学界也出现了一些批判和质疑的声音,台湾、香港、大陆等地相继有论者对这一学说进行冷静反思与检视。在批判与质疑上,表现最为明显的是曾应和过"中国抒情传统"学说的台湾学者龚鹏程、颜昆阳,他们走上了与此说"渐行渐远"的研究之路;大陆学界也出现一些反对的意见。在检视和总结评价上,先有马来西亚华人学者黄锦树对此说进行整体反思和雄强总结,再有香港学者陈国球对此学术谱系中的重要个案展开深入考察与研究,还有诸多大陆学者对此学说进行全面研究和总结评价。

(一)批判与质疑

龚鹏程与颜昆阳早年曾参与过有关"抒情传统"的定期讨论会与集体撰著。但不久之后,他们就渐渐脱离了"抒情传统"学说,并开始撰文对此说提出正面质疑和批判。其中,龚鹏程的表现尤为引人注目。他早年的论文《从〈吕氏春秋〉到〈文心雕龙〉——自然气感与抒情自我》②,提出汉人以气感论性从而塑造了感性主体亦即抒情自我的观点,是关于抒情传统起源的又一说法。但当其发表《论李商隐的樱桃诗——假拟、代言、戏谑诗体与抒情传统间的纠葛》③一文时,就开始对"抒情传统"论提出正面质疑。他从语言文字本身的形式构建入手,指出假拟虚构才是文学的本质,古人的抒情言志往往并不"如实",因而在抒情言志传统之外或有另一相对的美学典范在成长着。这一美学典范就是他后来提及的"文字传统",他在《文化符号学》④一书的中国大陆版中提到"我们其实也可在'抒情传统'之外,再建构一条'文字传统'的脉络"⑤。后来他更是陆续发表《不存在的传

① 陈国球:《陈世骧论中国文学——通往"抒情传统论"之路》,载台湾《汉学研究》2011年第2期。

② 龚鹏程:《从〈吕氏春秋〉到〈文心雕龙〉——自然气感与抒情自我》,载《文学批评的视野》,(台北)大安出版社1980年版,第47—84页。

③ 龚鹏程:《论李商隐的樱桃诗——假拟、代言、戏谑诗体与抒情传统间的纠葛》,载《文学批评的视野》,(台北)大安出版社1980年版,第193—219页。

④ 龚鹏程:《文化符号学》,(台北)学生书局1992年版。

⑤ 龚鹏程:《文化符号学:中国社会的肌理与文化法则》,上海人民出版社2009年版,第412页。

统:论陈世骧的抒情传统》[1]和《成体系的戏文:论高友工的抒情传统》[2]等文章,直斥陈世骧首倡的"抒情传统"是一个不存在的传统、高友工的"抒情传统"论述体系只是一套权说或戏论,言词犀利,毫不留情。在其上下册《中国文学史》[3]中,龚鹏程也不时批评"抒情传统"说的各种"错谬",并一再否定抒情言志传统是中国文学的主流,指出"中国文章的大传统,其实不是抒情言志,而是说理叙事"[4],完全推翻了"中国抒情传统"学说。

颜昆阳早年也是"抒情传统"学说的热心论者,但在深入反省此学说的来龙去脉之后,他先后发文《从反思中国文学"抒情传统"之建构以论"诗美典"的多面向变迁与丛聚状结构》[5]和《混融、交涉、衍变到别用、分流、布体——"抒情文学史"的反思与"完境文学史"的构想》[6]等对"抒情传统"的偏蔽和盲点作出批判。他指出该说的缺陷:"这一论述谱系对中国文学'抒情'特质的指认,原是从中西比较文学的框架中获致。……当我们脱离中西比较文学的框架,回到中国文学的本身,如果仍然被绝对普遍性的'抒情'本质占据所有的诠释视域,而不能从经验现象层次去正视中国文学在不同历史时期、不同区域环境、不同社会阶层与群体、不同文学体类所呈现的相对'特殊性',仍旧将一切中国文学都涵摄在绝对普遍性的'抒情'本质去诠释,则中国文学在经验现象层次所呈现的多元性,将被这种一元的'覆盖性大论述'遮蔽无遗。"[7]他建议抛开抒情传统论而建立新的中国"诗美典"的历史,使之呈现"多面向变迁"与"丛聚状结构"。[8]他关于"覆盖性大

① 龚鹏程:《不存在的传统:论陈世骧的抒情传统》,载台湾《政大中文学报》2008年第10期。

② 龚鹏程:《成体系的戏文:论高友工的抒情传统》,载台湾《清华中文学报》2009年第3期。

③ 龚鹏程:《中国文学史》上册,(台北)世界图书出版公司2009年版;《中国文学史》下册,(台北)世界图书出版公司2012年版。

④ 龚鹏程:《中国文学史》下册,(台北)世界图书出版公司2012年版,第450页。

⑤ 颜昆阳:《从反思中国文学"抒情传统"之建构以论"诗美典"的多面向变迁与丛聚状结构》,载台湾《东华汉学》2009年第9期,又载柯庆明、萧驰主编《中国抒情传统的再发现——一个现代学术思潮的论文选集》下册,(台北)台湾大学出版中心2009年版,第727—772页。

⑥ 颜昆阳:《混融、交涉、衍变到别用、分流、布体——"抒情文学史"的反思与"完境文学史"的构想》,载台湾《清华中文学报》2009年第3期,第113—154页。

⑦ 颜昆阳:《从反思中国文学"抒情传统"之建构以论"诗美典"的多面向变迁与丛聚状结构》,载柯庆明、萧驰主编:《中国抒情传统的再发现——一个现代学术思潮的论文选集》下册,(台北)台湾大学出版中心2009年版,第739—740页。

⑧ 参见颜昆阳:《从反思中国文学"抒情传统"之建构以论"诗美典"的多面向变迁与丛聚状结构》,载柯庆明、萧驰主编:《中国抒情传统的再发现——一个现代学术思潮的论文选集》下册,(台北)台湾大学出版中心2009年版,第771—772页。

论述”的批判可谓“击到了软肋”[①]。

随着“中国抒情传统”学说不断被介绍到大陆学界，大陆学界在消化思考该说的过程中也出现了一些反对的意见。如浙江大学徐岱教授就撰写专文《抒情传统与审美伦理》[②]严厉批判此说。他认为，“长久以来，关于中西文学分别起源于‘短篇抒情诗’和‘长篇叙事诗’的观点似乎已成定论。其实这经不起进一步的讨论”[③]。他指出中国文学史中并不缺乏相对接近西方“史诗式叙事”的作品，比如两汉乐府和绝句。他强调，若仅仅因为自《诗经》以来的中国古典诗歌甚至绘画、戏曲等中国古典艺术大多具有这种“诗性叙事”的特色而归纳出一个“抒情传统”，这样的做法“是一种充满主观的先入之见的结果，不仅有违历史经验的事实，同样缺乏逻辑方面的合理性”[④]。“因为这个概念预设的前提——西方艺术重‘叙事’而中国艺术重‘抒情’这个‘二元说’本身，就存在着严重的思想偏见”[⑤]，因此抒情传统作为“一家之言”自有其一席之地，但若置于二元对立的境地，则存在着顾此失彼的片面性。他进一步犀利指出，抒情传统论“之所以能产生如此大的影响力，显然并非像倡导者所说，只是为中国艺术传统确立一个能与西方文化分庭抗礼的资源，它有在‘言外之意’的深层次、在更高的价值评判方面与西方一争高下的意图”[⑥]，该命题背后有无法遮蔽和难以抹除的“文化民主主义”因素，暴露出我们由来已久的“文化自恋主义”情结[⑦]。

（二）检视和总结评价

马来西亚华人学者黄锦树对“中国抒情传统”学说极为关注，但他始终冷静地游离于该说之外。2005年，他发表论文《抒情传统与现代性：传统之发明，或创

---

① 萧驰：《导言》，载柯庆明、萧驰主编：《中国抒情传统的再发现——一个现代学术思潮的论文选集》上册，(台北)台湾大学出版中心2009年版，第14页。

② 徐岱：《代序：抒情作品与审美伦理》，载徐承：《中国抒情传统学派研究》，中国社会科学出版社2015年版，第1—25页。

③ 徐岱：《代序：抒情作品与审美伦理》，载徐承：《中国抒情传统学派研究》，中国社会科学出版社2015年版，第1页。

④ 徐岱：《代序：抒情作品与审美伦理》，载徐承：《中国抒情传统学派研究》，中国社会科学出版社2015年版，第4页。

⑤ 徐岱：《代序：抒情作品与审美伦理》，载徐承：《中国抒情传统学派研究》，中国社会科学出版社2015年版，第5—6页。

⑥ 徐岱：《代序：抒情作品与审美伦理》，载徐承：《中国抒情传统学派研究》，中国社会科学出版社2015年版，第9页。

⑦ 参见徐岱：《代序：抒情作品与审美伦理》，载徐承《中国抒情传统学派研究》，中国社会科学出版社2015年版，第23页。

造性的转化》[①]对中国抒情传统的研究谱系和在现代文学中的转化进行对照式的描述，并指出“那往往被归类为因的中国抒情传统，其实也是个现代建构——在现代学术视阈学术条件下的发明”[②]，指明“抒情传统的建构一直接近于一种文化乌托邦、审美乌托邦的建构，它的规范意义，隐然有着现代的指涉——一种隐匿的中国性论述”[③]，并通过对汉学家普实克的引述及对沈从文、朱西宁、汪曾祺、胡兰成等现代文学家之抒情写作的批评论证中国现代文学对“传统的创造性转化”[④]。该文影响很大，此后学者论“抒情传统”也大多采纳他关于“建构”“发明”的观点。

香港学者陈国球近年来“对抒情传统情有独钟”[⑤]，他是全面深入研究“中国抒情传统”学术谱系最重要的学者之一。他先后发表系列论文[⑥]对“抒情传统”学术谱系中的重要成员进行个案研究，并在《情迷家园》[⑦]、《抒情中国论》[⑧]、《抒情之现代性：“抒情传统”论述与中国文学研究》[⑨]等著作中追述“抒情传统”的发展理路。他从细致的考证出发，补充了很多详实可靠的材料，使得该学术谱系的原始面貌日渐清晰。张春田说：“陈国球就像本雅明笔下那个‘拾荒者’，在历史的废墟中努力将零散的碎片打捞出来，重建历史沉默时的记忆”[⑩]。王德威也评价他：

---

① 黄锦树：《抒情传统与现代性：传统之发明，或创造性的转化》，载台湾《中外文化》2005年第2期。

② 黄锦树：《抒情传统与现代性：传统之发明，或创造性的转化》，载台湾《中外文化》2005年第2期。

③ 黄锦树：《抒情传统与现代性：传统之发明，或创造性的转化》，载台湾《中外文学》2005年第2期。

④ 黄锦树：《抒情传统与现代性：传统之发明，或创造性的转化》，载台湾《中外文化》2005年第2期。

⑤ 王德威：《引言》，载陈国球、王德威编《抒情之现代性：“抒情传统”论述与中国文学研究》，生活·读书·新知三联书店2014年版，第3页。

⑥ 指陈国球：《陈世骧论中国文学——通往“抒情传统论”之路》（载台湾《汉学研究》2011年第2期）、《从律诗美典到中国文化史的抒情传统——高友工“抒情美典论”初探》（载台湾《政大中文学报》2008年第10期）、《“抒情传统论”以前——陈世骧与中国现代文学及政治》（载台湾《淡江中文学报》2008年第18期，载《现代中文学刊》2009年第3期）、《诗意的追寻——林庚文学史论述与“抒情传统”说》（载《北京大学学报（哲学社会科学版）》2010年第4期）、《抒情的中国——普实克论中国诗歌》（载《现代中文学刊》2018年第1期）等。

⑦ 陈国球：《情迷家园》，上海书店出版社2007年版。

⑧ 陈国球：《抒情中国论》，（香港）三联书店2013年版。

⑨ 陈国球、王德威编：《抒情之现代性：“抒情传统”论述与中国文学研究》，生活·读书·新知三联书店2014年版。

⑩ 张春田：《抒情传统：想像中国文学的一种方式》，载《书屋》2014年第6期。

"以一己之力对现代文学的抒情传统展开考掘工作。他对陈世骧去国之后转向古典研究的来龙去脉、普实克出入抒情与史诗模式的前因后果，都曾作过最精辟的分析，并由此展开庞大的谱系学研究。从林庚到胡兰成，从高友工到高在台湾的诸位传人，都有专论。这一系列研究俨然为20世纪文论史开拓全新局面"[①]。

大陆学者中程亚林、张节末、张宏生、季进、张春田、徐承、沈一帆等是较早关注和研究"中国抒情传统"学说的重要学者。他们的研究著述[②]对介绍新说和启迪后续研究有重大导向作用。其中，徐承成体系的研究成果[③]最值得关注，他参照台湾新儒家学派回溯性建构的做法将"中国抒情传统"这一传承有序、谱系清晰的学术共同体追认为"海外华人中国抒情传统学派"[④]。他对该学派进行研究检视后给出了总体评价："海外华人学者所倡导的这一中国抒情传统学说，本质上是对中国古代文学艺术及美学史的一种现代性建构。其现代性体现在，通过中西比较，以西方现代时期某种特定的文艺理想为中国文艺的普遍理想，以西方现代的学术研究方法为中国文学艺术史普遍适用的研究方法。正是这美学上和方法上的双重现代性，造成了海外华人学者的中国抒情传统论说在总体上表现出一元论的、覆盖性的特征"[⑤]。

纵观"中国抒情传统"学说的反思历程，关于它的争论主要体现在三个方面：其一，该不该"以西律中"地提出"中国抒情传统"；其二，"抒情传统"在客观事实上能否被称为中国唯一或主流的文学传统；其三，"抒情传统"学说在当下该何去何从。这些问题也依然值得我们审慎思考。

首先，"中国抒情传统"论与"五四"前后梁启超、王国维、胡适、闻一多、林庚

---

① 王德威：《引言》，载陈国球、王德威编《抒情之现代性："抒情传统"论述与中国文学研究》，生活·读书·新知三联书店2014年版，第3—4页。

② 参见程亚林：《从形式角度切入发掘中国抒情美学》(《暨南学报》2002年第5期)、张节末的《中国美学史研究的新途径之一——海外华文学者对中国美学抒情传统的研寻》(《江西社会科学》2006年第1期)、徐承的《在比较语境中发明中国美学——域外华人学者揭橥的中国抒情传统谱系》(《文艺理论研究》2007年第5期)、张宏生的《形式的张力——读林顺夫〈中国抒情传统的转变——姜夔与南宋词〉》(《国际汉学》2007年第1期)、季进的《抒情传统与中国现代性——王德威教授访谈录》(《书城》2008年6月号)、徐承的《高友工中国抒情传统研究》(浙江大学2008年博士学位论文)、沈一帆的《中国抒情传统的海外建构及其影响》(暨南大学2008年硕士学位论文)等。

③ 徐承不仅发表了系列论文，更出版了两本专著——《高友工与中国抒情传统》，中国社会科学出版社2009年版；《中国抒情传统学派研究》，中国社会科学出版社2015年版。

④ 参见徐承：《中国抒情传统学派研究》，中国社会科学出版社2015年版，第1页。

⑤ 徐承：《中国抒情传统学派研究》，中国社会科学出版社2015年版，第223页。

等人体认的中国古典文学长于抒情的特征虽有密切联系，但又十分不同。中国文学长于抒情的体认只是直观的、印象式的概括，缺少深入的、理论化的论证，而“中国抒情传统”则是北美学者在借鉴和反思20世纪西方文学美学理论和研究方法的基础上建立起来的一套完整的“学术话语”，带有“以西律中”的强烈痕迹。在陈世骧那里，“中国抒情传统”是用西方抒情诗为模型来说明中国文学，其关于中国诗的抒情性都是用西方浪漫主义文学思潮的抒情诗的特征来观照的，故而与传统所谓“发愤以抒情”的“抒情”有很大的区别。在高友工那里，“抒情”的西学内涵更为丰富，代表了20世纪后半期西学对抒情诗及其美学典范的新思考，故而“抒情”已不再只是抒情诗的特征，而是跨越文类的具有普遍意义的抒情精神、抒情美学。所以客观来说，“以西律中”确实是北美“中国抒情传统”学说得以建构起来的基础。然而，当时的“以西律中”却有不得不为之的历史背景。在当日西学独大的世界学术界，为了推广中国文化和文学，不得不用西方的学术资源来解释中国文学和文化，用中西对举的方式来试图与西学对话。柯庆明就曾说：“陈先生任教美国，平日所面对的学生或其论述之读者，皆有西洋‘文学’的‘成见’在胸，透过与西洋文学的对照，作为阐扬中国‘文学’特质之媒介，亦属有效甚至必要的策略，因而遂有‘中国的抒情传统’的说法”[①]。此外，“以西律中”也不失为对中国文学进行反思和审视的一种路径，用西学的理论和方法来探讨中国文学问题，是一种全新的视角和思路，这也是北美“中国抒情传统”学说能在台湾迅速落地生根的原因。陈世骧采用字源学、人类学的方式探讨“诗”“志”“情”“兴”等汉字的原始含义及其文学批评启迪，高友工以中西学术资源创设“抒情美典”及抒情美学体系，以及“抒情传统”观带来的考察中国文学发展史的新路径，都令人眼前一亮，产生空谷足音之感。

其次，“中国抒情传统”确然是20世纪建构的中国文学传统，是“发明”而非“发现”，故而试图用一个“抒情传统”来概括和容纳中国古典文学的方方面面显然是不合适也不能成立的。其实，就“中国抒情传统”学说的发展而言，各论者对“抒情传统”完全概述中国文学这一观点的态度确实存在着信心底气“弱—强—弱”的动态变化。早期，陈世骧讲“中国抒情传统”时用的仍是“如果说中国文学传统从整体而言就是一个抒情传统，大抵不算夸张”[②]、“回到古代中国的，或者说泛东方的立场，即从‘精纯’之意义来看，所有文学传统都是抒情传统。我肯定这

① 柯庆明：《序》，载柯庆明、萧驰主编：《中国抒情传统的再发现——一个现代学术思潮的论文选集》上册，台湾大学出版中心2009年版，第1—2页。

② 陈世骧：《论中国抒情传统》，杨彦妮、陈国球合译，载陈世骧著、张晖编：《中国文学的抒情传统：陈世骧古典文学论集》，生活·读书·新知三联书店2015年版，第6页。

是夸张的”[①]这样谨慎的口吻和语气。但在其追随者那里，“抒情传统”渐渐变得“霸道”起来。高友工说抒情传统“是一个绵延不断的支脉密布的主流……触及了文化的根本”[②]，他试图打造“可以放诸四海而皆准的”“普遍、抽象的理论架构”[③]，其雄心可见一斑。后续论者中也不乏“信心爆棚”者，如蔡英俊言：“我们可以说整个中国的文学传统，不论是早期‘在心为志，发言为诗’的朴素、自然流露的歌谣体式，抑或是极度精练的自觉的心灵创造活动，他们往往都在诉说一种个我的情怀，一种自我的心灵对外在世界的观、感、思；它们在本质上都是抒情的”[④]。但越往后，面对质疑，论者又表现出底气不足的一面，如王德威就曾坦言自己并没有信心如前辈学者一样笃定中国文学的传统就是抒情的传统[⑤]。因此，该说相关论者对于“抒情传统”可完全概述中国文学的看法也是因人而异的。大抵王德威的态度最值得学习，他不言“抒情传统”就是中国文学唯一的传统，并认为“20世纪的文学，很难用一个抒情的传统，一个写实的传统，或者任何其他的传统来界定”[⑥]，“事实上，我们还有很多面向有待探问”[⑦]，他只是看到“抒情”能在革命、启蒙等研究面向之外提供一种新的研究思路，而沿着这条新思路可以打开现代文学研究的新局面。

再次，“中国抒情传统”学说于我们的文学史研究依然具有重要的启示和借鉴作用。该说虽然是“以西律中”建构起来的学术命题，但其理论深度和体系完整性等都确实是中国传统文学研究所不及的。叶嘉莹曾直言：“中国之文学批评既然发生得如此之早，注意的方面也如此之广，对于文学之内含与形式也曾经有过很精微的体认与辨别，那么为什么我们始终未曾发展成一套体系精严的批评理论……这在我们一向以文学历史之悠久及文学遗产之丰富自豪的中国人来

① 陈世骧：《论中国抒情传统》，杨彦妮、陈国球合译，载陈世骧著、张晖编：《中国文学的抒情传统：陈世骧古典文学论集》，生活·读书·新知三联书店2015年版，第9页。

② 高友工：《中国文化史中的抒情传统》，载《中国美典与文学研究论集》，（台北）台湾大学出版中心2004年版，第104页。

③ 高友工：《中国文化史中的抒情传统》，载《中国美典与文学研究论集》，（台北）台湾大学出版中心2004年版，第104页。

④ 蔡英俊：《抒情精神与抒情传统》，载陈国球、王德威编《抒情之现代性：“抒情传统”论述与中国文学研究》，生活·读书·新知三联书店2014年版，第405页。

⑤ 参见王德威《抒情传统与中国现代性：在北大的八堂课》，生活·读书·新知三联书店2010年版，第348页。

⑥ 王德威：《抒情传统与中国现代性：在北大的八堂课》，生活·读书·新知三联书店2010年版，第348页。

⑦ 王德威、季进：《抒情传统与中国现代性——王德威教授访谈录》，《书城》2008年6月号。

说，当然乃是一件极值得自我检讨的问题”[①]，“中国人忽视客观的抽象法则之建立，乃是中国文学批评缺乏理论精严之著述的一个重要原因”[②]。故而该学说的引进和讨论无疑大大开阔了我们文学研究的视野，在理论性、体系性上给予我们以启发。而该说涉及到的“抒情”“再经验”“感象”“美典”“内化”“象意”“多面向变迁”“丛聚状结构”等概念也大大深化了我们对文学本质的思考。以抒情为切入面来探讨中国文学现象、解说具体文本、阐述文学发展脉络，也不失为一个绝好的思路和方向。不过，该学说也确实存在不足，如脱离中国文学实际、过多仰赖西学资源等，但这不足也恰好值得我们借鉴和进行更深入的思考。王德威就曾说“我认为关于抒情主义的问题如果不推向中国古典的抒情传统，你是没法做得深透的”[③]，“我想要强调的抒情主义，恰恰想回到我所召唤的中国传统文学或文论里面关于抒情的表述”[④]，明言应该回到中国文学的实际语境中去讨论“抒情”问题。萧驰也说“正像任何理论皆不可涵摄所有文学现象，甚至愈具棱角，则愈会有偏颇一样，此一学术形态也有其不可避免、不必讳言的局限。或许将来自学术史更大的脉络来看，该学术形态所能引发的挑战，即是其对学术事业的最重要贡献罢”[⑤]，该说的偏颇和局限也是进一步思考的出发点。

四、结语

北美“中国抒情传统”学说本是站在中西比较的立场上提出来的，其标举的中国“抒情”与西方“叙事”二元对立的思路，在当时的时代背景下有其必要性和迫切性，代表了海外华人学者为本民族文学和文化进行辩护的立场，在宣传和推广中国文学和文化上功不可没。然时过境迁，如今再以一个“抒情传统”去与西方文学进行对话，则不免片面和狭隘。先不论中国文学是否只有一个“抒情传统”，西方文学也不再能以“叙事传统”一概论之，随着深入研究，中西文学的多面性和复杂性都日渐被体认。所以“抒情传统”学说只能作为中国文学研究诸多面向中的一个切入面，不能夸大其说，也不应小视其价值。无论如何，北美“中国抒情传统”学说在今天依然有其生命力和成长的空间。

---

① 叶嘉莹：《王国维及其文学批评》，北京大学出版社2014年版，第109页。

② 叶嘉莹：《王国维及其文学批评》，北京大学出版社2014年版，第110页。

③ 王德威、季进：《抒情传统与中国现代性——王德威教授访谈录》，《书城》2008年6月号。

④ 王德威、季进：《抒情传统与中国现代性——王德威教授访谈录》，《书城》2008年6月号。

⑤ 萧驰：《导言》，载柯庆明、萧驰主编《中国抒情传统的再发现——一个现代学术思潮的论文选集》下册，（台北）台湾大学出版中心2009年版，第14页。

在当今全球化与现代性的语境中，中国文学研究依然不能避开中西比较的视野，反而必须与西方文学研究进行交流、对话。但我们已无需像“中国抒情传统”学说提出的时代那样小心翼翼地仰西学之鼻息，“以西律中”地解说中国文学，而可以站在全球化视野下进行自由平等对话与交替参照，客观正视中国文学的特质以及我们学术研究的优缺点，不妄自菲薄，也不狂妄自大，重视全球化过程中学术的流动性、交互性与杂合性。北美学者孙康宜曾言“目前所谓东西方文化的影响，大多是单向（one-way）的，而非双向（two-way）的”[①]，“正确的交流必须建立在‘双向’的交流过程（two-way process）上”[②]，她自己就逐渐走上了“全球化”的学术道路。吴绍全教授也建议放弃比较文学而采纳20世纪90年代德国学者韦尔施提出并倡导的“跨文化”理念来进行中西文学研究。他认为多年来出尽国际风头、占据世界学术文化中心的比较文学、比较诗学近年来在全球化浪潮语境中逐渐式微、风光不再，就因为它追求的是各为一体的文化之间的交流和互动，相对于“跨文化”这一更具现代性、更具合理性的先进理念来说，其自我文化与他者文化的界限显得过于分明了。[③]都是公允之论，值得参考。

［作者简介：陈水云，武汉大学文学院教授，博士生导师，主要研究中国古代文学和文论。邓明静，湖北大学《当代继续教育》编辑部编辑，武汉大学文学院博士研究生，研究方向为明清文学、欧美中国文学。］

① 孙康宜：《从比较的角度看性别研究与全球化》，载《孙康宜自选集：古典文学的现代观》，上海译文出版社2013年版，第21页。

② 孙康宜：《从比较的角度看性别研究与全球化》，载《孙康宜自选集：古典文学的现代观》，上海译文出版社2013年版，第34页。

③ 参见吴绍全：《序》，载纪燕：《刘若愚跨文化诗学思想研究》，中国社会科学出版社2017年版，第2页。

词学研究

明清唱和词集综论

◇姚　蓉

摘　要：明清唱和词集的类型和内容之丰富为历代之最。数量上，现存明清唱和词集54种，其中总集41种，别集13种。另有仅存其目的唱和词集共14种。就发展脉络而言，明代前中期的唱和词集具有追和性质，晚明至清初是唱和词集涌现的第一个高潮，清代出现了夫妻唱和词专集、祝寿词唱和专集等唱和词集新类型，反映了明清唱和词集一步步走向兴盛，与明清词学的发展相一致。

关键词：明清；唱和词集；追和；唱和专集

明清时期文人唱和活动甚多，各种诗词唱和专集甚夥。目前学界对明清诗词唱和的研究在不断深入，然对明清唱和词集的整体把握不足，只有李桂芹、彭玉平《明清之际唱和词集与〈花间〉余波》——从明天启至清顺治年间》（《社会科学家》2008年第4期）等为数不多的成果综合探讨唱和词集。本文试图对明清时期的唱和词集予以全面梳理，描述明清唱和词集的总况及总体特征，以方便读者从整体上了解明清唱和活动的面貌。

一、明清唱和词集概况

巩本栋《唱和诗词研究：以唐宋为中心》一书共搜罗唐、五代、宋的诗词唱和总集47种，且其中44种是诗歌唱和集，2种是诗词合集，实际上纯粹的唱和词集只有2种，一种是记录唐代张志和、颜真卿等人“《渔歌子》唱和”的《玄真子渔歌碑传集录》，一种是周邦彦《清真词》和方千里、杨泽民《和清真词》合集的《三英集》。[①] 相比之下，明清唱和词集的数量是极其可观的。如下表可见[②]：

序号	朝代	词集名	作者	唱和时间	刊刻时间	类型
1	明	《江南春词集》	倪瓒、沈周、祝允明、杨循吉、徐祯卿、文徵明、唐寅、蔡羽、王守、王宠等五十人	弘治二年至嘉靖十八年（1489—1533）	嘉靖十八年（1533）	总集
2	明	《徐卓晤歌》	徐士俊、卓人月	天启二年（1622）	崇祯年间	总集
3	明	《幽兰草》	李雯、陈子龙、宋徵舆	崇祯七年至十年（1634—1637）	崇祯十年（1637）	总集
4	清	《逌渚唱和集》	万寿祺、于范、调御	顺治二年（1645）	道光四年（1824）	总集
5	清	《倡和诗馀》	陈子龙、宋存标、宋徵璧、宋徵舆、钱穀、宋思玉	顺治四年（1647）	顺治七年（1650）	总集
6	清	《支机集》	蒋平阶、沈亿年、周积贤	顺治八年（1651）	顺治九年（1652）	总集
7	清	《随草诗馀》	朱中楣、李元鼎	顺治十四年前后（1657）	顺治十八年以前（1661）	总集
8	清	《红桥唱和词》	王士禛、袁于令、杜濬、丘象随、蒋平阶、朱克生、张养重、刘梁嵩、陈允衡、陈维崧	康熙元年（1662）	康熙年间	总集
9	清	《三子唱和词》	曹尔堪、王世禄、宋琬	康熙四年（1665）	康熙四年	总集
10	清	《广陵唱和词》	王世禄、曹尔堪、陈维崧、陈世祥、季公琦、邓汉仪、宗元鼎	康熙五年（1666）	康熙年间	总集

① 巩本栋：《唱和诗词研究：以唐宋为中心》第二章，中华书局2013年版，第22—52页。

② 表格先列总集后列别集，同类集子以唱和发生先后为序，最后列仅存其目之总集、别集。

续表：

序号	朝代	词集名	作者	唱和时间	刊刻时间	类型
11	清	《秋水轩倡和词》	曹尔堪、梁清标、龚鼎孳、纪映钟、徐倬、王豸来、陈维岳、沈光裕、宋琬、王世禄、龚士祯、陈祚明、张劬、曹贞吉、吴之振、汪懋麟、杜首昌、周在浚、王概、王蓍、宗元鼎、蒋文焕、冯肇杞、吴宗信、黄虞稷、张芳等二十六人	康熙十年(1671)	康熙十年	总集
12	清	《辛酉同游唱和诗馀》	吴陈琰、唐梦赉	康熙二十年(1681)	清康熙雍正间刻本	总集
13	清	《千秋雅调》	王晫、尤侗等二百一十五家	康熙二十四年(1685)	康熙三十四年后(1695)	总集
14	清	《梁园唱和词》	傅世垚、程大戴、佟世临	康熙三十八年(1699)	康熙年间	总集
15	清	《拟乐府补题》	厉鹗、陆培、张云锦、张奕枢、陈皋、闵华、吴廷采、万光泰、楼锜、查为仁	乾隆十三年(1748)	乾隆十三年	总集
16	清	《荆圃唱和集》	杨芳灿、杨揆、杨之灏、马鏾、侯士骧、周为汉、陆芝田、杨承宪、黄药领等	乾隆五十二年春至嘉庆四年间(1787—1799)	嘉庆四年	总集
17	清	《燕市联吟集》	袁通、杨夔生、陈基、邵广铨、吴自求、李元垲、杨芳灿、钱枚、许廷诰(即许景诰)、陈文述、蔡銮扬、戴鼎恒、钱廷烺、何湘、缪元益、杨芸、李佩金、李鼎元、汪全德、程同文、浦梦珠、朱渌、邓廷桢、王德修等	嘉庆八年至九年(1803—1804)	嘉庆年间	总集
18	清	《樽酒消寒词》	邵广铨、董国华、赵植庭、方履篯、董曾臣、蔡銮扬、蔡鸿燮、顾翰、蒋锡恺	嘉庆九年、十年(1804—1805)前后	光绪十一年(1885)	总集

续表：

序号	朝代	词集名	作者	唱和时间	刊刻时间	类型
19	清	《讨春合唱》	汪湖、袁通、汪度、金惠恩、马功仪、周介福、汪珑、车持谦、史锡贤、汪世泰等	嘉庆十九年（1814）	嘉庆年间	总集
20	清	《蓉影词》	张琦、邵广铨、魏襄、赵植庭、余鼎、董基诚、杨士昕、管贻萼、包世臣、徐准宜、董士锡	嘉庆十八年至道光三年间（1813—1823）	民国十一年（1922）	总集
21	清	《萍聚词》	裘琨鸣、蒋学沂、王曦、董士锡、张成孙、程应权、唐秉钧、费开绶、蒋振南	嘉庆二十四年（1819）	嘉庆年间	总集
22	清	《碧萝吟馆唱和诗词》	马锦、马浚、马溶等	道光三年至道光七年间（1823—1827）	道光三年（1823）至八年（1828）	总集
23	清	《邓林唱和诗词合刻》	邓廷桢、林则徐	道光十九至二十三年间（1839—1843）	宣统元年（1909）	总集
24	清	《黄蓼花唱和词》	潘曾绶、潘曾沂、李宗昉、吴葆晋、马沅、李彬华、陈凤孙、吕倌孙、董世帷、夏埙、蔡宗茂、陈庆生、潘曾玮、潘遵祁、潘希甫、董国华、吴嘉淦、戈载、何兆瀛	道光二十一年至二十四年间（1841—1844）	道光二十四年（1844）	总集
25	清	《江东词社词选》	秦耀曾、孙若霖、孙廷镰、孙麟趾、戈载、雷葆廉	道光二十三年至二十四年间（1843—1844）	道光二十六年（1846）	总集
26	清	《洺州唱和词》	沈涛、边浴礼、金泰、邵建诗、沈蕊、戴锡祺等	嘉庆十五年（1810）后至道光二十七年（1847）前	道光年间	总集
27	清	《青溪水榭倡和词》	孙麟趾、秦耀曾	道光二十七年（1847）	道光年间	总集
28	清	《蒲亭夏山堂王氏祠塾倡和诗词》	陈溥、伍肇龄、王育德王鸿训、王鸿谦、王鸿谋、宋瞰、卢德懿、雷汝动等	咸丰六年（1856）	光绪八年（1882）	总集

续表：

序号	朝代	词集名	作者	唱和时间	刊刻时间	类型
29	清	《聚红榭雅集词》	黄宗彝、谢章铤、高文樵、谢章铤、宋谦、刘三才、刘勷、马凌霄、梁履将、陈文翊、林天龄、王彝、梁鸣谦、李应庚、徐一鹗、刘绍纲、王廷瀛、陈祺等	咸丰六年至同治二年间（1856—1863）	第一集刻于咸丰六年（1856），第二集刻于同治二年（1863）	总集
30	清	《日下联吟诗词集》	宗韶、宝廷、志润、余士彦、致泽、延秀、文海、陈宝琛、钟祺、戬谷、豫丰、果勒敏、穆清、宝昌、德准、寿英、王晋之、吴起鸿、启名、英瑞、贵荣、音德讷、增元、遐龄、孙广顺、如格、桂霖、志观、希文、王裕芬等	同治初（1862—1866）	同治五年（1866）	总集
31	清	《海滨酬唱词》	杨文斌、黄钧宰、马留、贺憩棠、陆少葵、林颂夔、林味荪	同治五年至九年间（1866—1870）	光绪二十四年（1898）	总集
32	清	《影事词存》	陈兴冏，刘荃，黄宗宪，曾淞，黄燊，刘大受等	光绪元年至光绪五年（1875—1879）	光绪九年（1883）刻本	总集
33	清	《碧声吟馆倡酬录》	许善长、陆和钧、汪绶之、张德容、许兰身、康曾定	光绪四年前后至光绪十二年间（1878—1886）	正录刊于光绪四年，叙录刊于光绪十二年	总集
34	清	《王龙唱和词》	王鹏运、龙继栋	光绪六年（1880）	手稿本	总集
35	清	《城南拜石词》	端木埰、王鹏运、许玉瑑、彭銮	光绪十三年（1887）	光绪十三年	总集
36	清	《薇省同声集》	端木埰、许玉缘、王鹏运、况周仪	光绪十年至十四年间（1884—1888）	光绪十六年（1890）	总集
37	清	《和〈珠玉词〉》	况周颐、王鹏运、张祥龄	光绪二十年（1894）	光绪二十年	总集
38	清	《子苾词钞》	张祥龄、王鹏运、况周颐、郑文焯等	光绪二十一年（1895）	光绪二十一年	总集

续表:

序号	朝代	词集名	作者	唱和时间	刊刻时间	类型
39	清	《城东唱和词》	吴昌绶,张祖廉	光绪二十四年(1898)	民国十四年(1925)	总集
40	清	《庚子秋词》	王鹏运、朱祖谋、刘福姚、宋育仁	光绪二十六年(1900)	光绪二十六年	总集
41	清	《春蛰吟》	王鹏运、朱祖谋、刘福姚、郑文焯、张仲炘、曾习经、刘恩黻、于齐庆、贾璜、吴鸿藻、恩溥、杨福璋、成昌、左绍佐等	光绪二十六年至二十七年(1900—1901)	光绪二十七年	总集
42	明	《和朱淑真断肠词》	戴冠	弘治十六年(1503)	明刊本	别集
43	明	《草堂馀意》	陈铎	正德二年(1507)	万历三十九年(1611)	别集
44	明	《二余词》	陈如纶	嘉靖二十九年(1550)前后	明刊本	别集
45	清	《癸秋词》	傅占衡	顺治十年(1653)	乾隆七年(1742)	别集
46	清	《文江酬唱》	李元鼎	顺治十四年前后(1657)	康熙年间	别集
47	清	《和茶烟阁体物词》	茹敦和	康熙五十九年(1720)后至乾隆五十六年(1791)前	乾隆年间	别集
48	清	《金粱梦月词》	周之琦	嘉庆十七年至二十五年间(1812—1821)	清刻本	别集
49	清	《白鹤山房词钞》	叶绍本	道光元年(1821)前后	道光七年(1827)	别集
50	清	《山中和白云》	蒋敦复	道光二十二年(1842)	清稿本	别集
51	清	《和漱玉词》	许德苹	道光六年(1826)后至咸丰十一年前(1861)	同治三年(1864)	别集

续表：

序号	朝代	词集名	作者	唱和时间	刊刻时间	类型
52	清	《小石帚生和姜词》	赵福云	道光元年(1821)后至咸丰六年(1856)前	清刻本	别集
53	清	《和白香词谱全集》	陈栩	光绪五年(1879)后至光绪二十六年(1900)前	光绪二十六年	别集
54	清	《双伽陀词》	胡延	光绪年间(1875—1903)	清光绪二十九年(1903)金陵粮储道廨校本	别集
55	清	《三子诗馀》	计南阳、徐允贞、王宗蔚	泰昌元年(1620)后至顺治四年(1647)前		存目总集
56	清	《后三子词》	曹尔堪、尤侗、宋实颖	康熙四年(1665)		存目总集
57	清	《棣萼轩唱和春夏词》	宋泰渊、宋思玉	崇祯十二年(1639)后至康熙四年(1665)前		存目总集
58	清	《东皋草堂唱和词》	徐旭升、周世荣、徐业圻、徐旭昌	顺康间(1644—1722)	康熙刊本	存目总集
59	清	《亦轩唱和词》	陈莱孝等	雍正六年(1728)后至乾隆五十二年(1787)		存目总集
60	清	《来青阁唱和词》	蒋楷、姚春庭、王水村	道光元年(1820)至道光四年(1824)		存目总集
61	清	《荆溪岁寒词》	陈枋	康熙二十二年、二十三年(1683—1684)左右		存目别集
62	清	《燕筑双声》	边浴礼、金泰	嘉庆十五年(1810)后至道光二十七年(1847)前		存目总集

续表：

序号	朝代	词集名	作者	唱和时间	刊刻时间	类型
63	清	《秦淮枯柳唱和词》	孙麟趾、秦耀曾等	道光二十七年(1847)至道光二十九年(1849)		存目总集
64	清	《意园酬唱集》	秦巘、徐穆、王筊等	道光二十五年(1845)		存目总集
65	清	《画舫联吟集》	汪藻等	道咸年间(1820—1861)		存目总集
66	明	《和花间集》	张杞	崇祯年间(1628—1644)		存目别集
67	清	《吴兴倡和集》	谢承烈	咸丰间(1851—1861)		存目别集
68	清	《海角词》	孙麟趾	咸丰七年(1857)后至同治元年(1862)前	同治元年	存目别集

笔者经过搜罗与整理，统计出现存明清唱和词集54种，其中总集41种，别集13种。另有仅存其目的明清唱和词集共14种，故目前可知明清唱和词集共68种。在现存54种唱和词集中，仅有《碧萝吟馆唱和诗词》《邓林唱和诗词合刻》《蒲亭夏山堂王氏祠塾倡和诗词》《日下联吟诗词集》《碧声吟馆倡酬录》等5种是诗词合集，其他49种都是纯粹的唱和词集。此外，明清时期还有专收某个作家唱和词作的别集13种。这些数据都表明，明清词人的唱和专集已经大大超过了唐宋时期。同时，明清时期的唱和词集内容丰富，出现了一些以前唱和专集未曾有过的新特点。

二、明代前中期追和词集居多

目前学界一般公认，明代嘉靖朝是明词发展的转折点，嘉靖之前词坛较为萧条、沉寂，嘉靖之后才逐步复苏。李桂芹、彭玉平《唱和词演变脉络及特征》一文通过对《全明词》明初至正德末所收唱和词数与嘉靖朝唱和词数的对比，得出“明嘉靖也是唱和词明显的分界线”①的结论。笔者通过对明代唱和词集的梳理，也得出了同样的结论。

① 李桂芹、彭玉平：《唱和词演变脉络及特征》，《甘肃理论学刊》2008年第3期。

相较于前代，明清唱和词集总量最多。然细分之，明代唱和词集明显少于清代，在现存54种明清唱和词集中，明代词集仅6种。这6种词集中，明代前中期词集仅2种，分别为戴冠《和朱淑真断肠词》和陈铎《草堂馀意》。

《和朱淑真断肠词》是戴冠于弘治十六年（1503）“癸亥岁除之夕，因乘兴遍和之”[①]所得的追和朱淑真《断肠词》全集的作品，可见他对朱淑真词的由衷喜爱。《草堂馀意》是生活在成化、弘治年间的陈铎追和《草堂诗馀》之作，集子出现四十九位唐宋词人的名字，明面上看似词选，实则是陈铎追和柳永、苏轼、周邦彦等人的作品。虽有作伪的嫌疑，但也因此“论者谓其有宋人风致”[②]。这两种别集，均为追和前人词作的追和词专集。

此外，明代唱和总集《江南春词集》也值得一提。《江南春词集》收了沈周、祝允明、杨循吉、徐祯卿、文征明、唐寅、蔡羽、王守、王宠等五十人唱和吴中先贤倪瓒《江南春》的和作[③]。弘治二年（1489）由沈周首唱，文征明、唐寅等人参与，数次聚会，反复赓和，嘉靖年间文彭、文嘉、袁袠、袁表、彭年、文伯仁、陆师道等人跟进，形成了唱和高潮，嘉靖十八年（1539）由袁表辑成《江南春词集》一卷。后世文人仍不断追和，一直持续至清末，光绪年间由金武祥进行辑补整理刊刻，收入《粟香室丛书》。这是一场旷日持久的追和活动，反映了明清文人对倪瓒高洁洒脱人格的仰慕及对其词流露出的江南风韵的痴迷。“江南春”追和活动，开启了明代唱和总集的结集，也昭示着唱和词及整个明词的勃兴。

明代前中期的唱和词集属于追和性质这一特点，说明在当时词乐失传的情况下，词人们更多的是通过仿效前代词坛名家、名篇来进行填词创作。到晚明时期，这种追和之风仍然存在，崇祯年间，张杞《和花间集》四百八十七首，几乎遍和《花间集》，卓人月《词统》谓其有“使人不流于庸滥之句”[④]的功绩，则追和对于矫正明词庸俗之流弊也有积极意义。直至清代，追和词集还屡见不鲜，有浙西词派的《拟乐府补题》，况周颐、王鹏运、张祥龄的《和〈珠玉词〉》，赵福云的《小石帚生和姜词》等。蒋敦复年轻时被吴中七子之一的朱绶评为填词的“门外汉”，自此十余年不再作词。后友人王润示之以张炎《山中白云词》，蒋敦复“一夕和三十余

① 戴冠：《戴氏集》卷十一，《四库全书存目丛书》，齐鲁书社1997年版，第80页。

② 陈霆：《渚山堂词话》，人民文学出版社1960年版，第16页。

③ 四库馆臣所言录“自周以下共五十人”“嘉靖十八年袁表序而刻之”之《江南春词集》，今未见。现存嘉靖本收唱和词家五十二人，万历本收唱和词家四十一人。详细考证，请参余意《〈江南春〉词集版本考略及其相关问题》，《词学》第22辑，华东师范大学出版社2009年版，第97—112页。

④ 王昶辑：《明词综》引《词统》语，辽宁教育出版社1997年版，第124页。

首，四声悉依原作，成一册，曰《山中和白云》"，被亦为吴中七子之一的戈载赞为"词家射雕手"[①]。如此，追和不仅洗涮了蒋敦复拙于填词的名头，而且使他重拾对词的兴趣，最终成为词坛名家。

三、明末清初唱和词集大兴

晚明至清初，是唱和词集涌现的第一个高潮。明天启至清康熙年间，共出现唱和词集13种，已多于整个明代的唱和词集数。此期唱和词集的纷纷涌现，也是跟整个明清词学发展的脉络相一致的。

龙榆生先生谓"词学衰于明代，至子龙出，宗风大振，遂开三百年来词学中兴之盛"[②]，认为三百年来导致词学兴盛的关键人物是陈子龙。由唱和词集观之，陈子龙带领的云间派刊刻的两种唱和词集，在崇祯、顺治词坛有着重要的意义。被合称为"云间三子"陈子龙、李雯、宋徵舆在崇祯十年(1637)出版了收录三人词作的合集《幽兰草》，此集的由来是李雯、宋徵舆先"作为小词，以当博弈"，而陈子龙"每怀见猎之心，偶有属和"，由宋徵舆"汇而梓之"[③]，得以成书。可见三子这部词集，是他们唱和的成果。云间诸子的另一部词作合集书名即为《倡和诗馀》，又名《棣萼香词》，其中收录了陈子龙的《湘真阁存稿》、宋徵舆的《海间倡和香词》、宋存标的《秋士香词》，宋徵璧的《歇浦倡和香词》，钱榖的《倡和香词》，宋思玉的《棣萼轩词》，这些作品来自顺治四年丁亥(1647)暮春云间文人的唱和活动，宋徵璧在序言中说：

> 兵火以来荷锄草间，时值暮春，邂逅友人于东郊，相订为斗词之戏，以代博弈。曾不旬日，各得若干首。嗣自庚和者，又有钱子子璧、家兄子建、舍弟辕生、辕文。[④]

云间词人这两种唱和总集的结集与流播，无疑有利于扩大云间词派的影响，对云间词风占据明末清初词坛主流起着举足轻重的作用。陈子龙去世之后，其弟子蒋平阶仍然继承老师当年的文学传统，于顺治八年(1651)春寓居嘉兴时，与他的弟子沈亿年、周积贤等人以词唱和，刊刻了唱和词集《支机集》。如此，在不到二

① 蒋敦复：《芬陀利室词话》"吴中七子"条，《词话丛编》第4册，中华书局1986年版，第3654页。

② 龙榆生：《近三百年名家词选》"陈子龙小传"，上海古籍出版社1956年版，第4页。

③ 陈子龙：《幽兰草题词》，《幽兰草》，辽宁教育出版社2000年版，第1页。

④ 宋徵璧：《倡和诗馀序》，《倡和诗馀》，辽宁教育出版社2000年版，第3页。

十年的时间中，云间派先后留下了3个唱和总集，在这方面，同时期没有哪一个词人群体可以与之匹敌。

入清之后，因为陈子龙、李雯、夏完淳等骨干作家的离世，云间词派声势大不如前。但顺治、康熙两朝词坛的唱和活动却方兴未艾，出现了“江村唱和”“广陵唱和”“秋水轩唱和”“《千秋岁》唱和”等大型群体唱和，这些唱和基本上都有词作结集，于是出现了《红桥唱和词》《三子唱和词》《广陵唱和词》《秋水轩倡和词》《千秋岁倡和词》等一批高质量的唱和词集。如康熙四年（1665）曹尔堪、王世禄、宋琬三人以《满江红》唱和集结而成的《三子唱和词》，“俱极工思，高脱沉壮，至其悲天悯人、忧谗畏讥之意，尤三致怀焉而不能已”[①]，以至于“此调和者如云，几累千百”[②]。这些唱和词集在清初大批涌现，无疑昭示着清词正走向繁荣的美好前景。

四、清代唱和词集最盛

现存清代唱和词集48种，从数量上看无疑是最多的，超过了清之前历代唱和词集的总和。就质量而言，清代唱和词集也是可圈可点的，类型和题材都非常丰富。

就唱和类型而言，清代的唱和词集有专收个人唱和词的别集10种。而38种总集中，有收两人唱和作品的《王龙唱和词》（王鹏运与同乡龙继栋在京唱和之作）、《城东唱和词》（吴昌绶和张祖廉在苏州唱和之作）等集，有收三人唱和作品的《三子唱和词》（曹尔堪、王世禄、宋琬三人的唱和之作）、《梁园唱和词》（傅世垚、程大戴、佟世临三人的唱和之作）等集，大部分是收多人唱和作品的词集，如《广陵唱和词》《蓉影词》《萍聚词》《聚红榭雅集词》等。其中，还出现了一些比较特别的唱和专集：

一类是夫妻唱和专集。清代才女骤增，女性参与唱和活动的机会也大为增加，夫妻唱和成为清代唱和活动引人注目的现象。此时出现了夫妻唱和的专集，即由明入清的朱中楣、李元鼎夫妇所撰《随草诗馀》。是集收朱中楣、李元鼎夫妻唱和之作，共九十三首。《随草诗馀》为同题唱和，基本是朱中楣唱，李元鼎和。熊文举《随草诗馀跋》云：“古今名媛篇什，多以风韵取胜，然不无浮渲脂黛之习。唯夫人诸作雄浑方严，具有丈夫之概。至偶缀诗馀，秾纤倩丽，不减易安。”[③] 以前从

① 毛先舒：《潠书》，《四库存目丛书》集部第210册，齐鲁书社1997年版，第639页。

② 庄澹庵评王晫《满江红》和词评语，王晫：《峡流词》卷下，康熙十九年（1680）霞举堂刻本，第2页。

③ 冯乾：《清词序跋汇编》第1册，凤凰出版社2013年版，第8页。

未有过的夫妻唱和词集在清代出现，足以说明清代唱和主体的扩展、唱和活动的繁盛。

还有一类数量较多的唱和集是词社专集。如《燕市联吟集》，是嘉庆前期袁通在北京组织的燕市联吟词社的社集。联吟的时间在嘉庆癸亥（1803）、甲子（1804）两年。词社以袁通为主要成员，又有杨夔生、陈基、邵广铨、吴自求、李元垲、杨芳灿、钱枚、许廷诰（即许景诰）、陈文述、蔡銮扬、戴鼎恒、钱廷烺、何湘、缪元益、杨芸、李佩金、李鼎元、汪全德、程同文、浦梦珠、朱渌、邓廷桢、王德修等人。联吟作品虽以浙西风格为主，但又各有不同，其中袁通、陈文述等人的词宗浙西，钱枚、邓廷桢等人却超越了浙西词风。再如《江东词社词选》，收江东词社成员秦耀曾、孙若霖、孙廷鐻、孙麟趾、戈载、雷葆廉等六人的唱和之作，共六十首。道光二十三年（1843）至二十四年（1844），诸子结江东词社于金陵（今江苏南京），一起徜徉山水，流连诗酒，凡十余次聚会吟咏。其中，孙麟趾、秦耀曾为此次唱和的核心。这类词社专集，至民国时期更是蔚为大观，成为词坛一道亮眼的风景，很值得探究。

就唱和题材而言，清代唱和词集在内容的丰富性上也超越了历代唱和词集。除唱和词集经常涉及的吟咏山水、抒写怀抱等之外，还有一些较有特色的唱和词集：有专门的寿词唱和集如《千秋雅调》（一名《千秋岁倡和词》），乃康熙二十四年（1685）王晫五十岁生日时，赋《千秋岁·初度感怀》词一阕，尤侗偶过草堂，欣观致语，唱和一首，于是寄赠索和，先后传唱入录者，汇为是集。集前有李涛序，方象瑛题辞，尤侗《千秋雅调引》。收词计二百一十五家，二百三十四首，其中十三人写了二首，三人写了三首，所用词调皆为《千秋岁》。前二百二十六首为同调同题步韵之作，词题作《赠王子丹麓五十初度奉次原韵》，用“幻”字韵；后七首词题为《为王子丹麓五十赋》，用前韵，次序不同。内容均与祝寿有关。参与唱和者，十分之九是江浙士人，有当时名流如尤侗、曹溶、余怀、毛先舒等人，亦多有名位不显之作者，赖是集以传。有节令唱和集，如《樽酒消寒词》，收嘉庆九年（1804）、嘉庆十年（1805）前后邵广铨、董国华、赵植庭、方履篯、董曾臣、蔡銮扬、蔡鸿燮、顾翰、蒋锡恺等九人的作品，乃是冬日闲暇，朋友们一起“消寒唱和之作”[①]。有咏物唱和专集，如《拟乐府补题》，收厉鹗、陆培、张云锦、张奕枢、陈皋、闵华、吴廷采、万光泰、楼锜、查为仁等咏物唱和之作，共五调五题四十一首，是对宋咏物唱和词集《乐府补题》的有意模仿。此次唱和发生于乾隆十三年（1748）天津水西庄，是中期浙西词派词学活动重要的组成部分，重申和展扬了浙西词派的

① 冯乾：《清词序跋汇编》第2册，凤凰出版社2013年版，第800页。

词学主张。

清代唱和词集在数量上和质量上都堪称历代之最，可见清代唱和词之兴盛，这意味着越来越多的文人参与到词这一文体的创作之中，进而提高了词的地位，促进了清词的繁荣。

小 结

通过上文对明清唱和词集的梳理，大致可以得出以下两点结论：其一，明清唱和词集在晚明清初及清末这两个时期最为兴盛，这也与明清词学发展史的脉络是一致的。其二，明清唱和词集的类型和内容之丰富为历代之最，出现了夫妻唱和词专集、祝寿词唱和专集等新事物，值得研究者深入探究。

[作者简介：姚蓉，上海大学中文系教授。著有《明末云间三子研究》《明清词派史论》等。]

《词律》及万树词学思想得失平议

◇蔡国强

摘　要：万树的《词律》在词学史上具有极为重要的地位，万树在《词律》中所体现的词学思想，影响了整个清代、民国，至今仍在影响着词学研究人。其人其书，“振兴词学，独辟康庄，嘉惠后者甚厚”（杜文澜语），尤其是在词谱学领域，完全可以认为万树和他的《词律》是一座至今尚无人可以超越的丰碑。但是，无论是《词律》还是万树的词学思想，其中也包含了不少其实并不正确的内容，对其进行全面的认识和检讨，从而拨乱反正，对今天的词学研究具有重要的现实意义。

关键词：词律；词谱；万树

一、引子

公认清词的发展是词文学发展中的又一个高峰，且触及的内容远比唐宋更为阔大，一个重要的原因就在于清词的创作，一起步就在一个很好的规范之中，因此做得到“托体尊”“审律严”[①]，在形式上有了一个基本的保障，叶恭绰认为“清代文学多不能超越前代的，如曲不如明，更不及元；又诗也不及明朝，独词较好，可知清人对于词的研究深切了。由此看来，清词立在重要的地位，定无可疑”[②]。

① 叶恭绰：《清代词学之撮影》，民国十九年国立暨南大学学术讲演稿影印本，第9页。

② 叶恭绰：《清代词学之撮影》，民国十九年国立暨南大学学术讲演稿影印本，第9页。

而清词之所以能有这样的成就，就是因为“万树、戈载编著《词律》《词韵》，归纳各大家作品，定出一个标准来，于是填词的人始竞竞于守律”①。这种对《词律》的高度评价和定位，是中肯且有代表性的。

对万树和《词律》的好评，清代就早已鹊起，如四库全书《词律提要》说：“考调名之新旧，证传写之舛讹，辨元人曲、词之分，斥明人自度腔之谬。考证尤一一有据。……要之，唐、宋以来倚声度曲之法，久已失传。如树者，固已十得八九矣。”②这样的代表官方的评价也是很高的。

由于《词律》在词学中所具有的重要地位，清代掀起了一股“词律学”的热潮，词学家们纷纷对《词律》一书进行了各种修正、完善，著名的有杜文澜的《词律校勘记》《词律补遗》，徐本立的《词律拾遗》，陈元鼎的《词律补遗》，张履恒的《词律补案》，徐绍棨的《词律笺榷》，以及戈载的《词律订》等等，这些著作主要从两方面进行完善，一种以《词律校勘记》为代表，主要在词学内容上进行质疑、校正、补充，一种是以补遗的形式，对万树未收录的词调及词体进行收录、整理、扩编。除了这些专门的著作之外，针对《词律》进行纠误、点评的散见于各种词话、词集中的言论，更是不计其数，如丁绍仪的《听秋声馆词话》、谢章铤的《赌棋山庄词话》、蒋敦复的《芬陀利室词话》、吴衡昭的《莲子居词话》和黄曾的《瓶隐山房词钞》、冯登府的《种芸仙馆词》、杨恩寿的《坦园词录》、杜文澜的《宋七家词选校注》、周之琦的《心日斋十六家词录》等等，林林总总，不可胜数。

在这些散聚于各个方面的尾声中，最值得我们提及的就是《词谱》和《词繫》，《词谱》因为是皇家钦定，所以后代声名显赫，已成圭臬，而《词繫》则未能被大众所熟知，实为一憾。秦巘所编纂的这部收录了一千多个词调的巨著，虽以一人之力而雄踞词谱学之巅峰，却也都是与《词律》具有传承关系的，秦巘在《凡例》中直言：“兹编以《词律》为蓝本。”见出了这个词谱学上的传承脉络。

二、《词律》体例得失平议

（一）前无古人的容量

在《词律》问世之前，作为词谱专著，已经有多部著作问世流传，最早的当是整整早万树两百年的明儒周瑛的《词学筌蹄》。而在万树时代，被学人视为工具的则是《诗余图谱》《啸余谱》等，其中又尤以《啸余谱》风靡一时。但是，这些词谱

① 叶恭绰：《清代词学之撮影》，民国十九年国立暨南大学学术讲演稿影印本，第9页。

② 永瑢等撰：《四库全书总目题要》第40册，商务印书馆民国二十年影印版。

专著的容量却远不能满足创作的需要，且不论最早的《词学筌蹄》仅拟176个词调，就是当时最风行的《诗余图谱》也只有341个词调，《啸余谱》则只有327个词调，这与通常认为的《词律》拟谱660个相比，几乎就是两者的总和了，这样的规模，作为一个实用的填词工具而言，对后人的填词之便，自然是不可细数，所以杜文澜会说：《词律》“振兴词学，独辟康庄，嘉惠后者甚厚”[①]。

搜罗殆尽的编纂，这可以说是《词律》在词谱史上的一个重大功绩，也正是因为有了《词律》，才触发了后来词谱史上的另外两部巨制：一部是以皇家力量来钦定的《词谱》，通常认为共计收入826调；一部是秦巘“以《词律》为蓝本，于其阙者增之，讹者正之”[②]的《词繫》，通常认为[③]共收入1029调，而除此之外，有清一代，直至民国，都未能有人超越这一规模。

（二）谱式表达体例上的特征

《词律》一书的一个最直观的特征，是在体例上借鉴了《啸余谱》的“文字谱”模式，而摒弃了“图谱”模式。从万树的文字来看，他应该没有见到过词谱始祖《词学筌蹄》，词谱类著作的图谱化，是在一开始就确定了的，客观地说，图谱模式的行文，从使用的角度来说，是要更加便利的。但是，从《词学筌蹄》开始，到《诗余图谱》，再到万树时代的《填词图谱》，一个共同的缺陷是，他们都仅仅将图谱停留在一个就事论事的层面，没有将工具书应有的“便利化”作为一个重要的属性和标准，从而进行充分的直观式表达，反而是一直沿用《词学筌蹄》的老套路：每一调先拟出总的图谱，再续之以相关的词例，这样，图谱和例词实际上就形成了两张皮，就实际使用来说，每一个字、每一个句所对应的是哪个图谱，完全不能一目了然，所以仍然存在在使用的时候极不方便的缺陷。相信万树一定是看到了这种不方便性，所以彻底扬弃了图谱模式，而采用了《啸余谱》的“文字谱”模式。

图谱模式的体例，在图谱与词例分离的情况下，不能很好地发挥其一目了然的优势，《词律》没有考虑进行改造，而只是将其简单扬弃，应该说是一种遗憾。其后的《词谱》虽然是在《词律》基础上的再造，但是却仍旧捡起了图谱模式，并且改造为谱、词混编模式，最大程度上发挥了图谱直观、清晰的优势，不能不说是词谱史上的高明于万树的一个重要改进。

虽然《词律》对《啸余谱》的批判有时候是极为严厉，毫不留情的，但是，这并

① 万树：《词律》，《词律续说》，中华书局1957年版，第37页。

② 秦巘：《词繫·凡例》，北京师范大学出版社1996年版。

③ 我之所以三个数字均冠以“通常认为”，是因为由于理念不同，这些数据有多方面的错误。如《词谱》每每将不同的令引近慢词调合而为一，即为一例。

不妨碍《词律》吸收《啸余谱》的可取之处，谱式摹拟上的“文字谱”模式显然就是学习《啸余谱》的，尽管这种模式并不见得有更多的优势。而在这一模式的运用中，《词律》也并非全盘接受，而有所改造，尤其是对其形式上的化繁为简，如去掉平声旁符、去掉句子字数描述等，两相比较，无疑《词律》更显干净利索。但是，万树如果能将旁符利用起来，运用逆向思维的方式将其改造成另一种类型的图谱，例如以线为平、以点为仄，从而取代文字上的“可平”“可仄”，那么他的文字谱就应该会在谱面更干净、表达更清晰上，有一个出色的表现，万树没有做这方面的工作，总给人一种功亏一篑的遗憾。

（三）首创的词调类列化表达

《词律》在体例上一个的大创举，是在按照字数多少排列的基本架构上，发明了词调的“类列”编排模式，这一概念万树在论及《一枝花》词调的归属时提出：“《一枝花》（与《满路花》）尤为吻合，故并类列焉”[①]。

在《词律》中，万树所采用的“类列”这一形式，可以细分为两种完全不同的模式：

第一种是将调名文字接近的，或调名中有关键字相同的几个词调，打破基本的序列法进行排列，例如：《浪淘沙》《浪淘沙令》《浪淘沙慢》三个词调放在一起，以方便使用人查阅。

第二种是将多个不同调名但疑似相同词调的放在一起，如将八十七字的《满园花》类列于八十三字的《满路花》之后，万树并注明：“此调既与前调牌名相似，而句法亦多相合，前段竟同，只多一‘惯’字与‘甚’字耳。后段稍异，然‘佛也’句、‘罢了’句及结处二句，俱与前调仿佛，故以附于《满路花》之后。”[②]而九十字的《一枝花》因为“此与《满路花》定是一调，其后起七字，即与前赵词同，彼用平、此用仄耳。但较多‘任、似、看、但’四个虚字，其为同调何疑？况调名亦有花字乎？”[③]所以再类列于《满园花》之后。这样，加上前面“周美成有《归去难》一词，与《满路花》全同，故合为一调，录后备证”[④]，在《满路花》一调后就类列了三个疑似同调的词。

这两种方式，前一种万树并没有将其称之为“类列”，这种模式无论对于填词者还是研究者来说，都具有很好的便利、实用的价值，虽然形式上似乎有一种体

① 万树：《词律·满路花》谱注，中华书局1957年版，第634页。
② 万树：《词律·满路花》谱注，中华书局1957年版，第634页。
③ 万树：《词律·满路花》谱注，中华书局1957年版，第634页。
④ 万树：《词律·满路花》谱注，中华书局1957年版，第633页。

例混乱的嫌疑，但是由于全书统一，只要凡例注明，是有其可取的地方的，所以其后的《词谱》承续了这一方式，只是《词谱》的统一性做得很差而已，充斥了一种随意性，不能做到全部如此。而后一种方式所采取的“不妄断”态度，固然有其严谨的一面，但是在作为一个称之为“律”的著作中，将自己的犹疑不确定交给专业性更弱的读者，却难免给人毛糙甚至不负责任的印象，其后的《词谱》完全扬弃了这一方式，也许是因为看到了这个方面的不足。但是，在秦巘的《词系》中却得到了极致的发展。秦巘甚至每每将同调异名者罗列一起，变得非常啰唆，殊为无谓。

（四）被强化的分体模式

词谱从一出世以来就有一个“体”的概念，所以这个特征并非万树的《词律》所特有，但是，《词律》第一次提出了“又一体”这个概念，则算是一种首创，而这个“又一体”和最初《词学荃蹄》中的“体”其实是有所区别的。所以《词律》对“体”的强化所起到作用非常大，尤其是其中的消极作用，不能不被我们所认识。

从《词律》开始直到今天为止，“又一体”的概念，基本上是一个模糊的或者甚至是混乱的概念，所以，在研究“体”的问题之前，一个重要的任务是我们先要给它做出一个准确的定义。从逻辑的角度来说，相对于“又一体”的“正体”无疑是词调范畴中的最高等级概念，但是如果采用“又一体”的概念，则意味着所有的“又一体”都具有和“正体”同一级别的身份。举例来说，《满江红》在《词律》中除正体外另外还共有五个“又一体”，那么，这种状况就等于我们承认有六种不同体式的《满江红》存在。

无疑，这样的概念直接否定了“调有定格”这一基本准则。这是今天依然存在，并为大家所接受的一个重要的荒谬问题。

《词律》在体量上被后人一直称道的，除了660个词调，还有就是1180余个“又一体”。由于前述第二种类列方式的应用，总体上《词律》的“又一体”现象似乎便不严重，但是一些常用的词调上，较之于当时的其他一些词谱，它的体量就可以看出增容不小了，仍以《满江红》为例，在《啸余谱》中收录了三体、《诗余图谱》则仅二体、《填词图谱》也是三体，《词律》所增在一倍以上。

再一个问题是，“又一体”所包含的类别很不划一，也是一个值得探讨的内容。《满江红》的五个“又一体”中包括这样几类不同的形式：其一是增减字类，包括减字体两种、增字体一种；其二是增减韵类，包括增韵体一种；其三是韵脚变化类，包括平韵变体一种。这三种类型中，也许只有最后一种是可以作为最高级词调体存在的，因为我们可以认定《满江红》这一词调存在平韵体、仄韵体两种不同的体式。

回过来看《词学筌蹄》中的体，从其体例上来说，则应该是合理的，尽管这种模式作者的初衷如何我们已经无法知道。《词学筌蹄》中的模式是这样的：每一个词调先列出正体的图谱、词例，然后在正体的词例后罗列各种有所区别的词例，但是这些其他的词例则不再给出相应的图谱，仍以《满江红》为例（谱中□为仄、○为平，例词原无标点，其余一仍其旧，所有错误均不改动）：

○□○○。○○□。□○○□。○□□。□○○□。□○○□。□□○○○□□。□○□□○○□。□□○○□。□○○。○○□。　○○□。○○□。○□□。○○□。□、○○○□。□○○□。○□○○○□□。□○○□○○□。□□○□□□○○。○○□。

右谱一章二十句

春水连天，桃花浪、几番风恶。云乍起、远山遮尽，脱风还作。绿徧芳洲生杜若。楚帆带雨烟中落。认向来、沙觜共停桡，伤飘泊。○寒犹在，衾犹薄。肠欲断，愁难着。倚篷窗无寐，引杯孤酌。寒食清明都过了。可怜辜负年时约。想小楼、日日望归舟，人如削。（春晚）

右张仲宗

东武南城，新堤固、涟漪初溢。隐隐遍、长林高阜，卧红堆碧。枝上残花吹尽也，与君试向江边觅。问向前、犹有几多春，三之一。○官里事，何时毕。风雨外，无多日。相将泛曲水，满城争出。君不见、兰亭修禊事，当时坐上皆豪逸。到如今、修竹满山阴，空陈迹。（春晚）

右晁无咎

斗帐高眠，寒窗静、潇潇雨意。南楼近、更移三鼓，漏传一水。点点不离杨柳外，声声只在芭蕉里。也不管、滴破故乡心，愁人耳。○无私有，游丝细。聚复散，真珠碎。天应分付与，别离滋味。破我一床蝴蝶梦，输他双枕鸳鸯睡。向此际、别有好思量，人千里。（咏雨）

右陈莹中

东里先生，家何在、山阴溪曲。对一川平野，数椽茅屋。昨夜冈头新雨过，门前流水清如玉。抱小桥、回合柳参天，摇新绿。○疏篱下丛菊。虚檐外，萧萧竹。叹古今得失，是非荣辱。须信人生归去好，世间万事何时足。问此青春，酝酒何如，今朝熟。（幽居）

右吕居仁

扰扰浮生，待足何时是足。据见定、随家丰俭，便堪龟缩。得意浓时休进步，须知世事多翻覆。漫教人、白了少年头，徒碌碌。〇谁不爱，黄金屋。谁不羡，千钟禄。奈五行不是，这般题目。枉费心神空计较，儿孙自有儿孙福。也不须、采药访神仙，惟寡欲。（警世）

右僧晦庵

恼杀行人，东风里、为谁啼血。正青春未老，流莺方歇。蝴蝶枕前颠倒梦，杏花枝上朦胧月。问天涯、何事苦关情，思离别。〇声一断，肠千结。闽岭外，江南陌。上长堤杨柳，翠条堪折。镇日丁宁千百遍，只将一句频频说。道不归去不如归，伤情切。（鹧鸪）

右康伯可

由上可见，《满江红》这一词调在《词学筌蹄》中的正体是以“春水连天”词为标准的，但在具体的填写中，则可以有如下微调：

①七字句中可以添字成为三五式的八字句，如第二词；

②前段的第一个七字句可以押韵也可以不押韵，如第三词；

③前段第二均可以减二字，成为一字逗领起的填法，如第四词；

④前段第二拍可以减一字作六字一句，如第五词；

⑤后结八字句可以减一字填为七字句，如第六词。

这样的体例，实际上诠释了这样的一种表达：“调有定格，所以图谱仅列一种谱式，但是在这个谱式下填词人可以通过增减文字、增减韵脚、调整句读等手段做出一些微调，而经过微调的词，体式上并没有任何改变，依然归属于该词调的正体，所以无须给出专门的谱图。”这是一种非常合乎唐宋词实际的词谱描述方式。直至《诗余图谱》，所沿用的依然是这样的一种模式，但是这种正确的表达方式未能被《词律》所吸纳，不能不说是一个极大的遗憾。

而在理论上，也已经有词学家对这种增减字而引起的“又一体”抱否定态度，先在《词洁》中就明确认为，词的“字句或可参差”，“若执一而论，将何去何从”？尤其是“今既已不被管弦，徒就字句以绳，词虽自诧有独得之解，吾未敢以为合也”[①]，他更认为，词本来就存在“容有伸缩、转移一二字者，在古人已然”，本有这样的传统创作规矩[②]。郑文焯则在《批校乐章集》中指出，《夜半乐》“艳阳天气”一

① 唐圭璋：《词话丛编》，中华书局1986年版，第1362页。

② 唐圭璋：《词话丛编》，中华书局1986年版，第1329页。

首作为又一体“亦无依据，实则字句与前无异，惟结句多一字”，更批评说，万氏《词律》“见一属比稍殊，即列为别体，甚非谓也”[①]。都是很有见地的观点。而这些观点的本质，实际上就是在恪守“调有定格”的基本准则，是真正从唐宋词本源样貌考虑的结果。

（五）《词律》体例中的其他缺陷

虽然《词律》获得了很大的成功，但是作为首部严格意义上的词谱著作，其缺陷还是很明显的，首先，是在规模上尽管他在当时远远超出了各种专著，但是就词调实际而言，失收的内容比例还是非常大的，这当然与万树漂泊无定的生活状态有密切的关系。其次，是其所据的底本显然不够精谨，所以书中经常会有一些文字上的瑕疵，这些瑕疵对词谱精准性的影响是很大的。再次，是万树对不少问题的批评过于主观，反而影响了著作的说服力。

三、万树的词谱学思想

万树和《词律》的伟大，绝不仅仅在著作本身的规模宏大，或者体例上的创新，而在万树本身所具有的基本上已经成系统的词谱学思想。他的这些理论上成系统的见识，很多内容不仅仅贯穿于整个《词律》，甚至在被后人广泛接受后，一直贯穿到今天这个时代。我们择其要进行阐述分析。

（一）随谱附注模式的开创

由于在《词律》之前的各种词谱著作，均只是单纯地展示每一个词调的格律规范，而没有将词谱编撰人的编撰思路反映在词谱中，因此之前的所有词谱著作都无法知道其中的平仄、句读、韵脚的规范“为什么如此”这一问题，这对于一个本来就是给人做“谱”的工具书来说，不能不认为是一种极大的缺陷。而万树在《词律》中，但凡是一些重要的问题，都会不厌其详地予以解说、备注，像说明《催雪》就是《无闷》这一个问题，甚至用记叙文的形式，絮絮叨叨记录了整个发现过程的“故事”，使读者即全面了解了两者之所以实为一体的来龙去脉，又分享了一个词谱学家在一个重大的发现之后的欣喜若狂，对于研究词谱的学人，尤其感同身受。

大量的注文，已经成了《词律》一书的重要组成部分，而万树的整个词谱学思

① 郑文焯：《大鹤山人词话》，南开大学出版社2009年版，第41页。

想也全部在这一部分中得以保存。所以，这一模式的意义不仅仅在于这些注解本身都是含有很高的学术成分的，其学术含金量甚至远远超过了书中的词谱本身，更在于万树的词谱学理念和这一体例本身，为从此之后的词学研究打开了一个敞亮的大门。此外，除了学术上的价值，这种编排对于后人词文学的创作实际也具有深刻的指导意义，即便是仅仅使用《词律》进行词的创作，这一部分也成了重要的必读材料，对于深刻了解词调、把握词调，最大限度地填写到位，而不是仅仅照猫画虎地套搬几个平平仄仄，从而创作出大量优秀的词作，是具有重要的帮助价值的。

事实上，《词律》之前的诸多词谱著作中，因为没有这样的附注功能，一些即便可能合理的规范也因为无从了解编者的意图，而成为被读者质疑的对象，在《词律》中被万树批驳的那么多内容中，并不见得全都是错误的，这部分内容里有的恰恰是因为对方没有作出任何解说，所以才形成的。例如《感皇恩》一调中，万树指出该调前后段第三句的末三字，依律应该"用'仄平仄'，是此调定格。而《谱》《图》注可作'平仄仄'，甚怪。若此三字作'平仄仄'，岂成其为《感皇恩》乎？试问古作家亦有用'平仄仄'者乎？且前段不注，吾又不知其何说也。"[①]万树的基本观点并没有错，但《填词图谱》和《啸余谱》之所以这样标识，也并非空穴来风，他们必是校之于晁补之的词，而作出了"前段不注后段注"的规范，晁词这两句是这样的"多病寻芳懒春老……花底杯盘花影照"，而确实该调这两个七字句宋词基本上是用的拗句句法，只有晁补之、程大昌等个别词作中用了律句句法，作为填词圭臬的词谱，应该有所为有所不为，将极个别非主流的填词实际予以忽略，也是一种合理的作法，但《填词图谱》和《啸余谱》的平仄标注并非无所依据，只是未作具体说明，就此而论，也未必就是错误，更不至于会不能算是《感皇恩》了。

当然，作为这一模式的发轫者，万树很多词调的注解也是尚不够完善的，很多平仄的权宜表达也存在《啸余谱》们一样的问题，而这个问题在其后的《词谱》编纂中，倒是做得更为精致，得到了很好的改进。

（二）多样化的互校理念。

词谱的编制，就形式而言，说到底就是一个词和词互校的过程，万树通过他的注文给我们展示了他丰富多样的互校理念，其中这样两点是其中最为重要的：

首先是万树的互校强调一个"名作优先"的原则，他在《惜分钗》一调后说：

① 万树：《词律》，《感皇恩》调第一体后，中华书局1957年版，第497页。

“夫作谱以为人程序，必求名作之无疵者，方堪摹仿，奈何取此谬句以示人耶？”[①]这可以认为是万树拟谱取例的一个基本原则，正因为如此，在整个著作中可以说是处处体现了“扫除流俗，力追古初，一字一句，皆取宋元名作，排比而求其律，律严而词之道尊矣”[②]这样的一种风貌。因此，在整个《词律》中，触处可见万树“名作皆然”“名作多如此”“观从来名作可知”“细观古人名作，莫不皆然”“古人名作无不整齐明白”这样的“口头禅”，可谓这种理念已经融化在血液中了。

尊重名作，并不等于盲从名人，万树对这两者的分辨是非常清晰的，他在“发凡”中认为“诸名家莫不绳尺森然者”，但如果其中个别地方有所改变，有不合乎基本韵律特征的，那么就可以基本断定“或系另体，或系传讹，或系败笔，亦当取而折衷，归于至当”[③]，因此，全书中直陈名人名作为“败笔”的并非罕见，如《醉蓬莱》下说“梦窗首句作‘碧天书信断’，虽或第一句可通用，然亦是败笔”，《瑞鹤仙》第二体下说“惜香二句用‘金井梧’‘东篱菊’，尤是败笔，不可学也”，《秋霁》下说“草窗……俱误，或系传讹，或系败笔，皆不可从”，《贺新郎》第二体下说“其间或有一二用平平仄者，乃是败笔，如坡公前尾之‘风敲竹’是也”，这种学术精神之可贵，至今仍然值得我们以之为范。

十分遗憾的是，万树这种名作优先的观念常会被一个客观原因所影响，那就是万树所选的作品虽每每出于名家之手，但是他所据的版本，却由于漂泊的生涯显然没能获得最好的版本，以致他书中的不少瑕疵，往往是因为版本的缘故而造成。《词中》中的很多错误都和汲古阁本一致，便是一个明证。

其次，值得一提的是万树首创的前后段对校的校谱方式。由于词文学特有的韵律和谐性，几乎所有的双调式词调都存在着一个特点，即会有词的前后段旋律部分甚至全部相一致的情况，因此，《词律》中我们经常可以看到万树特意指出的“后段某某至某某，与前段某某至某某同”，这样的提示看似闲笔，对填词人来讲却会有很大的创作上的启迪。从词谱学学术的角度来说，大量的词例对校也表明了，这是一种极为有效的词调整理手段。

前后段互校的作用大致表现在这样几个方面：

第一，前后段对校可以协助判断文字的衍夺、可以协助句读的确定、可以厘清韵脚的然否。这样的例子在整个《词律》中不胜枚举，这是前后段对校最基本的三个方面，也是对校的主要功能和作用，同时，通过文字衍夺的判断，来确定某

① 万树：《词律》，《惜分钗》调后注，中华书局1957年版，第454页。

② 万树：《词律》，中华书局1957年版，杜文澜序。

③ 万树：《词律》，中华书局1957年版，发凡。

一调某一句的正格应该是多少字，这是终极目的，所以这种衍夺的判断不仅包括了谱中的例词，也包括了未入谱的词作。例如《女冠子》第三体，万树认为蒋捷词“字字依李汉老‘帝城三五’一首平仄”，但是后段却比李词多了二字，“今细订之，‘待把’句即同前段‘不是’句，此二字不可少，而李词落去也。”这样，通过前后段的比较，确定了本调的格律规范，顺便还将李词做了一个校勘。

第二，前后段对校可以协助词调篇章上的勘误。这方面的表现，可能万树对《三台慢》的校勘是最经典的一个例子，字里行间，也可以看出是万树最得意的案例之一。该调“从来旧刻此篇，俱作双调，于‘双双遊女’分段，余独断之，改为三叠，人莫不疑且怪者”，但万树以他独创的对校法将上中下三段一一厘清，丝丝入扣，向读者展示了一个“如此堂堂正正，每段五十七字，一字不苟”①的三叠调谱式，作为一个词谱学学者，每读至此，都不能不击节而奉一膝之敬。

第三，前后段对校可以挖出最佳的格律模式，例如在《遐方怨》中的双调体谱式中，顾夐词前后段的第三句分别为“象纱笼玉指……辽塞音书绝”，前后字数相同但句法各异，显然万树认为这是一种不和谐的情况，所以特为指出：“孙光宪则第三句前云‘为表花前意’，后云‘愿早传金盏’，全用‘辽塞’句平仄，更为有律。”②只是因为孙词疑似有文字脱落，所以才选用了顾夐词，但这两句做了如此的说明后，填词人自然就会懂得遵循怎样的平仄才是最合乎本源的。

第四，前后段对校可以重点提示两段词所存在的差异，帮助创作者处理好不同之处的韵律关系，引导填词人进行相关的构思。

第五，前后段互校，不仅对字的平仄、句的字数可以有所考正，更对一个词调的段的鉴定也有所帮助，如《上行杯》一调，现分作双段式，但是按照万树本人的观点，“以余断之，只是单调，小调原不宜分作两段也。合之为妥”③。只是万树出于谨慎，在没有旁证材料的情况下，未作出合成的处理，而其后的《词谱》则对万树的观点赞赏有加，认为“《词律》则云：当合为单调。今从之”④。所以将其规范为一个单段式小令，从这个词调的结构来看，全篇显然是一个三均式的单体调，如果分段，则第二韵便被割裂。而万树从前后段对校的角度得出词为一段的结论，可谓独辟蹊径。

但是，在前后段对校的问题上，万树有时候也会有太过拘泥前后相等的考量，事实上，词的前后段固然存在对应的体式惯例，但是，词的起调毕曲部分却往

① 万树：《词律》，《词律续说》，中华书局1957年版，第182页。

② 万树：《词律》，《词律续说》，中华书局1957年版，第215页。

③ 万树：《词律》，《词律续说》，中华书局1957年版，第243页。

④《钦定词谱》，中国书店1983年影印版，第173页。

往因为韵律变化的需要，会形成一种句式错综的情况，如果过度依赖对校，难免就会形成一种错误的认识，导致分句失误。

（三）在词谱中创立逗概念，完善词表达形式的认知

中国的古书是没有标点的，诗词亦如此，但是词和诗不同，诗由于基本是齐言式，所以极易读通，而作为长短句的词，每一均之间的句读常常是不统一的，所以一个九字单位或被人读成五字一句、四字一句，或被人读成三字逗领六字的一句。这种问题如果仅仅停留在理解层面，并不是什么问题，但是如果体现到一本作为规范的词谱中，就不是小事了。而尽管最初的《词学荃蹄》是标明了三字结构的读住的，那个时代应该还没有"逗"的概念（从前面引用的《满江红》图谱可以很清楚地看出来，逗和句没有任何形式上的区别），但到了明末清初，各家词谱都基本不再将三字逗标出了，从《诗余图谱》到《啸余谱》乃至后来的《填词图谱》，都是如此。

这种没有"逗标记"的谱式，一个最大的弊端就是掩盖了该句子的句法特征，从而会导致误读、误填，万树在《步蟾宫》中专门指出，该调由于体例上的原因，《诗余图谱》《啸余谱》等书"概注七字，致误不少。故本谱加'豆'字于旁，以识之。"豆，即我们今天概念上的"逗"，万树所添加的这一个"标签"意义十分重大，不仅清晰地揭示了一个句子的句法关系，更重要的是明示了这个句子韵律上的特征。而从应用的角度来说，也让我们可以体悟到：正因为有了逗的使用，词的风格才有了一个可以多样化的实现。

关于这一点，一直来我们都忽略了一个重要的问题：词之所以为词，就是因为有"逗"的存在，无逗时代的词是不完美的童稚时代作品。早期的词在字面上极少用到"逗"，唐五代词中笔者曾做过一个统计，含有一字逗的词仅20首、三字逗的词也只有42首，其比例小到几乎可以忽略的程度，这也是为什么早期的词缺乏一种激荡顿挫的韵律美感，无法承载类似豪放词那种激越铿锵的旋律质感的根本原因。现在主流的观点都认为豪放气的产生是因为慢词的形成，是因为仄声韵韵脚应用的原因，如龙榆生先生说："至于苏辛派词人所常使用的《水龙吟》《念奴娇》《贺新郎》《桂枝香》等曲调，所以构成拗怒音节，适宜于表现豪放一类的思想感情，它的关键在于几乎每句都用仄声收脚，而且除《水龙吟》例用上去声韵，声情较为郁勃外，余如《满江红》《念奴娇》《贺新郎》《桂枝香》等，如果用来抒写激壮情感，就必须选用短促的入声韵。"[①]窃以为这样的观点都并未切中要害，

① 龙榆生：《词曲概论》，北京出版社2004年版，第29页。

只是隔靴搔痒而已，试想，唐五代人写了很多《谒金门》，该调句句用仄收，也有不少是押入声韵脚的，为什么就没有一首是豪放气勃发的呢？就慢词本身而言，如果没有"逗"元素存在的话，必将和令词一样在旋律上激发不出来。强调词的"声容"，强调豪放词的"拗怒"，是龙氏的一个基本观点，但是他却没有体察到"拗怒"之所以拗怒的原因所在，无法想象，上述所举的五个慢词，如果去掉其中的一字逗和三字逗，那么其音节上的拗怒，还将如何实现？这个问题，简单到我们现在去读一下就可以很清楚地体悟到，更不用说诉诸音乐了。

所以，正是因为万树的"逗"意识，才让我们可以清晰地摸到词在音乐性上的一个重要特质（这一和传统律句完全不同的句法元素，笔者在《吴梅词学通论发微》一书中有详细研究，有兴趣的届时可以参考）。但是，作为一个开拓者，万树也有其疏漏之处，最重要的有这样两点：二字逗的忽略，三字逗的笼统，相信这里还有很广阔的研究余地。

（四）兼声意识所发掘的代平规则

诗与词的一个重要区别在声，即诗只讲究平和仄二声，但词却讲究四声。这个观点到了万树写作《词律》的时候应该已经非常清楚，例如他之前的李渔，就在《窥词管见》中提出了这样的观点："四声之内，平止得一，而仄居其三。人但知上去入三声，皆丽乎仄，而不知上之为声，虽与去入无异，而实可介乎平仄之间。以其另有一种声音，杂之去入之中，大有泾渭，且若平声未远者。古人造字审音，使居平仄之介，明明是一过文，由平至仄，从此始也。"[①]在李渔的观念中，从平到仄是一个渐变的过程，中间还有"介乎平仄之间"的一个上声存在，这一观点可以视为正好是万树"以上作平"理念的一个理论依据，而这种一致并非不谋而合，相信必定是当时存在着这样的一种词学观念。万树对此的研究是很深入的，他既从曲的角度入手，说"中州韵'不''有'者，也作平，平上之为音，轻柔而退逊，故近于平"，又根据宋词实际"如何籀《宴清都》前结用'那更天远、山远、水远、人远'，书舟亦效之，用四'好'字，盖'远''好'皆上声，故可代平，其句字本宜如美成所作'庾信愁多，江淹恨极须赋'，'多'字、'淹'字宜用平声，此以二'远'字代之。"由此提出了"本宜平声而古词偶用上者，似近于拗，此乃借以代平，无害于腔。"[②]这是万树"以上作平"理念的实例依据，因此，万树在校词的时候往往就会呈现出一种得心应手的风度，很多看似拗涩的句子，经过万树的梳理，都得到了合理的解释。

①《窥词管见》第十九则，唐圭璋：《词话丛编》，中华书局1986年版，第558页。

②《词律·凡例》，唐圭璋：《词话丛编》，中华书局1986年版，第558页。

当然，万树走得比李渔更远，他不仅笃信并且还用校谱实际证明了上声可以替代平声，更认为词中用入声替代平声的情况更为多见，他的理念是：入声在“今词中之作平者，比比而是，比上作平者更多，难以条举。作者不可因其用入是仄声，而填作上去也。”[①]实际上，关于上入可以替代平声、上去入不可视为一体的问题，宋代大词学家张玉田、沈义父都早已经有过研究，揭示了上入与平声之间的那种微妙的关系：“盖五音有唇齿喉舌鼻，所以有轻清重浊之分，故平声字可为上入者此也。”[②]“其次如平声，却用得入声字替。上声字最不可用去声字替。不可以上、去、入尽道是侧声。”[③]

上声和入声可以用来作为平声的替代，这在唐宋词的实际应用中已经是一个不争的事实了，尽管由于识见的不同，其后《词谱》的编辑们否决了“以上作平”的用法，在整个《词谱》中不再提及这一说法，而且“以入作平”的说法也并未被每一位编辑所接受，我们可以很清楚地看到，虽然《词谱》中有的词调有以入作平的诠释，但不少谱式中并未采纳“以入作平”的观点来分析词句的平仄问题，以致错误地拟定了不少词句的平仄谱，但是，在词学界这一观点还是获得了很好的响应，如后来的杜文澜、郑文焯、江顺诒等词学家都认同且秉持了这一观点。

在这一问题上，万树的不足是未能深入探究上入替代平声的问题，一方面，某些特殊状况是否都能适用这一定则，万树未能作出全面的解说，例如在韵前字这种比较特殊的情况中，上声和入声的替平就是一个禁区，万树或许是没有意识到这一个特征，而这对于填词人来说则是具有非常重要的实际指导意义的。另一方面，上声和入声作平的普遍性未能获得应有的强调，事实上，根据唐宋词实际来看，上入完全就是一个兼具平仄两种功能的“兼声”，这样，作为一个独立的声类，前述的“禁区”问题就可以得到合理的解释了：为什么在韵前字这个特殊的字位上，上声和入声不可以替平，就是因为兼声并列于平声或仄声，所以不能被替代。

（五）泛去声的得与失

宋代词学家沈义父曾经说过一句名言：“句中用去声字最为紧要”[④]，从此开始，一直以来词学界有一个“去声紧要”的说法存在，认为在词中去声具有一种神奇的韵律功效，这个说法的缘起，或自万树的进一步诠释，万树是这样说的：“夫

① 万树：《词律》，中华书局1957年版，发凡。

② 张炎：《词源》，唐圭璋：《词话丛编》，中华书局1986年版，第256页。

③ 沈义父：《乐府指迷》，唐圭璋：《词话丛编》，中华书局1986年版，第280页。

④ 沈义父：《乐府指迷》，唐圭璋：《词话丛编》，中华书局1986年版，第280页。

一调有一调之风度声响，若上去互易，则调不振起，便成落腔，尾句尤为喫紧，如《永遇乐》之‘尚能饭否’、《瑞鹤仙》之‘又成瘦损’，‘尚’‘又’必仄，‘能’‘成’必平，‘饭’‘瘦’必去，‘否’‘损’必上，如此，然后发调。”词与诗不同，万树对这一问题的认识非常清楚，所以他说：“三声之中，上入二者可以作平，去则独异，故余尝窃谓：论声虽以一平对三仄，论歌则当以去对平上入也。……上之为音，轻柔而退逊，故近于平。”因为如此，他认为“名词转折跌荡处，多用去声”。（均见《词律·发凡》）这些观点，构成了万树对去声情有独钟的一个大致轮廓，并为后人普遍接受，如吴梅就在他的《词学通论》中基本照抄了万树的这些观点①。

毋庸讳言，词不同于诗的一个根本特点是它的音乐性，这在词乐未亡时如此，在词乐已然亡佚之后的今天依然如此，但是，两者所依赖的要素却已经完全不同。从音乐性的角度来说，词要讲究韵律上的美感，这个韵律不仅仅是一个韵脚的问题，还关乎字音所形成的旋律、节奏，而所谓旋律，必定是一连串的音的组合，而不是由某一个音独撑局面，因此，万树在分析去声与其他声组合的时候，如揭示“去上”或“上去”之妙，还具有一定的合理性，但是只要词中有一去声便孤立地称“妙”的方式，便以为“此字非去声不足以振起”②的说法，就没有根据了。既然是旋律，那就必然是若干个字音的组合，而不是一个单音节的字，上去一旦粘合，就有一个小旋律产生，犹有道理，一个孤立的字音又如何形成旋律？而就字音的角度来说，即便是“振起”，如果全是一片去声，恐怕也没什么美感可言。

实际上沈义父的话后人大都是在断章取义，他的整个语境是这样的：“腔律岂必人人皆能按箫填谱，但看句中用去声字最为紧要。然后更将古知音人曲，一腔三两只参订，如都用去声，亦必用去声。”③这种强调去声的重要，又强调在词乐亡佚后还得看“古知音人”究竟怎么做的思路，才是稳妥、正确的。就以前面万树所举的例子为证，万树认为“尚能饭否”的“饭”“又成瘦损”的“瘦”是“必去”的，那么，看“古知音人”在他们的词中是如何填的，就应该足以证明他的说法是对还是错了。

吴文英有三首《永遇乐》，其中有两首用的是“又吹雨断”的“雨”、有“水清浅处”的“浅”，都是上声；姜夔两首，一首“梦中槐蚁”的“槐”用的是平声；即便是写“尚能饭否”的辛弃疾，他的五首中也只是三去二上。在《瑞鹤仙》中，吴文英不但有“几时觅得”的“觅”是用入声，也有“半帘晚照”的“晚”“耸秋井干”的“井”都是

① 吴梅：《词学通论》，上海古籍出版社2006年版，第9页。

② 万树：《词律》，《梦扬州》下注文，中华书局1957年版，第701页。

③ 沈义父：《乐府指迷》，唐圭璋：《词话丛编》，中华书局1986年版，第280页。

上声；史浩四首则全为上声；而即便是写“又成瘦损”的史达祖，他的二首中也只是一去一上而已。这种填词实际足以证明万树所谓“必去”的说法是根本站不住脚的。也正是因为如此，所以持去声振起论的学者们在谈到这个问题的时候，一直谨慎地遵循着两条潜规则：其一，只在存词不多的词调中说事，而决不涉足如《金缕曲》《念奴娇》《满江红》等等填者甚众的流行金曲，因为一旦作品众多，“必去”的说法便自己都会觉得不好意思说出来；其二，只在长调中说事，而不在小令中施展去声的神技。甚至有这样的观点，认为小令可以不受去声振起的影响：“余谓小词如《点绛唇》《卜算子》类，凡在六十字以下者，四声尽可不拘。”[①]似乎小令作为词和长调作为词竟是两种词乐方式的。而五十九字的就可以不拘，六十字的就必须要拘，那么像既有五十八字，又有六十字的《锦帐春》等词调，究竟是拘还是不拘呢？也正因为如此，至今未能见到哪怕是一个被充分证明的实例作为经典提出，尽管严格地说，作为一个理论的主张，必须要有一批实例来作为支撑，仅仅一个例子是肯定不够的。

正因为万树在《词律》中通篇秉持这种极不严谨的观点，所以必然会受到后世词学家的批评，例如针对《点绛唇》中万树说的“‘翠’字去声，妙甚。‘砌’字、‘泪’字亦去，俱妙。凡名作俱然，作平则不起调”。近人徐绍棨直指：“其说似是而实非也。大凡必用去声之字，必千篇一律，已成定格，然后可以揣其声之妙者，必清平浊平之间，实见宜上宜去之辨，然后可以就字声而微窥旧谱。否则宫调既亡之日，何以知其为妙？更何以限定其声乎？且凡《词律》之所谓妙者，以及其所谓不可易者，皆必去声，岂去声可知，而他声则不可知乎？此调遍考宋作，几及百家，而词则将二百，于万氏所举去声三字，用平者已得其半，而用上入者又得其三，盖全用去声者，十之二三耳。即以名家而言，如山谷、淮海、酒边、梦窗辈，皆未尝拘此。”[②]

那么，为什么在词中某些特殊部位，会存在确实去声为多见的情况呢？比如一字逗的领字往往是去声，这一实际也往往会被“去声紧要”论者所津津乐道，但是，其实这里与去声的先天优势有关，而并非作者有意为之。陆辅之的《词旨》中列出了虚字三十三个：任、看、正、待、乍、怕、总、问、爱、奈、似、但、料、想、更、算、况、怅、快、早、尽、嗟、凭、叹、方、将、未、已、应、若、莫、念、甚[③]，其中去声十五字、去上二读五字、去平二读四字、上声五字、平声和入声各二字，即可以视为去声的

① 吴梅：《词学通论》，上海古籍出版社2006年版，第5页。。

②《词律笺榷》卷三，《词学季刊》卷二第三号，第105页。

③《词旨》“单字集虚”条，唐圭璋：《词话丛编》，中华书局1986年版，第341页。

总共有二十四字，占比四分之三。再比如刘坡公《填词百法·衬逗虚字法》中则有：正、但、待、甚、任、只、漫、奈、纵、便、又、况、恰、乍、早、更、莫、似、念、记、问、想、算、料、怕、看、尽、应等二十八字[①]，以纯去声十五个、兼平去声两个、兼上去声三个的绝对优势高居榜首，占比也达七成多，上声只得五个、入声只得三个。陆氏和刘氏在列举这些领字的时候，毫不涉及我们这里提及的去声重要理念，因此，可以断定他们不会有意识地去遴选相关声调的领字。这两个例子说明了一个极为重要的事实：不一定是词人们有意在领字上选用去声，而是去声太多，本来就“没得选”，换言之，这仅仅是一种客观现象，而并非是一种主观上故意“运用”的结果。

此外，还有一种情况也未必是主观“运用”的表现，那就是唱和中的四声和词，如方千里和周邦彦词，方千里的个人习惯是喜欢采用“四声和”的方式的，这不能用来作为因此而得出“周是去声、方也是去声，所以此地必为去声”的逻辑推论，除非所有的和周都是如此，或者从另一个角度来考虑，除非认定那些平、上、入声也是有主观上“运用”的刻意。

（六）句的确立和句本位对后世的负面影响。

万树之前的词谱，虽然已经有了句的概念，但是尚处在一个朦胧的、含糊的、无意识的阶段，例如《诗余图谱》中，所有的例词除了每首词都有一个明显的分段符之外，都是不标示标点的，对于分句的行为，都放在图谱中，这种模式可以认为仍然停留在《词学荃蹄》的最初始的词谱阶段，而之后的《填词图谱》依然还是循着这个路子走，但是，落实在图谱中的分句符号只能算是格律中的元素而已，显然还不能算是完全的现代的“句”概念。而当拟谱方式从图谱转为文字谱之后，这种分句的模式就自然而然地转移到了例词上来。

《词律》虽然在谱式的选择上，继承的是《啸余谱》的模式，但是，《啸余谱》依然有大量的例词是没有任何标点的，而且对是否给例词进行标点，也显得非常的随意、混乱，例如《应天长》一调，《啸余谱》计收录六体，其中第一体中收两首例词，一首不作标点；第二体收录一首，前半首未作标点；第三体收录一首，整首不作标点；第四体收录一首，后半首不作标点；第五体收录一首，全词标点；第六体收录一首，也是整首不作标点。所以，我们认为只有《词律》，才是中国历史上第一部使用了标点的词集，尽管这种标点不是符号式的“标点”，而是文字式的“标注”。不过，由于这种句读正处于草创期，所以，《词律》中也有一些个别的词句，

① 刘坡公：《学诗百法　学词百法》，中国华侨出版公司1991年版，第164页。

或者由于前后段的不匹配，或者由于文字的错讹等等原因，也会导致万树拿捏不定，因而未作标点的情况。

万树所使用的句读符号虽然是文字符，但很清晰地表达了相关的语言单位，大致为韵（包括“叶”）号、句号、逗号三种，这是一个不容忽略的贡献。这三种标号也是至今仍被词集句读者使用的传统符号，如唐圭璋先生的《全宋词》，就是只用这三种符号来给词标点的，事实上，用新式标点给词标点，确实只需这三种即可，其余都是多余，像龙榆生先生的词选和格律著作中那种动不动就感叹号的幼稚作法，我很怀疑是其后人捉笔所为。

当词的句读一旦形成，相关的语言单位就自然而然地形成了，根据上述符号，词的语言单位分为两种：句、逗。这原本可以认为是词从旧时代走向新时代的一个标志，但是，由于词丧失了词乐的功能，已经完全变成了文本性的艺术，随之而来的就势必是“句”地位的大幅度提高，虽然传统概念中也有句，但那毕竟是一个朦胧无形的概念，而有了标点，句就成了一个一目了然且依律不可移易的客观存在了。“句”一旦成为一个客观存在，在文本艺术中的重要性就不言而喻了。事实是，万树在《词律》中已经开始大量使用“句”概念，并用这一概念来诠释一些词学上的原理和理念，而传统的“均”“拍”概念则开始淡出其间。

当然，万树的《词律》还没有到“句”概念一统天下的程度，其谱中偶尔会出现的整均不逗的现象，可以认为万树在下意识中还有一点“均”概念的存在，而从他的每一式词谱还没有用“句”来阐述和定义，也可以看出这一点。直到继承了他的基本词学思想的《词谱》开始，每一个词谱都开始用“句”来规范，谱前必有“前段几句、后段几句”的规定，词的基本结构单位才算是被“句”完全征服，而词，从此也就成了一个句本位的样式了。

句本位对词的研究和创作最大的伤害，是它完全抹杀了词的基本架构，加之一些传统的词学概念日渐丧失，词文学的本貌因此离我们越来越远，一些原本用“句”无法解释清楚的概念，也一直堂而皇之地错到今天，例如，周邦彦的《满庭芳》中的“年年。如社燕”，从“年”字被称为“句中韵”的角度说，它自然就是一个五字句，但是词谱的规范却一律都是两句，以致今天的人填词，都受其误导，而围绕一个二字句进行构思。当然，这只是句本位引出的一个并不严重的问题，更严重的是由于本位错误而导致的各种与结构有关的平仄、押韵、句法等韵律问题，不过，这涉及另一个论题，另文展开。

四、制订词律应做的工作

既然《词律》存在着这样的一些瑕疵，那么在已经三百余年没有出现一部足以为人奉为圭臬的词律专著的今天，制订一部新的更准确更合乎唐宋词本来面貌的词律，就是一个迫在眉睫的学术任务了，制订这样一部词律，围绕"律"的问题进行一系列的拨乱反正工作，自是首务，具体而言，需要做的工作应该有如下这样一些，我们着重谈谈几个不为人注意的问题：

（一）基本工作（订句、订韵、订平仄）

作为一部需要建立在前人基础上的新词律，其主要任务自然是对前人著作中存在的一些瑕疵和错误进行梳理，包括文字的诂解、平仄的矫正、句法的探讨、韵脚的考量，间或还有一些段落划分、体式辨析及理论探讨的涉及，这些是主要的内容，但也是很常规的内容，故不复赘述。

（二）二字逗的强调

什么是"逗"？逗是韵律上独立，但语义上并不独立的一个词曲文学中特有的语言单位。二字逗的厘清，是一部词律专著中需要花大力气的一个内容。如前面在谈到万树建立逗概念的部分所说，逗，是词之所以为词的一个重要标识，在万树之前，一字逗不言而明，但三字逗或湮没于长句中，或以三字句形式出现，在万树之后，三字逗才从"句"中分离了出来，被大家认识。而二字逗问题，万树鲜有论及，如在《拜星月慢》中厘清"暂赏"为二字逗之类的案例十分稀有，而后人亦多如此，如唐圭璋先生在《全宋词》中将柳永的《爪茉莉》前结读为"石人、也须下泪"这样的句法形式，也只能用罕有来形容。即便是在清末民初的词学大讨论中也未见有所涉及，所以至今为止，对二字逗的认识依然没有达到应有的重视程度，很多人甚至不知道还有一个二字逗的存在，这在深入探讨词句句法的时候，必定会成为一个缺陷。

模糊乃至分不清二字逗，对词的最大影响是抹杀了词句的句法关系，从而影响并扭曲其中的韵律特征，且错了还不知其错。这就像我们将辛弃疾的"听湘娥、泠泠曲罢"（《贺新郎》）这样一个三字逗的句法关系，如果视为"听、湘娥泠泠曲罢"这样的一字逗关系，会破坏原有的韵律一样，尽管从语意的角度来说两者并没有差别，而拟谱在分句的时候，往往注重语意上的差别而忽略韵律上的特色，是明清词谱学家们一致存在的问题。所以，为什么"听湘娥、泠泠曲罢"之类的句子要读成三字逗领四字句法？而不是读为一字逗领六字的句法？我以为这里其实就是一个句读者下意识地规避六字句同音步相连而导致失谐的音律问题，而与词的语意无关。也因为如此，如果你要在这个句子中表达一个一字逗领六字的句法关系，就要微调平仄，比如像苏轼那样填成“待浮花浪蕊都尽”，将六字结构改变为一个平起仄收式的合律结构，这种细微的差别，在目前的词谱中都是不予揭示的，说明我们一直来对这个方面的韵律都是忽略的，尽管都在说词的音乐性，却只有文字的平仄，没有节奏、句法的概念。在这样的理念下，二字逗不被重视，也就顺理成章了。

一个语言单位是否属于二字逗，主要有下面这样几个可以辨识的依据，通过这些角度认识到二字逗，探讨句法时的缺陷自然就会弥补：

第一，词的每一均内都有一个或多个约定俗成的“读住”存在，无论词乐是否存在都是如此。例如在柳永的《浣溪沙慢》中，前段第二均万树读为“那堪酒醒，又闻空阶，夜雨频滴”，这十二个字就是缺乏二字逗意识而形成的错误的句读，这样的句读在节奏上给人口齿不清的感觉，在韵律上则导致中间四字两个平音步相叠，后面四字则是两个仄音步相叠，而这样的句读因着《词谱》的继承，直到今日都是如此，如《全宋词》。而我们研究整个宋人的《浣溪沙慢》就可以明白，这十二个字中，第六字之后是有一个读住的，将这个读住复制到柳词中，那就应该是“那堪酒醒，又闻、空阶夜雨频滴”，这样的标点给出的韵律畅达圆润，就肯定不会有四字三句那样的感觉了。

第二，和一字逗、三字逗一样，大量的二字逗所领的并非仅仅局限于本句的几个字，而是包含了本句之后的另一句，甚至多个句，例如《送征衣》中的“彤庭、舜张大乐，禹会群芳”，二字逗领起的是一对四字对偶句；又比如《抛球乐慢》中的“是处、丽质盈盈，巧笑嬉嬉，争簇鞦韆架”，二字逗所领的是其后的三个句子。只有当我们明示这些句子中所存在的二字逗，才能深入了解词句的内在语意关系，才能和谐各句的韵律，才能在创作的时候有一个正确的构思，而不会误填。仍以《抛球乐》为例，元朝的长筌子去古未远，所以他填的是“处处、花萼楼台，秀吐香风，高耸蟠桃架”，二字逗十分清晰，俨然得该调之正。而到了近代，由于时代久远，词谱又已经完全不再规范其中的关纽，所以是否得味，就全靠作者词学体悟上的能力了，如吴湖帆填为“取次、倦蝶笼花，褝风迷云，邀月葡萄架”，不但采用对偶手法，而且依旧是二字逗统领三句的风范，用柳永词韵，承柳永衣钵；但也算是词中作手的王策笔下，就填成了“多少画阁红亭，绕涧依峰，碧映玲珑树”，不但骈俪不存，句子之间的语意关系也显然不再有铺陈的关系，而成了主谓式结构，而二字逗自然也就荡然无存，就此而论，这已然不再是《抛球乐》了，而到了今天，这种因为词谱不明确句法关系而导致的错误创作则更是大量存在，即便一些号称作手的作品也惨不忍睹，词调的原貌在这些方面基本荡然无存，这是一个令人扼腕的事实。

第三，词的换头处，是韵律变化的重点所在，宋词每每会在过片处添入一个句中短韵，而所有句中短韵的存在，都可以认为是因为有一个读住存在的缘故，或者说这个读住和句中短韵两者间是一种相辅相成的关系，很多尾均中的三字逗成为句中韵，就是一个我们已经熟知的例子。很多词调都存在这样一种特性：当过片第二字恰好入韵的时候，它就是一个句中短韵，如果并不在韵，那就是一个二字逗结构。例如赵耆孙的《远朝归》，原谱后段首均作"惆怅杜陇当年，念水远天长，故人难寄"，而另有无名氏词则为"迤逦。对酒当歌，眷恋得芳心，竟日何际"，这个句中韵就很好地诠释了赵词"惆怅"之后，节奏上必须要有一个读住才是正确的韵律结构，其形式的标示，就应该是"惆怅、杜陇当年"，而这个六字句当然并不是什么拗句了。

第四，二字逗的存在，有时候还可以从词的整体结构上进行鉴别，例如周密的《大圣乐》、柳永的《望梅》之类，这一类词过片的二字逗如果删去，那么前后段就是字字可以相对应的句群结构，二字逗本身，相当于是一个"多头"的结构，内在的关系十分清晰。

第五，二字逗不仅大量湮没于"句"中，也有一些是隐藏于"逗"中的，例如柳永的《夏云峰》，万树原读为"坐久觉、疏弦脆管，时换新音"，便不如读为"坐久、觉疏弦脆管，时换新音"更为畅达，不至还有"坐久觉"那样的一种生涩的口感。

总而言之，厘清词中的二字逗是词律编辑中一个十分重要的内容，是关乎完全反映出古词本貌的一个重要问题，也是准确体现出词的韵律特征的一个重要手段。

（三）兼声的提出和发扬

词和诗在艺术形式上的一个重要区别，是词讲究四声，而诗只管平仄，词讲究四声的一个重要内容则是上、入声可以替平。这一点万树首唱之后，《词谱》一取一弃，但是在其后的词学界却是被普遍认同的，这自然不仅仅是因为有张炎、沈义父这样的权威认可，而是因为这种语音现象确实大量存在于唐宋词中，所以尽管《词谱》未取"以上作平"的说法，后世词学家依然给予了肯定，如徐绍棨不但认可上入可以代平，而且对其进行了深入的研究，在代平的比例上提出了"宋元词中，以入代平者多，以上代平者十不二三”[1]，虽然这种估算的说法缺乏严密的科学性，但这却对替平有了一个进一步的认识，而且，这或许也可以解释为什么《词谱》弃“以上作平”的原因。

万树在提出这一创见后，具体在词体的分析中还是有不少的遗漏，由于这个问题往往涉及句法的顺拗，入声未作平、上声未作平也是造成大量句子人为“拗”化的重要原因，所以在制订一部新的词律的时候，在具体的拟谱中更要特别注意纠正前人在这些问题上的错误，予以必要的厘清。由于这种“代平”现象已非偶例，而是成为一种足以引起后世词学界关注的现象，所以，我们认为这种现象完全可以将其提高到一个更高的角度予以阐述和研究，将其称之为“兼声”，在并列于“平声”“仄声”之后，成为一种“第三声”的现象，这样的操作，既完全合乎唐宋词的实际状态，更可以对词律使用者（填词人）提供一个更为精细的指导，而且也可以为词学界学者对这一现象的研究提供研究素材。

代平的问题，不仅仅是在某一个句子中间，还体现在韵脚中，为什么入声单独可以成为一个韵脚，且绝对不可以和其他的仄声混用？就是因为它有这样的一种独立的“兼声”功能，由于《词谱》弃“以上作平”的说法，而后世主要流行的是《词谱》，所以我们很多人对上声作平的认识远没有入声更清晰，所以，上声也有大量的独立押韵的现象就被大家忽视了。举一个小令《闲中好》为例，唐宋词中该调今存三首，一首押平声韵、一首押入声韵、一首押上声韵，这样的实例是很意味深长的，如果在一个新的词律专著中，至少能将这些问题标识出来，对提高本源认识、准确今人填词，其意义是不言而喻的。

（四）定韵和闲韵的厘清以及在词律考订中的运用。

作为一部主要用来规范、指导后人填词的词律专著，韵的清晰明示无疑是一个重要的环节，而在明确韵元素的时候，突出“定韵”和“闲韵”在一个词调中的位置以及作用，无疑是重中之重。何为“定韵”和“闲韵”？这两个概念的提出，是基于张炎在《词源》中揭示的词的基本架构而来，张炎在该书中描述了词由“均”构成的一个大致轮廓[2]，因为这是词最基本的结构单位，从这个单位中可以一目了然地摸触到一首词的整个脉络，而从创作的角度来说，这也是一个极为重要的作品构思切入点，了解这一点，对自己的整个作品的章法就可以有一个基本的掌控了。

①《词律笺榷》卷一，《词学季刊》卷二第二号，第136页。

② 张炎《词源》之“讴曲旨要”章，唐圭璋：《词话丛编》，中华书局1986年版，第253页。

基于对“均”的认识，我们给出的基本定义是：凡是属于“均”位的韵脚就是定韵，除此之外所有非定韵的韵脚就是闲韵。定韵必定是稳定的韵脚，绝对不可以不入韵，而闲韵则完全可以遵循“可押可不押”的规则，甚至即便是词谱中未规定的句脚，也可以添入一个你觉得必要的韵脚。将唐宋词中每一个调中的所有词进行对比互校，就可以证明这个规则是成立的，也解释了为什么有的句脚张三押韵了，李四却不押韵，甚至在唱和步韵中都是如此的根本原因。这一定义已经被唐宋词实际所印证，我们在整个唐宋词的研究过程中，不受此定律约束的词作还不到千分之一，而具体分析这些作品，我们有理由相信，这些极为偶然的词例，实际上也往往都是由于填误、抄误、刻误等原因而引起的。

掌握定韵和闲韵的知识，一个重要的意义是：它对于校正并确认一首词的韵脚是一个关键的依据。例如《浪淘沙慢》第二体，周邦彦的前段三、四均是“见隐隐、云边新月白。映落照、帘幕千家，听数声何处倚楼笛。装点尽秋色。”而《词谱》则是“见隐隐、云边新月白。映落照、千家帘幕。听数声何处倚楼笛。装点尽秋色。”孰是孰非？如果具有定韵意识，那么就可以知道第二句应该是定韵所在，必须入韵，万树所据的版本显然是错的。与此相类似的，则是对一首词是否脱落韵脚可以作为一个关键的佐证，如《四园竹》中对周邦彦的“旧日书辞。犹在纸。”七字，方千里、杨泽民均亦步亦趋相和，唯在《词律》陈允平作“粉泪盈盈先满纸”，“辞”字未押，但这里正是定韵所在，所以可以肯定陈词或是填误，或是后人抄误，而并非如别的闲韵一样，即便是在和词中也是可押可不押的。

树立定韵概念，还可以帮助我们认识一首词的文字错讹。如毛滂《最高楼》词，在平韵词中的“分散去、轻如云与梦，剩下了、许多风与月”。两句，万树说：“愚意谓‘梦’字乃是‘雪’字，与下‘月’字为叶也。而毛又一首作‘谩良夜、月圆空好意，恐落花、流水终寄恨’，‘落花流水’必‘流水落花’之讹，然‘恨’字亦不叶‘意’字，或另有此格亦未可知。”万树对词的感觉之灵敏，是非常令人敬服的，“雪”“月”互叶，是一个非常英明的判断，其中一个重要的理由就是“月”是一个定韵，而如果没有“雪”，这个定韵就因为不存在换韵而脱落了。但是，万树因为没有定韵的概念，所以他就对毛词别首的“恨”“意”感到茫然，从“恨”字位必须是一个定韵的角度来看，此字必误，很可能“寄”字才是韵脚，以押“意”字，从对偶的角度来说，“好意”和“寄恨”也是不相吻合的，此可为旁证。

树立定韵概念的再一个作用，是可以帮我们厘清词句的结构。例如《留客住》的后段第三、四均，除周邦彦之外的所有宋元词，都是和柳永词“惆怅旧欢何处，后约难凭，看看春又老。盈盈泪眼，望仙乡，隐隐断霞残照”一样，是二十八字两均，唯独周词作“选甚连宵彻昼，再三留住。待拟沈醉扶上马，怎生向、主人未肯教去”是二十六字，而所有的词都在第十五字处填入一个韵脚，显然这就是第三均的住字所在，因此无疑周词在这里的词句是紊乱的，且必有夺字，我们以为其词的原貌应该是“选甚连宵彻昼，再三留住。待拟沈醉▲。□扶上马，怎生向、主人未肯教去”。即脱二字，包括脱一个定韵的韵字。

至于闲韵的问题，同样具有很好的帮助校韵、校字、校律的作用，如李之仪的《天门谣》中“天堑休论险”一句，万树说：“或谓：‘天堑’‘堑’字即是起韵，盖‘堑’字亦闭口音，必二字句。不知此词李自注‘贺方回韵’，今查贺词，首句‘牛渚天门险’，故知‘堑’字不是起韵。”貌似很有道理，但作为词谱学家，万树应该明白，在步韵和词中有的韵脚是不必一定相和的，这种韵脚亦即闲韵。万树没有这个闲韵概念，但是类似周邦彦在《满庭芳》中“年年。如社燕，漂流瀚海，来寄修椽”，陈允平和词作“浮生同幻境，眼空四海，迹寄三椽。”杨泽民和词作“不如归去好，良田二顷，茅舍三椽”，方千里和词作“江南思旧隐，�轩野径，茅舍疏椽”这种情况他应该了解，三个和词者都没有将“年”字相和步韵，此类例子是很多的。

有闲韵的观念，对词谱拟定中的一个重要的作用是，可以减少很多不必要的“又一体”，例如《风中柳》第二体，万树之所以将其视为又一体的一个重要依据，就是因为“前后第四句不叶”。而到了《词律》之后的《词谱》，这种动辄“又一体”的滥招，实际上已经成了词谱中的最大痼疾之一了。

有闲韵的观念，对词谱拟定中的另一个更重要的作用是，我们可以将词谱中很多韵脚是否应该入谱，看得更从容一些，例如《双头莲令》中的前后段各为两均，其中第一、三句由于都是闲韵，虽然例词四句都押韵，但是在谱式规范的时候，至少应该说明它们是否押韵都是可以通融的，这些，可能万树没有看到，但现在可知，已经被宋词证明如此了。

实际上，闲韵的可押可不押，等同于字音的可平可不平、可仄可不仄，它们与韵脚的另一些特征，如叠韵的可叠可不叠、换韵的可换可不换，以及句法上的叠句之可叠可不叠、折腰式的可折可不折等等各种灵活的表现手段综合在一起，形成了词体中特有的丰富多彩的现象，这种现象从某种意义上来说，尤其是在词已经文本化的时代，它或许更多的是一种修辞现象，为韵律服务，但与韵律本身已经若即若离，而这种形式上的丰富的变化，也正是构成词调之美的一个重要组成部分。

［作者简介：蔡国强，杭州师范大学浙西学术研究中心研究员］

花月言愁：蒋敦复绮愁词及近代士子的心灵世界

◇杨柏岭

摘　要：清末蒋敦复填词十分青睐女性题材。形象来源上，既有对个人情史的艺术呈现、也有对图文中女性形象的遐想，还有纯然个人虚拟的绮思。女子类型上，除了妻子形象，更多的是歌妓、奇女、才女等。情思抒写上，除了情感关系，尤重女子的命运与自己的身世之感。艺术风貌上，此类作品"花月"意象明显，虽涉绮丽，然亦多有"义喻趣深"之作。由此，可睹新旧交织状态下近代士子的情感态度及心灵世界的某种倾向。

关键词：蒋敦复；芬陀利室词；女性形象；身世之感

在中国词学史上，蒋敦复（1808—1867，字剑人、克父，今上海宝山人）以"以有厚入无间""力追南唐北宋诸家"词论而闻名。[①]这一词学主张反映在词学门径上，鲜明体现出有清一代词学由南宋溯源北宋的词学主张。对蒋敦复来说，他深受周济词学精神的感染，除了要学习南宋之前"若入李氏、晏氏父子手中，则不期厚而自厚"[②]之类具有无寄托意味的创作方式，还有就是像唐宋时期"男子作闺音"之类追求填词本色的创作风尚，也是他刻意学习的对象。姚燮序蒋敦复词有云："高楼明月，如此琼箫，寒竹空山，奈何翠袖。"并云："诸公方弓刀乞贵，我辈犹

① 详见杨柏岭《性行叛逆与思想守规：再论蒋敦复"以有厚入无间"词论》，《中国诗学研究》2017年第1期，安徽师范大学出版社2017年版。

② 蒋敦复：《芬陀利室词话》卷三，唐圭璋编：《词话丛编》，中华书局1986年版，第3671页。

花月言愁。"[①]这除了揭示出蒋敦复平生名场跌荡,花月风流的特点,姚燮将"弓刀乞贵"与"花月言愁"对比,似又传递着这类知识分子在人生选择上的某种特殊意义。文人笔下,无不有女性形象,然像蒋敦复这类文人词中的女性形象尤其突出。透过此类情感绮愁之词,既可进一步认识蒋氏的多情性格、落拓不羁的生活方式,亦可以窥见处在新旧冲突中的近代知识分子的心灵世界。

一、"实感的回味":个人情史的艺术呈现

"花月言愁",堪为中国文学之一大传统,然又是难以获得公正评价的创作类型。对此,明代涨潮《幽梦影》中有言:"善读书者,无之而非书,山水亦书也,棋酒亦书也,花月亦书也。善游山水者,无之而非山水,书史亦山水也,诗酒亦山水也,花月亦山水也。"[②]由此,读者自可从"花月言愁"中悟得人生之本相。姚燮所言之"花月言愁",主要指的就是私情、绮情[③]。检读蒋敦复词,可知他这方面的感情类型比较丰富。兹依据词中女性与词人的虚实关系,大体分为三类,先说词人现实中个人情史这一类。

(一)纸阁双声的夫妻情感

道光二十三年(1843),蒋敦复始返初服,应试于昆山,补诸生,赘婿于宝山罗溪(罗店村)支氏。其妇支机,号灵石山人、灵石内史、灵石女史,雅通文墨,闻蒋秀才名,愿供箕帚,后又学诗于蒋氏,著有《丁东花阁诗抄》。两人婚后数年,虽家居清贫,然吟事不断。对此,蒋氏《芬陀利室词话》卷二载:"余忧患余生,中年得妇灵石山人,小住罗敷溪上,拔钗问字,临镜拈毫,虽数米量盐,吟事不废。"[④]蒋氏尝绘《纸阁双声图》,作为夫妇唱和隐居罗敷溪一段生活的写照,像姚莹、汤贻汾、姚椿、王学浩(字孟养,号菽畦)、谢元淮等名流贤达皆有题辞,一时艳称吴越。蒋氏《声声慢·自题纸阁双声图》亦记载此事,词序云:"余与灵石内史小隐罗敷溪上,杜门谢客,时与妇饮,质钗问字,瀹茗弦诗,好事者欲题品在凡夫卿子间。爰

① 蒋敦复:《芬陀利室词话》卷二,《词话丛编》,中华书局1986年版,第3647页。

② 涨潮等著,钱行校注:《幽梦三影》,湖北人民出版社1992年版,第110—111页。

③ 滕固:《芬陀利室词话·识》云:"检姚氏手写稿,'花月言愁'四字,原作'脂粉麄穷',想系先生误记。姚氏手写稿,今藏宝山罗店陈氏家。"倘若真是蒋氏误记,"花月言愁"亦更能说明蒋氏的心性特点。袁进编:《海上文学百家文库》(2)《姚燮、蒋敦复卷》,上海文艺出版社2010年版,第537页。

④ 蒋敦复:《芬陀利室词话》,《词话丛编》,中华书局1986年版,第3658页。

为是图，并填词解嘲云草窗体。”词曰：

牵萝人瘦。倚竹天寒，故山丛桂谁留。赁庑依然，埒乡小隐风流。菱花倩描冷黛，上眉痕、总带些愁。愁细问，怕玉梅开矣，犹滞归舟。　莫更牛衣中夜，笑十年英梦，都付悠悠。天际苹鸿，而今也学莲鸥。瑶琴听伊弹罢，醉金尊、我拂吴钩。同证取，看五湖烟水，片席高秋。

纸阁，用纸糊贴窗、壁的房屋，多为清贫者所居；双声，此指夫妇隐居唱和的和谐生活。此阕上片着意刻画夫妇二人简陋却雅洁的小隐环境，通过夫妻间嘘寒问暖的亲密对话细节，揭示了妻子支机多愁善感的诗人气质，渲染了夫妇间贫穷而浪漫温馨的生活情调。下片“莫更牛衣”句用汉代王章妻呵怒王章不能因贫困而悲伤的典故，含蓄表明支机对自己的理解以及甘愿清贫的品格，故而词人可以“笑”对壮志未酬的人生，以天际苹鸿之身学做莲鸥，与妻子过着隐逸自适的生活。此词以素朴之语描摹夫妇生活，上片重在妻子，下片重在自己，可谓你中有我，我中有你，巧妙地扣住了“纸阁双声”之题。

不过，对于生平“一剑飘零”的蒋敦复而言，“纸阁双声”般的田园式生活时间并不长。婚后十年间，他曾五赴白门应试，期间还至月浦、吴门等地。太平军入东南，“遂匿妻子于乡”，使妻依寡姊以居，自己则独居上海，又赴杭州等地，过着“乡里妻子音问隔绝，山人抑郁多病，索索无生气”（蒋敦复《丽农山人自叙》）的生活。虽说支机因憔悴多病，门户辛勤，生子女后不复作诗[①]，但这种聚少离多的夫妻生活却激发了蒋敦复的创作热情，在羁旅漂泊中填写多首寄给支机之作，以延续两人“纸阁双声”虽清贫苦涩却浪漫温馨的情愫。如《探春慢》（素月流烟）词序云“羁愁无俚，灯影幢幢，读白石‘甚日归来，梅花零乱春夜’句，枨触余怀，谱此寄灵石内史”，《高阳台》（玉篆香微）词序云“隔年人去，芳讯杳然，纸阁春寒，定增凄怨，抑知江湖残客日坐愁城，倚壁昏釭，伤心欲绝耶，填此再寄灵石内史”等。兹以《齐天乐·吴门道中，寄灵石内史》一阕为例：

黄昏不怕愁难到，江湖可怜人老。雁背霜红，蛩边月白，有梦还乡应好。分携草草。记絮语商量，甚时归棹。明日长征，西风料峭破茸帽。　消磨客中未尽，灯前频看剑，十载英抱。四海谁怜，千秋怅望，冷落人间休笑。相思又早。想纸阁轻寒，玉梅开了。待擘吟笺，远山添画稿。

---

① 参见蒋敦复：《丽农山人自叙》，《芬陀利室词话》卷二，《词话丛编》，中华书局1986年版，第3637页。

咸丰元年(1851)秋，蒋敦复赴白门，四应乡试，未售，于役江北，道出吴门，此阕极可能作于此时。全词以自我形象为主，上片在寒秋黄昏的背景下，着力刻画自己别离妻子后的奔波漂泊之状；下片在抒写屡试不售、生不逢时的人生感慨之后，畅想着与妻子在纸阁轻寒的环境中吟诗作画的归隐生活。无论从上片在还乡之梦的前提下刻画与妻离别时妻子的关怀絮语，还是下片在客居他乡的前提下思量与妻子的浪漫厮守，皆是一名游子孤独失落情感的真挚倾诉。

(二)刚肠柔荡的冶游艳情

蒋敦复生性旷达、落拓不羁，常出入风月之所，在琴歌酒赋，尽显慷慨激昂之侠骨本色的同时，亦多有柔情似水的绮语之作。王韬《蒋剑人轶事》曾云蒋氏早年在扬州依附阮亭(阮元弟，字枚叔)期间，即已"凡文酒花月之宴，靡不从游"，"时扬州盐务尚盛，张筵演剧，靡日无之"，蒋氏则"慷慨挥霍，皆取之于枚叔"。随后，喜谈经济的蒋敦复挟术干当世卿大夫，无所遇，更是"以酒色自污"。"然当酒酣耳热，拔剑起舞，婆娑狂态犹昔"[①]，集侠气柔情于一身。蒋敦复平生所交多知名士，花间樽前，屡有狭邪之游。据蒋氏《丽农山人自叙》载，咸丰二年秋，蒋敦复与汤贻汾重会于白门，置酒秦淮河房，大治声伎，群艳毕集，侯松年等上下江名土咸在。期间蒋敦复被酒大言曰："坐中有他日能将十万兵，扫除中原豺虎者，谁也？"以至四坐睁盱相顾，声寂然。由此可见蒋敦复深度的忧患意识以及剑气逼人的外向性格。又如，齐学裘《蒋剑人奇踪》载，咸丰八年，蒋敦复至苏州，下榻齐斋，"畅谈古今，遍游花柳，吟诗达旦，和韵连篇，相叙百日而去"[②]。

蒋敦复遍游花柳之经历亦多见于其词作中。道光十六年(1836)至如皋，花间尊前，颇多影事，以至后来"卧病空山，忏除绮习，而梦后思梦，转难为怀"，仿陈其年，寄调《望江南》，作如皋忆词，寄给黄啸谷等当时裙屐中人。其中第三首云："如皋忆，最忆玉儿家。娇不成歌珠一串，羞难入抱髻双丫。帘底去呼茶。"即是冶游经历的写照。道光末至苏州，填有《买陂塘·山塘感事》一阕，所感乃"爱生小吴娘、只抱鸳鸯睡。珠帘近底。有眉语些些。鞋尖叠叠，幽怨凤箫寄"的冶游艳事。后作《风入松·忆吴门旧游》，亦是思念"只有一枝玉笛，当时低劝金卮"的青楼中人。咸丰元年秋，"于役江北，道出吴门，疏灯细雨，重睹伊人"，一曲秋娘，不堪回首，又作《角招》(劝人瘦)等词。

除了这些隐秘之情事，蒋敦复词中直接点出与其交往的青楼女子就有南汇

① 张文虎:《舒艺室杂著》乙编卷上，清光绪刻本。

② 齐学裘:《见闻随笔》卷五，清同治十年天空海阔之居刻本。

潇烟楼主人、海红天碧楼主人、无锡蓉湖昙珠阁女子、(苏州)红蘅碧杜馆女子、南京秦淮凉珠阁女子周绮霞、(先在苏州后至上海)兰仙女子、(不知流落何处的)金珠等数人。试读其《徵招》吊潇烟楼主人一阕,词序云:"往时游南沙潇烟楼,主人以弟子礼事余,低鬟薄鬓,蕉萃可怜,临别凄然,惧芳年之不永。今香销玉殒,遂成语谶。用白石黄钟下徵调吊之,幽咽之音,不能卒曲。"词曰:

一堆艳骨蘼荃土,三生绮愁休矣。私语祝东风,把落花扶起。相思题凤纸。谁忍作、海棠哀诔。兰夜如年,玉人多病,断肠天气。　犹记。镇恹恹,银灯畔,无言更含凄泪。金楼最飘零,感秋娘身世。琼蕤留小字。早怕与、芳华俱坠。翠鹃苦,冷月昏黄,吊女萝山鬼。

据蒋敦复《赠潇烟楼女子》诗,此"女子康氏,字鬘仙,南汇人,风鬟雾鬓,蕉萃可怜,欲以弟子礼事余。不可,则泣曰:'儿不幸堕落至此,命也。他日愿附姓字君诗文集中,死且不恨。'闻之怃然,乃赠四绝句。越数日则已次韵和余,凄婉可诵。噫,若鬘仙者,殆亦古之伤心人与!"蒋氏还有《七夕寄题潇烟楼,以"如三秋兮"为韵》,可知其确实兑现了这位雅通文墨的康氏女子留名于自己诗文集中的愿望。与这首悼亡词重点放在该女子多病身体、飘零身世以及芳年不永的结果上类似,蒋敦复此类冶游艳词在演绎情事的同时,主要以"同是天涯沦落人,相逢何必曾相识"为主旨,抒写歌妓与自己流离世故,自伤情多,"殆亦古之伤心人"的人生感喟,足见其浓郁的闺阁情怀与柔厚的多情心肠。

当多情遭遇无情时,词人便愈见伤感,直至沮丧。王韬在《龚蒋两君轶事》中曾记载蒋敦复遭歌妓责骂之事。咸丰二年壬子十二月十三日,寓沪的王韬偕李善兰(1813—1884,字壬叔,号秋纫)、雷葆廉(?—1859后[①],字介生,号约轩)以及蒋氏等人"同至酒楼轰饮,把杯联句,聊以遣兴","诗罢,作狭邪游,有校书以语侵剑人,剑人怒而出,毁客之乘舆。壬叔在后,几为舆夫所厄。落拓不羁于此,亦足见其一斑。"在王韬看来,蒋氏此行径乃其落拓不羁性格的表现,而对于蒋氏本人而言,则是令其伤心欲绝之经历。蒋氏又有《高阳台·寄题红蘅碧杜之居》词记载了在苏州的遭遇,或许可以证明:

凤纸笺愁,鸾衾压梦,天涯几惯无聊。草草尊前,当时记得花朝。丁冬刚

① 朱德慈:《近代词人考录》云其卒年为"1846年后"(中国社会科学出版社2004年版,第261页),太泛。丁宜福的《申江棹歌》载:"已未(1859)春,予寓东亭桥,偕黄鹤楼、雷约轩、丁步洲,访校书周蕊娥于丽锦坊。"方行、汤志钧整理《王韬日记》亦载,咸丰九年(1859)"云间陆子韫(履泰)来访,持雷约轩书至"。

听琵琶语，恁春魂、一半先销。更何堪、楼上春人，江上春潮。　人间只有青衫泪，算红冰未化，红蜡都飘。万水千山，而今说甚迢遥。微波淼淼吹难起，劝西风、莫画离骚。尽疏灯，此夕凄凉，细雨芭蕉。

对此，蒋敦复《芬陀利室词话》卷一云，此阕“所谓短簿祠边载酒者是也”。短簿祠，系东晋人称“短主簿”的王珣的祠庙，在苏州虎丘山，红蘅碧杜之居当位于此处。蒋氏又说：“此余于欢场散后，口语重遭，忧患频仍，而玉人犹寄声责诺，心呼负负，乃填此词。客夜挑灯，自读一过，觉呜咽不成声也。”[①]故词人直言“人间只有青衫泪，算红冰未化，红蜡都飘”，落魄词人多情，楼上春人泪水（“红冰”）未化，于是只能“劝西风、莫画离骚”，坐拥疏灯，独自感受此夕凄凉，窗外细雨洒落芭蕉之声。

二、“图文的遐想”：源自她者的感动

在蒋敦复笔下的女性形象中，除了夫妻、冶游等与己直接交往的女性，还有有一部分虽实有其人，然或是已逝者，或来自图像，或源自文字；抑或是原本就是文字世界中的虚拟人物。这尽管也是文学史上一种常见的创作现象，然对蒋敦复来说，则显得尤为突出，足见其绮愁之显豁。

（一）隔世歌妓的身世感触

前文已分析，蒋敦复冶游经历丰富，特别是从歌妓身世中咀嚼出自我的青衫泪湿之感，这与涨潮所言“花月亦书也”“花月亦山水”的认识基本一致。如果说，与己交往的歌妓尚有情感上、物质上的纠缠，那么，那些与己无关的歌妓带给他的更多是命运的感伤。如《秦楼月·二分明月女子小影》：

芳心怯。二分偷占扬州月。扬州月。碧天秋思，玉人愁绝。　星娥小影银湾阔。夜深悄忆瑶台别。瑶台别。满身风露，广寒宫阙。

唐人徐凝《忆扬州》诗有句云：“天下三分明月夜，二分无赖是扬州。”清初扬州名妓陈素素美而艳，善度曲，能诗词，工绘事，自号“二分明月女子”，意为“扬州女子”，著有《二分明月集》。陈素素流落吴门，与莱阳姜学在定情，清初戏曲家朱素臣撰《秦楼月传奇》，将此演为陈素素与书生吕贯遇合事。绘陈素素小影者当不止一家，然康熙间苏州顾云臣绘，旌德鲍承勋刻，由苏州文喜堂所刊《秦楼月传

① 蒋敦复：《芬陀利室词话》卷一，《词话丛编》，中华书局1986年版，第3642页。

奇》版画，可谓苏州版画的代表。前冠“二分明月女子小照”，人物表情忧怨伤感，极为传神（见下图）。①

秦楼月传奇

图1:《秦楼月传奇》版画

因题“二分明月女子小影”，故蒋敦复此阕构思便由月而起，对图中空白极尽想象之能事。上片在碧天月色的笼罩下，集中刻画图中女子秋思的忧郁神情。下片进而在浩渺的星际空间中，将图中女子喻为独处广寒宫的嫦娥，益见孤清忧怨之心境，令读者不得不联想词人自身的身世之感。又如，《虞美人·上海北门外道傍一冢树小碣曰：金珠小姐之墓。想生前亦风流放诞可怜人也，吊之以词。往时遇一姝亦名金珠，今不知流落何许矣》：

荒湾野水无情碧。客泪青衫湿。断肠我有意中人。黄土一抔、多少可儿坟。　　春风金屋娇藏影。十斛珠谁聘。可怜薄命女儿家。替种坟前、一树小桃花。

因睹一个无法确定身份而仅能猜测为妓女的坟墓，联想到自己往昔所遇之同名歌妓，发抒红颜薄命、漂泊流离的人生命运感喟，足见词人对此类“生前亦风流放诞可怜人”的怜爱之情。而“客泪青衫湿”“断肠我”之类的自我表白，实已道明了词人热衷此类题材的原因。这就是词人在这些可怜人的身上寄托着个人命运的悲怆感。

① 中国美术全集编委会编：《中国美术全集》(21)《绘画编·版画》，人民美术出版社2015年版，第71页。

(二)奇女才女的命运感叹

除了歌妓,奇女、才女亦是蒋敦复抒写闺阁情怀的重要对象。如《扬州慢》(修竹茅庵)所写的道人王微,乃奇女子。又如《离亭燕·小青〈题曲图〉》《齐天乐·题〈花月因缘簿〉,为金纤纤、王梅卿两女士作》等在怜惜才女红颜薄命的同时,又为她们多情、痴情以及情感遭遇而感叹。再如《绣鸾凤花犯·张伴莲(案:雷葆廉妻)女士绣诗图》《翠楼吟·沈绣竹女士翠阁吟诗图》等,则充分肯定这些女子的冰雪聪明、玲珑慧思。试读《虞美人·李晨兰女士小影今藏张白也太守室,公子次柳出观属题》一阕:

> 卷帘未抵黄花瘦。已怕西风透。此生除影有谁怜。只算前身、原住奈何天。　　问天可作些儿主。天也痴无语。多才多病更愁多,多恐神仙多劫、佛多魔。

长洲(今苏州)闺秀李晨兰,字佩金(一说,李佩金,字晨兰,一字纫兰),嘉庆间人,知州李邦燮女,候选同知何湘室,名士陈碧城女弟子,善画梅,又工诗词,与杨芸(蕊渊)齐名,其《秋雁》诗四首甚工,寓托深远,人称李秋雁,著有《生香馆集》。道光末咸丰初,蒋氏多次往来苏州,其中道光三十年庚戌(1850)客太守张应云(字白也)之子张凯(字次柳)家。次柳"少年好学,兼有墨癖,遍搜广采,郡中诸人所蓄大率归之"①,又雅喜倚声,尝集古来闺秀词数百家,于庚戌年,请蒋敦复选订付梓,未果(《芬陀利室词话》卷三)。由此推测,上引《虞美人》词极可能作于此时。李晨兰诗词有"逼真漱玉""玉洁兰薰,闺房之秀"之誉,故落笔化用李清照《醉花阴》(薄雾浓云愁永昼)"莫道不销魂,帘卷西风,人比黄花瘦"词句,简笔勾勒李晨兰小影的轮廓。然词人意不在影像,而在对李晨兰年三十余卒的感慨。才女未能寿,由此引发了词人的思考:人生遭际无法掌控,才士遭遇多病、多愁、多劫、多魔亦是常态,明显寄托了词人生不逢时的身世之感。

另外,蒋氏还关注了一些传说或传奇剧本中的女性形象。《永遇乐·龙女牧羊图》词中的龙女出自唐代李朝威《柳毅传》,《貂裘换酒·卓女当炉》《烛影摇红·樊姬拥髻》《瑶台第一层·酉阳修月》《大江西上曲·博望访星》等则出自清代舒位(号铁云山人)《缾笙馆修箫谱传奇》四种。

① 徐康:《前尘梦影录》卷上,清光绪二十三年江标刻本。

三、"想象的实感":一己的绮情寄托

文人对事,虽多虚构,但读来又有真实感,其原因主要在于情感的真实抒发。梁启超曾说屈原作品以"想象的实感"为美①,李泽厚又提出"中国文艺在心理上重视想象的真实大于感觉的真实",认为华夏文艺可以自由地处理时空、因果、事物、现象,通过虚拟而对事实扩大、缩小甚至改变②。空中传恨的词人更"惯将此等无指实处,说得确然"③。这一传统在蒋敦复的绮愁词中亦有不凡的表现。

(一)香梦迷离的瑶想琼思

蒋敦复填写过一定数量的咏物词,其中多通过浓浓的闺阁情怀,寄托自己的瑶想琼思。或直接赋咏以美人命名的物件,如《虞美人·泥美人》《虞美人·雪美人》《清平乐·女儿酒》等,皆以女子的懵懂情思、花月情缘为主题。或赋咏多喻为女性、多为女性所用的物件,如《浣溪沙·花气》《解语花·花魂,从片玉》《解语花·花泪,从草窗》《声声慢·钗声》《声声慢·钏声》《声声慢·珮声》《声声慢·屧声》等,其中的形象亦多为华年锦瑟、情思绵绵中的女子形象。兹以《声声慢·珮声》为例:

> 花阴寂寂,月底珊珊,今宵微恨来迟。感悦芳心,金铃吠犬先知。因风玉珂吹起,莫墙东、翠竹轻筛。听渐近,似霓裳仙队,遥降灵妃。 可奈佳期又杳,搅郎当檐马,香梦迷离。一握明珰。醒来犹系罗衣。美人碧云何在,隔天涯、瑶想琼思。谁念我,自无言空谷,愁采江蓠。

《礼记·玉藻》曰:"君子无故,玉不去身,君子于玉比德焉。"然魏晋以后,玉佩渐成女子的重要佩饰。蒋氏此阕亦描述了一个身着玉佩的美人如约而至,与"我"厮守,而后离去的故事。为了刻画"珮声",词人或以金铃吠犬、玉珂(马络头上的装饰物,多为玉制)声起、檐马(挂在屋檐下的风铃)郎当等衬托,或以"霓裳仙队,遥降灵妃"状美人之仙姿,或以天涯之隔喻美人可遇而不可求,或以无言空谷等描绘等待佳人(杜甫《佳人》"绝代有佳人,幽居在空谷")的孤寂心境,皆营造了一种似有若无的无形的声音之境,以此象征自己香梦迷离的瑶想琼思。

---

①梁启超:《屈原研究》,《饮冰室合集·专集》之三十九,中华书局1989年版,第68页。

②参见李泽厚:《华夏美学》,《美学三书》,天津社会科学院出版社2003年版,第332—336页。

③卓人月:《古今词统》卷十四评徐伸《转调二郎神》(闷来弹雀)。

蒋敦复浓郁的闺阁情怀还表现在那些本非女性专有物件的刻画上。如《浣溪沙》赋帘波、扇影、茶烟，以及《疏影》咏帘影、阑影、屏影、帐影等组词，各自皆女性形象为主。蒋氏在评吴中七子之一吴嘉洤词时曾说："余最爱其'鸳鸯照影立多时'七字，艳情入妙，正以不著墨为佳，此则花间遗韵也。"①此可谓蒋氏自己多作绮语的自我表白。其中，"鸳鸯照影立多时"句所描绘的伫立静思的形象亦多见于蒋氏笔下。诸如"庭院深深，挂在月明，谁家今夜秋思"（《疏影·帘影》）、"知否下阶小立，纤腰曾凭久，心事犹昨"（《疏影·阑影》）、"最可怜、淡月濛濛，那角绣鞋曾立"（《疏影·屏影》、"记搴来并坐，楼上听雨"（《疏影·帐影》）等皆是如此。蒋敦复还有《齐天乐·空楼，和月坡》一首值得一读：

> 杏梁燕去芳巢冷，佳人即今何在。草没朱门，尘封碧瓦，风雨绿纱窗坏。繁华易改。叹一梦成烟，万花如海。漫与云齐，迢迢西北暮愁外。　满湖尚流粉水，瘦蛾都掩了，远岫凝黛。脂盝香销，妆台镜坠，十斛量珠难再。明蟾又挂。剩寂寂帘衣，玉钩敲碎。悄立星鬟，夜深摇翠佩。

此时，蒋氏思古之幽情亦是借佳人曾住之楼而发，然其情不在佳人已去之空楼，而在那些佳人们。楼之命运，实则佳人之命运，而佳人之命运又是繁华易改、时势变迁的缩影。这对身处由盛转衰、内忧外患，而又壮志未酬的词人蒋敦复来说，显然激发其个人的身世之感、人生况味！歇拍那个"悄立"形象便是最好的说明。

（二）代闺人写意的闺怨情怀

唐宋时期"男子作闺音"填词方式，乃便于歌妓演唱，带有娱宾遣兴的意图。因宋之后词的唱法失传，原本为视听艺术的歌词变为阅读吟诵的诗歌，于是后代词人在沿袭此种方式时，多以闺怨诗为范，在极力刻画女子心理活动的同时又常有寓托。就刻画女性心理成长历程而言，蒋敦复《绿箫词》中有《浣溪沙》组词八首堪为代表：

> 豆蔻芳年二八交。懒随阿母刺鸾绡。盈盈做出许多娇。　写不成书嗔玉腕，吹难合调怨琼箫。凤鞋新样倩人描。
>
> 宜笑宜颦浅黛横。女儿心性未分明。避人踪迹怕人轻。　花气近身蜂又蝶，春愁对语燕还莺。者般时节那般情。
>
> 袅娜腰身半不支。恹恹消受落红时。春风八十一胭脂。　纤指怕寒

①蒋敦复：《芬陀利室词话》卷二，《词话丛编》，中华书局1986年版，第3652页。

收粉笔，小瓶蘸水养花枝。绿窗微雨听弹词。

侥幸兰盟不自持。小名生悔被伊知。罗巾教看定情诗。　一枕鸳魂嫌梦窄，双头莲蕊怕风吹。夜来珍重臂寒时。

斜月西廊素影沉。花深深又柳阴阴。鞋边细认露痕侵。　羞赠宜男占草梦，似防结子妒花心。些儿酸处最难禁。

宽著春衫瘦可怜。香桃无奈裹红绵。玉肌羞露泥郎眠。　雏婢也知调舌语，旁人猜是破瓜年。虚名担误好因缘。

簇簇新妆看上头。笑拈蟢子在帘钩。嫁衣亲动翦刀愁。　逃学懒归偎妾睡，迷藏偷捉教郎搜。小时提起十分羞。

才著销魂已断肠。江南春尽燕辞梁。思量长是不昏黄。　画里滕王新蛱蝶，机中卫女旧鸳鸯。钲声二十五声长。

此组词从女子十三四岁习女工写起，历经心性懵懂、春心萌动、定情、许愿、约会、结婚，直至成为独守空房的思妇的完整过程。词人基于少女自然纯真的天性，本着女子对情感、婚姻坚贞而美好的诉求，通过生动的细节、细腻的心理活动的刻画，由女子待字未嫁到成为思妇的过程，揭示了古代女子的情感命运。如果说此组词重在刻画女子婚变前的成长历程，那么《念奴娇·拟陈西麓体，代闺人写意》《角招·此黄钟清角调也。以闺怨写之，音旨凄绝》等，则集中抒写了女子空房孤守的自怨自艾之情：

小楼人去，是谁教，明月照向空房。一夜梅花，千里梦，无言独自昏黄。雁不笺愁，蛩难絮恨，尘满旧琴囊。朝来鹊噪，邻家夫壻还乡。　犹记帘底牵衣，尊前阁泪，此际怕思量。病骨天寒无一把，消受薄薄衣裳。卿自须怜，侬还是福，镜里守容光。少年过也，不成长恁疏狂。

万花暝。疏帘又荡。湘烟半堕蟾影。玉钗敲夜静。烛晕碎红，兰焰孤炯。香鬟怕整，恁独自、凄凉鸾镜。不怕伤春成病。但屈指未归人，莫高楼闲凭。　谁省。黛螺怨凝。冰匳麝减，绣户侵苔径。五更风暗打。一角纹纱，吹开鸳帧。鹃啼梦醒。尽几许、离愁催迸。那是琼壶漏永。泪珠点滴齐飘，霜华冷。

此处，蒋敦复完全站在思妇立场，着力刻画她们的相思之苦、孤寂之凄，为她们不幸的情感生活而鸣不平，暗含着对疏狂夫婿的批评以及对女子坚守婚姻的肯定。联系蒋氏个人的疏狂以及与妻子聚少离多的婚姻生活，可以说那些听到“朝来鹊噪，邻家夫壻还乡”，过着“病骨天寒无一把，消受薄薄衣裳”“香鬟怕整，恁独自、凄凉鸾镜”的思妇们，与妻子支机有着惊人的相似。若如此，蒋氏亦有自责之意味。

进而，蒋氏在极力抒写与妻子、歌妓情感，描摹往昔各类女子命运，刻画女性心理的同时，亦有以女子自喻之词。譬如，《蝶恋花》一阕：

> 眉月一丝如我冷。瘦到难描，怕见青鸾镜。倦又不眠眠又醒。恹恹只道三分病。　弹指流光愁暗省。拈取心香，偷祝花长命。帘底小魂飘不定。峭风吹过红无影。

词中的女子眉瘦多病，临镜生悲，孤独失眠，心存虔诚，珍爱生命，无奈魂无去处，生命暗淡，实则比喻自己的落魄遭遇，凄惨处境。从三分病、小魂等用语来看，此时词人虽未绝望，然已是潦倒至极。

结语："有胸襟，有眼界"下的"花月言愁"

蒋敦复如此青睐女性题材，这在近代词史上亦是一大特色。不过，蒋氏《芬陀利室词话》卷一曾说过这样一段话："昔人论作诗必有江山书卷友朋之助，即词何独不然？不读万卷书，不行万里路，不交万人杰，无胸襟，无眼界，嗫嚅龌龊，絮絮效儿女子语，词安得佳？"①貌似与其填词实情并不一致，或许可以认为：这对"才既奇特，性尤兀傲，以狂名著"②，喜豪言的蒋敦复来说，乃正常现象，但细读上引文字，蒋敦复其实并没有完全否定"儿女子语"，他只是说在读万卷书，行万里路，交万人杰，有胸襟，有眼界之后，方可创作"儿女子语"。

事实亦如此，蒋敦复平生务为有用之学，留心世务，著有《啸古堂诗集》十二卷、古文八卷、骈体文一卷、《英志》八卷、《游杭日记》二卷等。他甚至"与英吉利人游，思得彼国要领，诱之出国史，翻译成书，由是英国二千年来治乱兴衰、山川疆域、财赋兵刑数大端了如指掌"（蒋敦复《丽农山人自叙》与王韬《又记蒋剑人事》）。他平生志向并不屑以诗词名，而竟以诗词名，著有《宫调谱》三卷、《芬陀利室词集》十卷、词话八卷。进而，蒋敦复交游亦极广泛，所到之处，或唱和，或结社，乃近代江东词坛不可忽视的要员之一。这一特点甚至影响了其《词话》的写作特色，从专论的对象来看，除了王者辅（康熙雍正时人）等少数人，余则皆是嘉庆至咸丰间活跃在沪宁苏地区的词人。以至其友王韬《芬陀利室词话序》云蒋氏

① 蒋敦复：《芬陀利室词话》卷一，《词话丛编》，中华书局1986年版，第3645页。

② 转引自徐世昌《晚晴簃诗汇》卷一百五十九，民国退耕堂刻本。

论及的词人，自己亦“大半相识”，同时透露蒋氏那些对未及甄录者“不无遗憾”。

当然，蒋敦复绮愁词是否实现他的“有胸襟，有眼界”下“花月言愁”，读者自有判断。只不过就其个人的创作意图来说，一方面希望“古之学者读书通理势，动静出处，蕲合于圣人之道而已”，故“身世丰约、志类愉戚，又有以形之歌咏，自达其性情，而各归于正”[①]；另一方面主张坚守诗教，“要其忠厚悱恻之忱，扶植名教之意，与《三百篇》相表里，岂嘲弄风月辈所可同日而语哉”[②]。至此，正如清代邱炜萲曾云：“蒋剑人平生诗品虽涉绮丽，要知内意而外辞，故气骨较遒，神韵亦远。”并引蒋敦复论艳体之语曰：“义喻者，趣深；辞荡者，志惑。”且指出：“世之轻言绮丽者，固蒋剑人所弗许耳。”[③]结合上述所述，邱氏所论当非虚言。一则蒋氏言情之词绝少“辞荡志惑”之篇，常含怜惜之怀感慨女性生命之不易，或是才女红颜薄命，或是情女遇人不淑，或是奇女遭遇坎坷。二则多有“义喻趣深”之作，张文虎《送蒋敦复回宝山，即效其体》论其诗云“美人香草不胜情，托意微茫几人见”，而在蒋敦复词中，与各类不幸女子相对的常常是“青衫泪湿”的落魄文士形象，部分词作则直接沿用李商隐“楚雨含情皆有托”之传统。

［作者简介：杨柏岭，文学博士，安徽师范大学新闻与传播学院教授，中国诗学研究中心研究员。著有《龚自珍词笺说》等。］

① 蒋敦复：《戴沧鸥听竹山房诗序》，《啸古堂文集》卷三，清同治七年上海道署刻本。

② 蒋敦复：《铭东屏观察军中纪事诗序》，《啸古堂文集》卷七，清同治七年上海道署刻本。

③ 邱炜萲：《五百石洞天挥麈》卷六，清光绪二十五年邱氏粤垣刻本。

诗学文献研究

孙人和据《太平御览》校雠《文心雕龙》考察与辑佚*

◇李　平

摘　要:《文心雕龙》唐本长期湮没不彰,宋椠又均已亡佚,所幸宋代《太平御览》采摭《文心》内容甚多,可以视作宋本《文心》,因而极具校勘价值,历来备受学界关注。明代学者就已充分利用《御览》来校雠《文心》,并取得了突出的成绩。民国时期的孙人和,远绍明人之遗绪,据多种《御览》版本校雠《文心》字句,创获甚丰,且下启今人之新风,使得据《御览》校雠《文心》这一学术传统绵延400余年而不衰。可惜的是孙人和据《御览》校雠《文心》的成果,今已不复独存,我们只能凭借"范注"窥其大致风貌。因此有必要考察其校雠情况并对其进行辑佚,从而为后世学者利用这些校雠成果从事学术研究或续行校雠提供便利。

关键词:孙人和;《太平御览》;《文心雕龙》;校雠;辑佚

孙人和(1896—1966),字蜀丞,江苏盐城人,北京大学文学系毕业。曾任中国大学、辅仁大学等校教授,晚年任中华书局研究员,著有《论衡举正》《吕氏春秋举正》《抱朴子校补》《新书校本》《花外集校本》等,皆已行世。孙人和擅长于词章和考据,精于校雠之学,也喜欢收藏古书和书画,且不乏精品,经子要藉皆有精校之本。范文澜在《文心雕龙注》例言第一条特别强调:"畏友孙君蜀丞尤助我宏多(孙君所校有唐人残写本、明抄本《太平御览》及《太平御览》三种),书此识感。"①

---

* 基金项目:国家社科基金项目"海峡两岸'龙学'比较研究"(15BZW040)阶段成果。

① 范文澜:《文心雕龙注》(上),人民文学出版社1958年版,第4页。

遗憾的是，孙人和所藏之书未有编目，晚年藏书及相关校雠成果大多散佚，其中就包括范文澜提到的“唐人残写本、明抄本《太平御览》及《太平御览》三种”。这三种校雠成果幸赖“范注”得以基本保存，使后人能窥见其大致面貌。下面就孙人和据《太平御览》校雠《文心雕龙》之情况作一些考察，并据此辑佚。

一、考察

现存最早的《文心雕龙》版本为唐写本残卷，然而唐本长期湮没不彰，宋椠又均已亡佚，所幸宋代大型类书对《文心雕龙》多有采摭。其中，《太平御览》采摭《文心雕龙》23篇43则内容，约9800余字，占全书四分之一强，几乎可以视作宋本《文心雕龙》，“有此辑录，就填补了《文心雕龙》版本上所缺的环节，使之上承唐卷，下接元本”①。

《太平御览》作为宋代文献，极具校勘价值，历来备受学界关注。清阮元在《重刻宋本〈太平御览〉叙》中说：“《太平御览》一书，成于太平兴国八年。北宋初古籍未亡，其所引秦、汉以来之书，多至一千六百九十余种。考其书传于今者，十不存二、三焉。然则存《御览》一书即存秦、汉以来佚书千余种矣，洵宇宙间不可少之古籍也。惜世所行者，自明人刻本外，鲜有善册。”②作为明代《文心雕龙》校雠之功臣，朱郁仪的突出贡献在于利用《太平御览》校正通行本《文心雕龙》文字之讹误。他自谓：“往余弱冠，日手抄《雕龙》讽味，不舍昼夜。恒苦旧无善本，传写讹漏，遂注意校雠。往来三十余年，参考《御览》《玉海》诸籍，并据目力所及，补完改正，共三百二十余字。”③受朱郁仪影响，徐兴公校字也很重视《太平御览》，并特别强调以善本《御览》校读《文心雕龙》。他在《宗经》篇说：“此论《五经》似有讹，查善本《御览》校正。”据汪春泓统计，朱郁仪校出40字、徐兴公校出50字，朱、徐二人的校勘成果，见于徐兴公校汪一元私淑轩刻本，今藏北京大学图书馆。这一刻本“因为集中了朱郁仪、徐𤊹等人对照《太平御览》的校勘成果，所以可看作是《文心雕龙》校勘史上一次较大面积的收获”。而“参校《御览》，经朱、徐二氏之渔猎，创获已丰，若要再大发前人之覆，仅仅依赖《御览》《玉海》等文献，在朱、徐

① 王元化：《〈文心雕龙〉集校合编序》，林其锬、陈凤金校编：《〈文心雕龙〉集校合编》，台南暨南出版社2002年版，第2页。

② 阮元：《研经室集》（下册），中华书局1993年版，第693页。

③ 杨明照：《增订文心雕龙校注》（下），中华书局2010年版，第975页。

之后，也谈何容易”[①]。

事实诚然如此，清代学者，即使像顾广圻、黄丕烈、孙诒让这些著名的校勘学家，在利用《太平御览》校雠《文心雕龙》方面，也没有取得显著的成绩。远绍明人朱郁仪、徐兴公之遗绪，据多种《御览》版本校雠《文心》字句，并取得卓越成就者是民国时期的孙人和。孙氏之所以能继朱郁仪、徐兴公之后，在运用《御览》校雠《文心》方面取得重要成绩，主要因为他具有多种《御览》版本。当年徐兴公随朱郁仪之后，以《御览》校雠《文心》，而校出不少朱氏未校出之字，取得了突出的成绩，个中原因，除了识见相异之外，所用《御览》版本不同也是其中一个缘故。从孙人和校雠的具体内容来看，他所据《御览》版本中还没有宋本。例如，《原道》“若迺河图孕乎八卦”中“迺”的字，宋本作“乃”，孙人和失校；同篇“写天地之辉光”，孙云《御览》“辉光”作“光辉”，而宋本则作“辉光”，不作“光辉”；《诠赋》“文虽新而有质”，孙云唐写本“新”作“杂”，《御览》“质”作“实”，而宋本《御览》（五八七）“新”亦作“杂”，同唐写本。我们知道，现存的《太平御览》南宋闽刊本（建本）和南宋蜀刊本残片，因各种原因流落日本。“民国十七年戊辰（公元1928年），张元济赴日本访书，在帝国图书寮，京都东福寺获见宋蜀刊本，因借影印，又于静嘉堂文库借摄所藏闽刊本（建本）。民国二十四年乙亥（公元1935年）上海涵芬楼将张元济从日本借照携归的宋闽刊本、宋蜀刊本《太平御览》影印，编入商务印书馆出版的《四部丛刊·三编·子部》，其宋蜀本、宋闽本所缺本、缺页，则以日本活字本补足。”[②]故孙氏当时尚无缘见到宋本，不过他拥有多种明清《御览》版本。首先，其所据《御览》明代版本包括明抄本和铜活字本等，孙氏所校明抄本《太平御览》是“范注”《例言》第一条中特别强调的孙氏三种校本之一，而明抄本又有三款，内容丰富且有独到的校勘价值，故孙氏据其校雠多达49条，时有胜义，如《原道》“玄（一作元，孙云明抄本《御览》作‘玄’）圣创典”[③]；除明抄本外，孙氏还有明第一版《御览》倪炳刻本和铜活字本，如《原道》“调如竽瑟（孙云《御览》五八一引作‘竹琴’，明抄本《御览》作‘竽琴’）”，宋本和明抄本《御览》引“竽瑟”均作“竽琴”，倪炳

① 汪春泓：《明代关于〈文心雕龙〉校勘注释之成就以及某些焦点问题探讨之总结》，《文心雕龙研究》第5辑，河北大学出版社2002年版，第326—327、333页。

② 林其锬、陈凤金：《〈文心雕龙〉集校合编》，台南暨南出版社2002年版，第12—13页。

③ 王利器《文心雕龙校证》谓：“案作‘玄圣’是。《庄子·天道》篇：‘以此处下，玄圣素王之道也。’此彦和所本。《文选》班固《典引》：‘故先命玄圣，使缀学立制。’李善注：‘玄圣，孔子也。’《后汉书·班固传》载其文，李贤注云：‘玄圣，孔子也。’《春秋演孔图》曰：‘孔子母征在，梦感黑帝而生，故曰玄圣’。”（王利器：《文心雕龙校证》，上海古籍出版社1980年版，第4页。）

刻本和铜活字本误作“竹琴”[①]。其次,《章表》“汉定礼仪(孙云鲍本《御览》引同今本,明抄本作‘汉初定仪’)”[②],据此可知,孙氏所据《御览》还包括清代鲍崇城刻本。

有鉴于此,我们也就不难理解为什么孙人和据《御览》校雠《文心》能在朱郁仪、徐兴公之后取得杰出的成就!例如,《诏策》“卫觊(元作‘凯’,孙改,顾校作‘觊’,孙云《御览》作‘觊’)禅诰,符命(孙云《御览》作‘采’)炳耀,弗可加已(孙云《御览》‘弗’作‘不’,‘已’作‘也’)”[③]。“符命”,徐兴公曰:“《御览》作‘符采’,前《诠赋》篇有‘符采相胜’之句,《原道》篇有‘符采复隐’之句。”王利器案:“徐说是。”并补充:“《宗经》篇有‘符采相济’之句,《风骨》篇有‘符采克炳’之句,今据改。”这里,徐氏运用他校法和本校法,使其校勘结论几成定谳;而孙氏据《御览》前后连贯校雠,更具综合优势。再如,《原道》“发辉(疑作‘挥’,孙云《御览》作‘挥’)事业”,孙人和以《御览》之他证坐实黄叔琳之怀疑(系袭何焯说),并案:“‘辉’当作‘挥’,《御览》引正作‘挥’,当据正。”后来王利器《校证》又据《程器》篇“发挥事业”、《事类》篇“表里发挥”之本证,将“辉”径改为“挥”。可见,孙氏校语洵为不刊之论。同篇“旁通而无滞(一作‘涯’,从《御览》改),日用而不匮”,黄叔琳谓从《御览》将“涯”改作“滞”,孙人和则曰:“‘无涯’与‘不匮’义近,不当改作‘滞’也。《御览》引此文亦作‘涯’,不作‘滞’,未知所据。”孙氏对黄本改字依据提出怀疑——未知其所据何本《御览》?王利器亦案:“今所见宋本、明钞本、铜活字本、万历薛逢本、汪本、张本、鲍本、学海堂本、日本安政聚珍本《御览》皆作‘涯’,不知(黄叔琳)所据何本。”[④]杨明照再按:“钱谦益藏赵氏钞本《御览》作‘滞’(见冯舒校语),本为误字(所见宋本、钞本、倪本、活字本、喜多本、鲍本《御览》均作‘涯’),黄氏据冯舒校语径改为‘滞’,非是。”[⑤]王、杨之说表明:孙氏联系上下文,又据《御览》他证,博稽精考,度越前贤,纠正讹误,所言极是。

孙人和不仅上绍明人朱郁仪、徐兴公之遗绪,而且下启今人章锡琛、林其锬之新风,使得据《御览》校雠《文心》这一学术传统,绵延四百余年而不衰,此其校雠之丰功以外,又一学术之伟绩也。校勘如扫浮尘,随扫随落,即使同据《御览》

---

① 胡应麟《少室山房笔丛》曰:“《御览》向行钞本,十年来始有刻,而讹谬特甚,非老师宿儒,即一篇半简莫能句读。至姓名颠舛,世代鲁鱼,初学士读之或取入诗文用,误人不尠。”(胡应麟:《少室山房笔丛》,上海书店出版社2001年版,第356页。)

② 范文澜:《文心雕龙注》(下),人民文学出版社1958年版,第406页。

③ 范文澜:《文心雕龙注》(上),人民文学出版社1958年版,第359页。

④ 王利器:《文心雕龙校证》,上海古籍出版社1980年版,第139、4—5页。

⑤ 杨明照:《增订文心雕龙校注》(上),中华书局2000年版,第16页。

校雠《文心》，由于有新版本的发现，也会取得突破性进展。1936年，开明书店出版范文澜《文心雕龙注》时，书店创办人和总经理章锡琛便将其据日本静嘉堂文库藏宋刊本《太平御览》所校内容附之卷末。章氏《校记》曰：

《文心雕龙》一书，为吾国文学批评之先河，其识见之卓越，文辞之瑰丽，自古莫不称善。旧有黄崑圃注，盖出其门客之手，纰缪疏漏，时或不免。余友范君仲沄，博综群书，为之疏证。取材之富，考订之精，前无古人，询彦和之功臣矣。黄氏常于诸本异同，亲施校勘，范君更为订补，厘正已多。最近得涵芬楼影印日本帝室图书寮京都东福寺东京岩崎氏静嘉堂文库藏宋刊本《太平御览》，偶加寻检，其中所引《雕龙》文字，颇有同异。尤足珍者，如《哀吊》篇“汝阳王亡”，注谓“汝阳王不知何帝子”，今此本“王”作“主”，则是崔瑗作《哀辞》者，乃公主，非帝子。《史传》篇“左史记事者，右史记言者”，注谓“彦和用《玉藻》说”。此本作“左史记言，右史书事”，则用《汉志》说。《论说》篇“仰其经目”，注谓“疑当作抑其经目”，此本果作“抑”。又如《颂赞》篇“义兼”之为“讚兼”，《诔碑》篇“改盼”之为“顾眄”，《史传》篇“同异”之为“周曲”，“迍败”之为“屯贬”，《章表》篇“蓋阙”之为“然阙”，《书记》篇“遗子反”之为“责子反”，“激切”之为“激昂”，《神思》篇“缀虑”之为“缀翰”，《指瑕》篇“颇疑”之为“颇拟”，义胥较长。他类是者尚众，不遑举缕。辄为签校，附之卷末，尘山露海，倘有稗乎。民国二十五年，六月，章锡琛。①

章氏利用刚出版不久的宋本《御览》所作之校勘，解决了一些长期悬而未决的疑难问题。例如，《哀吊》：“（降）及后汉，汝阳王亡，崔瑗哀辞。始变前式。”范注：“汝阳王，不知何帝子。崔瑗仕当安、顺诸帝朝，皆未有子封王；哀辞本文又亡，无可考矣。”②宋本《御览》“汝阳王”作“汝阳主”，非帝子，乃公主，见《后汉书·后纪》，为和帝女，名刘广，正是崔瑗作哀辞者。再如，《史传》：“古者，左史记事者，右史记言者。言经则《尚书》，事经则《春秋》。”范注：“‘记事者’‘记言者’二者字疑衍。《礼记·玉藻》曰：‘动则左史书之，言则右史书之。’《汉书·艺文志》：‘左史记言，右史记事，事为《春秋》，言为《尚书》。’《玉藻疏》引《六艺论》同，与《汉志》反。杜预《春秋左氏传序·正义》云：‘左是阳道，故令之记动；右是阴道，故使之记言。《艺文志》称左史记言，右史记动，误耳。’彦和用《玉藻》说。”③而宋本《御览》正作“左史记言，右史书事”，系用《汉志》说。故斯波六郎说：“案如范氏说‘左史记

① 章锡琛：《校记》，见范文澜《文心雕龙注》（七），上海开明书店1936年版，第1页。

② 范文澜：《文心雕龙注》（上），人民文学出版社1958年版，第243页。

③ 范文澜：《文心雕龙注》（上），人民文学出版社1958年版，第289页。

事，右史记言'二句据《玉藻》，则'言经则《尚书》，事经则《春秋》'二句据《汉志》，此甚不自然。疑此四句均据《汉志》，此处本文于传写之际，左右二字互误耳。宋刊本《御览》六百三，正作'左史记言，右史记事。'与《汉志》合。关于此事章氏校记序既已论及矣。"[①]又如，《论说》："昔仲尼微言，门人追记，故仰其经目，称为《论语》。"范注："'仰其经目'，疑当作'抑其经目'，谓谦不敢称经也。"[②]范文澜在此仅仅采用理校法，疑"仰"当作"抑"，章氏谓宋本《御览》果作"抑"。同时，章氏还利用宋本《御览》续补了孙人和许多失校之词，仅《原道》就有十五处之多，如"若迺河图孕乎八卦（'迺'作'乃'）""而年世渺邈（'渺'作'眇'）""益稷陈谟（'益稷'作'稷益'）""文王患忧（'患忧'作'忧患'）""至夫子继圣（'至'下有'若'字）""爰自风姓（'爰'上有'故'字）"等。此外，章氏据宋本《御览》所校还有不少与孙人和不同之处，如"圣因文而（孙云《御览》'而'作'明'）明道"，章校所据宋本"'而'作'以'，不作'明'"。这里的不同之处与通行本相同，不仅文辞通顺，而且句义惬当。可见，章氏继孙氏之后，又在据《御览》校雠《文心》上迈进了一大步。

章锡琛之校看似缘于开明书店再版范文澜的《文心雕龙注》，实则受"范注"所征录孙人和以《御览》校雠《文心》之成果的影响。当年，上海开明书店拟重印"范注"，章氏"自任校勘，发书比对，经年乃毕，并据宋刊《太平御览》所引作校记附于书末"[③]。正是在"发书比对，经年乃毕"的基础上，章氏发现"范注"所录孙人和据《御览》校雠《文心》之成果，虽然较前人有了进一步的发展，但由于孙氏所据《御览》版本缺少宋本，因而存在明显的不足，留下了诸多的遗憾，致使一些疑难字句的校雠一仍其旧。故章氏在宋椠已刊行的情况下，"并据宋刊《太平御览》所引作校记附于书末"，使据《御览》校雠《文心》之业，又取得了新的进展。对此，周振甫深有体会，他回忆道："我接触《文心雕龙》是从40年代（20世纪）开始的，我刚进上海开明书店，是帮宋云彬先生校对《辞通》。《辞通》出版后，我又帮章锡琛先生校对《文心雕龙》，锡琛先生当时是开明书店总经理，他在空余时间，也做古籍工作，开明书店出版范文澜先生注的《文心雕龙》，就是锡琛先生整理的。……锡琛先生最早用宋本《太平御览》中所引《文心雕龙》来校，补正范注谓'汝阳王不知何帝子'之疏漏。"[④]

章锡琛之后，林其锬又受章氏校记的启发，认为宋本《御览》极具校勘价值，

---

① 斯波六郎：《文心雕龙范注补正》，黄锦鋐编译：《文心雕龙论文集》，台北学海出版社1979年版，第38页。

② 范文澜：《文心雕龙注》（上），人民文学出版社1958年版，第330页。

③ 王伯祥：《庋榢偶识》，中华书局2008年版，第105页。

④ 周振甫：《周振甫讲〈文心雕龙〉》，江苏教育出版社2005年版，第1—2页。

遂著《宋本〈太平御览〉引〈文心雕龙〉辑校》。其《前言》说："宋椠《太平御览》因其仅次唐写本而近古，并且是刊印本，因而其校勘的价值，历来为学术界所肯定。开明书店编辑部章锡琛在1936年就说：……"[①]林氏《辑校》以宋本《御览》为底本，用唐写本、元至正本和清黄叔琳《辑注》本加以对校，并特编《宋本〈太平御览〉引〈文心雕龙〉索引》附录于后，且在影印宋本《太平御览》引文眉头加"○"号以醒目，省去读者查找之烦，甚便利用，真乃嘉惠士林，功德无量之举。同时，也将明清以来据《御览》校雠《文心》这一学术事业推向了巅峰！

总之，《太平御览》因大量引用《文心雕龙》而成为后世《文心雕龙》校勘的重要文献资料，"范注"又因大量引录孙人和所校"明抄本《太平御览》及《太平御览》"的校勘成果，而使孙氏利用《太平御览》校勘《文心雕龙》的成果得以基本保存，从而为后世学者利用这些校勘成果从事学术研究或续行校雠提供了极大的便利。学术薪火由此相传不绝，"范注"的文献校勘学价值亦由此而彰显。

二、辑佚

可惜的是孙人和据《太平御览》校雠《文心雕龙》的成果，今已不复独存，我们只能凭借"范注"窥其大致风貌。据"范注"统计，孙氏据明抄本和他本《御览》校雠《文心》的篇目共有21篇，各篇校雠条目，最少的1条，最多的37条，合计379条（含一句两条者），其中配合《唐写本》互校的60条。具体分布情况如下（条数首行斜杠后数字为据明抄本《御览》校勘数，二行数字为《唐写本》参校数）：

篇名	原道	宗经	明诗	诠赋	颂赞	铭箴	诔碑	哀吊	杂文	史传	论说
条数	9/2	9/1	25	23	20	14	18/3	23/7	16/1	37/7	17/6
		1	10	14	10	10	4	7	4		
篇名	诏策	檄移	章表	奏启	议对	书记	风骨	定势	事类	附会	
条数	27	29/6	32/5	26/1	17/2	26/8	4	1	5/3	1	

原道（9条）

1. 至于林籁结响，调如竽瑟（孙云：《御览》五八一引作"竹琴"，明抄本《御览》作"竽琴"。）

① 林其锬、陈凤金：《〈文心雕龙〉集校合编》，台南暨南出版社2002年版，第13页。

2. 肇自太极，幽赞神明(孙云：《御览》五八五引“太”作“泰”，“赞”作“讚”。)
3. 剬(孙云：《御览》“剬”作“制”。)诗缉颂
4. 雕琢情性(孙云：《御览》引“情性”作“性情”。)
5. 写天地之辉光(孙云：《御览》“辉光”作“光辉”。)
6. 玄(孙云：明抄本《御览》作“玄”。)圣创典
7. 发辉(孙云：《御览》作“挥”。)事业
8. 圣因文而(孙云：《御览》“而”作“明”。)明道
9. 迺(孙云：《御览》无“迺”字。)道之文也

宗经(9条)

1. 而吐纳自(孙云：明抄本《御览》六百八引“自”作“者”。)深
2. 诂训(孙云：《御览》作“训诂”。)同书
3. 故(孙云：《御览》引此无“故”字。)最附深衷矣
4. 五石六鹢(孙云：《御览》作“鶂”。)
5. 以详略(孙云：《御览》作“备”)成文
6. 其(孙云：《御览》无“其”字。)婉章志晦
7. 谅以(孙云：《御览》作“源已”；《唐写本》“以”作“已”。)邃矣
8. 而寻理即(孙云：《御览》作“则”。)畅
9. 此圣人之(孙云：《御览》无“之”字。)殊致

明诗(25条)

1. 舜(孙云：《御览》五八六“舜”作“虞”。)造《南风》之诗
2. 太(孙云：《御览》“太”作“少”。)康败德
3. 五子咸怨(孙云：《唐写本》“怨”作“讽”；《御览》亦作“讽”。)
4. 可与(孙云：《御览》作“以”。)言诗
5. 自王泽殄(孙云：《御览》作“弥”。)竭
6. 春秋观志(孙云：《御览》“志”下有“以”字。)
7. 属辞(孙云：《唐写本》作“词”；《御览》亦作“词”。)无方
8. 所以李陵、班婕妤(孙云：《唐写本》无“妤”字；《御览》亦无“妤”字。)
9. 见疑于后(孙云：《御览》“后”作“前”。)代也
10. 阅时取证(孙云：《唐写本》“证”作“征”；《御览》亦作“征”。)
11. 或称(孙云：《御览》有“于”字。)枚叔

12. 清典(一作曲,从《纪闻》改。赵云:"曲"作"典";孙云:《御览》亦作"典"。)可味

13. 乃(孙云:《唐写本》作"及";《御览》亦作"及"。)正始明道

14. 唯嵇志清峻,阮旨遥深,故能标焉(孙云:《御览》无此一句。)

15. 辞谲义贞(孙云:《御览》作"具"。)

16. 张潘左(孙云:《唐写本》作"左潘";《御览》亦作"左潘"。)陆

17. 溺乎(孙云:《御览》作"于"。)玄风

18. 崇盛亡(赵云:"亡"作"忘";孙云:《御览》亦作"忘"。)机之谈

19. 挺拔而为俊矣(孙云:《唐写本》作"隽";《御览》作"隽也"。)

20. 俪采百字(孙云:《御览》作"家"。)之偶

21. 茂先凝(孙云:《御览》作"拟"。)其清

22. 兼(孙云:《御览》"兼"上有"若"字。)善则子建、仲宣

23. 鲜能通圆(孙云:《唐写本》作"圆通";《御览》亦作"圆通"。)

24. 忽之(孙云:《唐写本》"之"作"以";《御览》亦作"以"。)为易

25. 则明(孙云:"则"下有"亦"字;《御览》"明"作"萌"。)于图谶(按:此条"则"下有"亦"字乃孙人和据《唐写本》校字。)[①]

诠赋(23条)

1. 师箴(孙云:《唐写本》"箴"下有"瞽"字;《御览》五八七引有"瞽"字。)赋

2. 刘向云(孙云:《唐写本》"刘"上有"故"字,"云"字无;《御览》亦有"故"字,无"云"字。)明不歌而颂

3. 然(孙云:《唐写本》"然"下有"则"字;《御览》引亦有"则"字。)赋也者

4. 受命于诗人(孙云:《唐写本》"人"下有"而"字;《御览》亦有"而"字。)

5. 拓宇于《楚辞》(孙云:《御览》有"者"字。)也

6. 顺(孙云:《唐写本》"顺"作"循";《御览》亦作"循"。)流而作

① "范注"引录明代孙汝澄校语和近人孙人和校语是有区别的,一般而言,随底本黄叔琳《文心雕龙辑注》而来的孙汝澄校语,主要以"孙改""孙补"或"孙云"的形式出现,无校改依据;孙人和校语,则均以"孙云"的形式出现,且"孙云"后基本上都接以《唐写本》《御览》或明抄本《御览》的版本文献校改依据,以与孙汝澄校语相区别。值得注意的是,"范注"正文夹校中的孙人和校语,有9条既标明"孙云",又省略了校改依据,以致容易被误认为是明代孙汝澄的校语。这9条校语分别是《明诗》1条、《颂赞》4条、《祝盟》2条、《铭箴》1条、《哀弔》1条。对这9条"孙云"校语,需要加以仔细辨析才能确定其为孙人和的校语。详参拙作《孙人和唐写本《文心雕龙》残卷校雠辨析与辑佚》,载《古代文学理论研究》第四十七辑。

7. 枚马同(孙云:《唐写本》“同”作“播”;《御览》作“洞”。)其风

8. 夫(孙云:《唐写本》“夫”上有“若”字;《御览》亦有“若”字。)京殿苑猎

9. 述行序(孙云:《唐写本》作“叙”;《御览》亦作“叙”。)志

10. 既履端于倡(孙云:《唐写本》作“唱”;《御览》亦作“唱”。)序

11. 迭致文契(孙云:《唐写本》作“写送文势”;《御览》亦作“写送文势”。)

12. 事数自环(孙云:《御览》“数”作“义”,“环”作“怀”。)

13. 宋发巧(孙云:《唐写本》作“夸”;《御览》作“誇”。)谈

14. 明绚以雅赡(孙云:《御览》作“赡雅”。)

15. 迅发(孙云:《唐写本》作“拔”;《御览》亦作“拔”。)以宏富

16. 构深玮(孙云:《唐写本》作“伟”;《御览》亦作“伟”。)之风

17. 发端(孙云:《唐写本》作“篇”;《御览》亦作“篇”。)必遒

18. 伟长博通(孙云:《御览》作“通博”。)

19. 底绩于流制(孙云:《御览》作“製”。)

20. 画绘之著(孙云:《御览》作“差”。)玄黄

21. 文虽新而有质(孙云:《御览》“质”作“实”。)

22. 虽读千赋(孙云:《御览》作“千首”。)

23. 遂使繁华损(孙云:《御览》作“折”。)枝

颂赞(18+2条)

1. 以歌《九韶》(孙云:《唐写本》“韶”作“招”;《御览》五八八引亦作“招”。)

2. 自商(孙云:《御览》有“颂”字。)已下

3. 容告神明谓之颂(孙云:“容”上有“雅”字;“明”字无。)(按:此条乃孙人和据《唐写本》和《太平御览》校字。)

4. 事(孙云:“事”上有“故”字。)兼(孙云:《御览》“兼”作“资”。)变正(按:此条“事”上有“故”字乃孙人和据《唐写本》和《太平御览》校字。)

5. 义(孙云:“义”上有“故”字。)必纯美(按:此条乃孙人和据《唐写本》和《太平御览》校字。)

6. 商人(孙云:《唐写本》无“人”字;《御览》亦无“人”字。)以前王追录

7. 非谳飧(孙云:《御览》《唐写本》作“飧谳”。)之常(孙云:“常”作“恒”。)詠也(按:此条“常”作“恒”乃孙人和据《太平御览》校字。)

8. 比类寓意(孙云:《御览》作“属兴”。)

9. 孟坚之序(孙云:《御览》作“颂”。)戴侯

10.详略各(孙云:《御览》作“有”。)异

11.原夫颂惟典雅(孙云:《唐写本》“雅”作“懿”;《御览》亦作“懿”。)

12.其大体所底(孙云:《唐写本》“底”作“弘”;《御览》作“宏”。)

13.嗟叹以助辞也(孙云:《唐写本》“也”字无;《御览》“也”上有“者”字。)

14.至相如属笔(孙云:《御览》“笔”作“词”。)

15.及迁史固书,讬讚褒贬(孙云:《唐写本》作“及史班固书”;《御览》作“及史班书记,以讚褒贬”。)

16.亦犹颂之(孙云:《御览》有“有”字。)变耳

17.昭灼以送(孙云:《御览》作“策”。)文

18.发源(孙云:《御览》作“言”。)虽远

铭箴(14条)

1.昔帝轩(孙云:《御览》五百九十引作“轩辕帝”。)刻舆几以弼违

2.题必戒(孙云:《唐写本》作“诫”;《御览》亦作“诫”。)之训

3.则先(孙云:《唐写本》《御览》“则”字无,“先”作“列”。)圣鉴戒

4.夏铸九牧之金鼎,周勒肃慎之楛矢(孙云:《唐写本》“鼎”字、“矢”字无;《御览》亦无此二字。)

5.吁可怪矣(孙云:《唐写本》“吁”作“噫”,“矣”作“也”;《御览》亦作“噫”“也”。)

6.若(孙云:《唐写本》无“若”字;《御览》“若”下有“乃”字。)班固《燕然》之勒

7.蔡邕铭思,独冠古今(孙云:《御览》作“蔡邕之铭,思烛古今”。)

8.桥公之钺(孙云:《御览》作“箴”。)

9.而居博奕之中(孙云:《唐写本》“中”作“下”;《御览》亦作“下”。)

10.而在臼杵(孙云:《唐写本》作“杵臼”;《御览》亦作“杵臼”。)之末

11.箴者,所以攻疾防患,喻鍼石也(孙云:《御览》五八八引此作“箴,所以攻疾除患,喻针石垣”。)

12.箴文委(孙云:《唐写本》作“萎”;《御览》亦作“萎”。)绝

13.作(孙云:《唐写本》及《御览》皆无“作”字。)《卿尹》《州牧》二十五篇

14.罕施于(孙云:《唐写本》“于”作“后”;《御览》五八八引亦作“后”。)代

诔碑(18条)

1.大夫(孙云:明抄本《御览》五九六引“大夫”上有“士”字。)之材

2. 诔者，累也（孙云：《御览》五九六无“累字”。）

3. 观其慭遗之切（孙云：《唐写本》作“辞”；《御览》亦作“辞”。）

4. 安有累（孙云：明抄本《御览》作“诔”。）德述尊

5. 而他（孙云：《御览》作“结”。）篇颇疏

6. 工（孙云：《御览》作“贵”。）在简要

7. 陈思叨（孙云：《御览》作“功”。）名而体实繁缓

8. 盖诗人之（孙云：明抄本《御览》引无“人”字，“之”作“文”。）则也

9. 则（孙云：《御览》无“则”字。）触类而长

10. 弥取于工（孙云：《唐写本》作“功”；《御览》作“工”。）矣

11. 盖选言（孙云：《御览》“言”下有“以”字。）录行

12. 事止（元作正。孙云：《御览》作“止”。）丽牲

13. 莫非清（孙云：《御览》作“精”。）允

14. 其缀采（孙云：《御览》作“辞”。）也雅而泽

15. 自然而至（孙云：《御览》无“而”字，“至”下有“矣”字。）

16. 温王郤（孙云：《唐写本》“郤”作“郗”；《御览》亦作“郗”。）庾

17. 辞多枝杂（孙云：《御览》作“离”。）

18. 最为辨裁（孙云：《唐写本》有“矣”字；《御览》亦有“矣”字。）

哀弔（23条）

1. 盖不（孙云：明抄本《御览》五九六引作“下”。）泪之悼

2. 事均夭横（孙云：《唐写本》“横”作“枉”；《御览》五九六亦作“枉”。）

3. 暨（孙云：《御览》无“暨”字。）汉武封禅

4. 及（孙云：“及”上有“降”字；《御览》亦有“降”字。）后汉汝阳王亡（按：此条“及”上有“降”字乃孙人和据《唐写本》校字。）

5. 怪而不辞（孙云：《唐写本》“辞”作“式”；《御览》亦作“式”。）

6. 颇似歌谣（孙云：明抄本《御览》作“吟”。）

7. 虽发其情华（孙云：《御览》无“华”字。）

8. 而未极心（孙云：《唐写本》“心”上有“其”字；《御览》“心”作“其”。）实

9. 观其虑善（孙云：《唐写本》“善”作“赡”；明抄本《御览》亦作“赡”。）辞变

10. 幼未成德（孙云：《御览》作“性”。）

11. 故誉（孙云：《御览》作“故兴言”。）止于察惠

12. 故悼加乎肤色（“悼”字下《御览》有“惜”字，“肤”一作“容”。孙云：《御览》作“故悼惜加乎容色”。）

13. 以(孙云:《御览》"以"上有"亦"字。)至到为言也

14. 及晋筑虒(元作"虎",孙汝澄改。孙云:《御览》作"虒"。)台

15. 史赵(元脱,孙汝澄补。孙云:《御览》有"赵"字。)苏秦

16. 虐民构敌(孙云:《御览》"虐"作"害","敌"作"怨"。)

17. 体同而事核(孙云:《御览》作"周"。)

18. 及平(一作"卒"。孙云:《唐写本》"平"作"卒";《御览》亦作"卒"。)章要切

19. 扬雄弔(孙云:明抄本《御览》作"序"。)屈

20. 并敏于致语(孙云:《唐写本》"语"作"诘";明抄本《御览》作"诰"。)

21. 褒而(孙云:明抄本《御览》"而"上有"丧"字。)无闻

22. 王子伤其隘(孙云:明抄本《御览》作"溢"。)

23. 序(孙云:《御览》作"词"。)巧而文繁

杂文(16条)

1. 腴辞云搆(孙云:《御览》五百九十作"構"。)

2. 扬雄覃思文阔,(孙云:《御览》作"阁",无下"业深综述"一句。)业深综述

3. 碎文璅(孙云:《御览》作"琐"。)语

4. 凡此三者(孙云:《御览》无"凡三者"三字;《唐写本》作"凡此三文"。)

5. 文章之枝派(孙云:《御览》作"流"。)

6. 取美于(孙云:《御览》无"于"字。)宏壮

7. 壮语畋(孙云:《唐写本》作"田";《御览》亦作"田"。)猎

8. 艳词动(孙云:明抄本《御览》作"洞"。)魂识

9. 而(孙云:《唐写本》无"而"字;《御览》亦无"而"字。)终之以居正

10. 子云所谓先骋郑卫之声(孙云:《唐写本》无"先""卫""之"三字;《御览》亦无此三字。)

11. 曲终而奏雅(孙云:《御览》"雅"下有"乐"字。)者也

12. 唯(孙云:《御览》无"唯"字。)《七厉》叙贤

13. 里醜(元作"配",谢兆申改。孙云:《御览》作"醜")捧心

14. 不关西施(孙云:《御览》作"子"。)之嚬(孙云:《御览》作"颦"。)矣

15. 而裁章置(孙云:《御览》作"致"。)句

16. 岂慕朱仲四寸之珰(孙云:《御览》作"璠"。)乎

史传(37条)

1. 古者,左史记事者,右史记言者(孙云:《御览》六百三引无两“者”字。)

2. 言经则《尚书》,事经则《春秋》(孙云:《御览》无两“则”字,“秋”下有“也”字。)

3. 然睿旨存亡(二字衍)幽隐(孙云:《御览》六百四作“然叡旨幽秘”。)

4. 丘明同时(孙云:《御览》作“耻”。)

5. 盖录而弗(孙云:《御览》作“不”。)叙

6. 故即简而(孙云:《御览》无“而”字。)为名也

7. 爰及太(孙云:《御览》无“太”字。)史谈

8. 子长继志(元作“至”,胡孝辕改。孙云:《御览》作“志”。)

9. 甄序帝勣(孙云:《御览》作“续”。)

10. 亦宏称也(元脱,谢兆申补。孙云:《御览》有“也”字。)

11. 观司马迁(孙云:《御览》作“史迁”。)之辞

12. 至于宗经矩(孙云:《御览》作“规”。)圣之典

13. 遗亲攘美(孙云:《御览》作“善”。)之罪

14. 记传互(孙云:《御览》作“并”。)出

15. 或(元脱,谢兆申补。孙云:《御览》有“或”字。)疎阔寡要

16. 举例发凡(孙云:明抄本《御览》引“凡”作“目”。)

17. 自(孙云:《御览》无“自”字。)《史》《汉》以下

18. 至邓璨(孙云:《御览》作“粲”。)《晋纪》

19. 又摆落(一作“撮略”,从《御览》改。孙云:明抄本《御览》作“摆落”。)汉魏

20. 亦有心(孙云:《御览》有“放”字。)典谟

21. 及安(元作“交”,朱谋玮改。孙云:《御览》作“安”。)国立例

22. 然纪传(孙云:《御览》作“传记”。)为式

23. 编年缀事,文非泛论(孙云:明抄本《御览》“缀”作“经”,“泛”作“纪”。)

24. 斯固总会(孙云:明抄本《御览》作“合”。)之为难也

25. 而(孙云:《御览》无“而”字。)数人分功

26. 偏举则病(孙云:《御览》作“漏”。)于不周

27. 公羊高(孙云:明抄本《御览》作“皐”。)云“传闻异辞”

28. 莫顾实理(孙云:《御览》作“理实”。)

29. 我书则传(孙云:《御览》作“博”。)

30. 至于记（孙云：《御览》作“纪”。）编同时

31. 时（元脱，胡孝辕补。孙云：《御览》有“时”字。）同多诡

32. 迍（孙云：《御览》作“屯”。）败之士

33. 虽令德而常嗤，理欲（二字衍。孙云：《御览》无“常”字、“欲”字，“嗤理”作“蚩埋”。）吹霜煦露

34. 此又同时之枉（孙云：明抄本《御览》“枉”下有“论”字。）

35. 故（元作“欲”，朱谋玮改。孙云：《御览》作“故”。）述远则诬矫如彼

36. 记（孙云：明抄本《御览》作“略”。）近则回邪如此

37. 唯素臣（元作“心”，梅本改。孙云：《御览》作“懿上心”三字。）乎

论说（17条）

1. 伦理（孙云：明抄本《御览》作“礼”。）无爽

2. 则圣意不坠（孙云：《御览》五九五引作“则圣意不堕”。）

3. 论也（孙云：《御览》无“也”字。）者，弥纶群言

4. 而研精（元脱，朱谋玮补。孙云：《御览》有“精”字。）一理者也

5. 至（孙云：《御览》有“于”字。）石渠论艺

6. 白虎通讲（孙云：明抄本《御览》“通讲”作“讲聚”。）

7. 聚述圣言通经（孙云：《御览》无“聚”“言”二字。）

8. 严尤（元作“允”，朱谋玮改。孙云：明抄本《御览》作“左”。）《三将》

9. 仲宣之《去代》（孙云：明抄本《御览》作“伐”。）

10. 盖人伦之英也（孙云：《御览》引作“盖论之英也”。）

11. 然亦其美矣（孙云：明抄本《御览》作“哉”。）

12. 穷于有数，追于无形（两“于”字从汪本改。孙云：《御览》“于”作“及”。）

13. 迹（一作“钻”。孙云：《御览》作“钻”。）坚求通

14. 辞忌枝碎（孙云：《御览》有“也”字。）

15. 斯（孙云：明抄本《御览》作“期”。）其要也

16. 是以论如（孙云：《御览》作“譬”。）析薪

17. 而检跡如（孙云：《御览》作“知”。）妄

诏策（27条）

1. 皇帝御（孙云：《御览》五九三引作“驭”。）宇

2. 渊嘿黼（孙云：《御览》作“负”。）扆

3. 唯（孙云：《御览》“唯”上有“其”字。）诏策乎

4. 其在三代(孙云:《御览》"代"作"王"。)

5. 誓以训(孙云:《御览》作"诫"。)戎

6. 汉初定仪则,则命有四品(疑衍一"则"字,以"定仪"为读。孙云:《御览》"则"字不重,无"命"字。)

7. 四曰戒敕(孙云:《御览》"敕"并作"勑"。)

8. 制施赦命(孙云:《御览》作"勑令"。)

9. 诏体浮新(孙云:《御览》作"杂"。)

10. 逮(孙云:《御览》作"及"。)光武拨乱

11. 留意斯文(孙云:《御览》作"词采"。)

12. 卫觊(元作"凯",孙汝澄改,顾广圻校作"觊"。孙云:《御览》作"觊"。)禅诰

13. 符命(孙云:《御览》作"采"。)炳耀

14. 弗可加已(孙云:《御览》"弗"作"不","已"作"也"。)

15. 自魏晋诰策(孙云:《御览》作"诏策"。)

16. 互管(孙云:《御览》作"管于"。)斯任

17. 施命(孙云:《御览》作"令"。)发号

18. 魏文帝下诏(孙云:《御览》作"魏文以下"。)

19. 体宪(元作"虑",朱谋㙔改。孙云:《御览》作"宪"。)风流矣

20. 则气含风(孙云:《御览》作"云"。)雨之润

21. 治(孙云:《御览》作"启"。)戎燮伐

22. 在三罔(元作"同",许改。孙云:《御览》作"罔"。)极

23. 汉高祖(孙云:《御览》无"祖"字。)之《敕太子》

24. 教者,效也,出言而民效也(孙云:《御览》上"效"作"傚",下"效"作"効"。)

25. 契敷五教(孙云:《御览》无此四字。)

26. 昔郑弘(孙云:《御览》作"宏"。)之守南阳

27. 文教丽而罕(孙云:《御览》"罕"下有"施"字。)于理

檄移(28+1 条)

1. 祭公谋父称古有威让(孙云:明抄本《御览》作"仪"。)之令

2. 令有文告(孙云:明抄本《御览》五九七引"告"作"诰"。)之辞

3. 惧敌弗(孙云:《御览》作"不"。)服

4. 刘献公之(孙云:《御览》无"之"字。)所谓告之以文辞

5. 董之以武师（元作“师武”。孙云：《御览》作“武师”。）者也

6. 诘苞（汪本作菁。孙云：《御览》作“菁”。）茅之缺

7. 檄者，皦（孙云：明抄本《御览》作“皎”。）也

8. 宣露（孙云：《御览》作“布”。）于外

9. 或称露布，播诸视听也（孙云：《御览》作“露布者，盖露板不封，布诸视听也”。）

10. 诸侯御（孙云：《御览》作“禦”。）师

11. 亦且（孙云：《御览》作“属”。）厉辞为武

12. 使声如衝（元作“衡”。孙云：《御览》作“晨”。）风所击

13. 慫（孙云：《御览》作“乘”。）其恶稔之时

14. 订信慎（孙云：《御览》作“顺”。）之心

15. 布（元作“有”。孙云：《御览》作“布”。）其三逆

16. 陈琳之檄豫州（元脱。孙云：《御览》无“豫州”二字。）

17. 壮有（孙云：明抄本《御览》作“于”。）骨鲠

18. 然抗辞（孙云：《御览》作“据词”。）书衅

19. 皦然露骨（元作“固”，孙汝澄改；又一本作“暴露”。孙云：《御览》作“曝露”。）矣

20. 敢指曹公之锋，幸哉免袁党之戮也（孙云：《御览》无“敢指”二句。）

21. 桓公（孙云：《御览》作“温”。）檄胡

22. 或述此休明，或叙彼苛虐，指天时（孙云：明抄本《御览》作“或述休明，或叙否剥”，《御览》“指”上有“则剥”二字。）

23. 谲诡（孙云：《御览》作“诡谲”。）以驰旨

24. 凡此众条（孙云：明抄本《御览》作“作”。）

25. 莫或违之者也（孙云：《御览》“之”在“或”字上。）

26. 言约（孙云：《御览》作“简”。）而事显

27. 顺命（孙云：《御览》作“顺众”。）资移

28. 意用（孙云：《御览》作“则”。）小异而体义大同（孙云：《御览》有“也”字。）

章表（31+1条）

1. 则（一作“即”。孙云：《御览》五九四作“即”。）章表之义也

2. 伊尹书诫（孙云：《御览》作“戒”。）

3. 又作书以讃（元作“缵”。孙云：《御览》作“讃”。）

4. 汉定礼仪(孙云:鲍本《御览》引同今本,明抄本作“汉初定仪”。)

5. 四曰(孙云:《御览》有“駮”字。)议

6. 表以陈请(孙云:《御览》作“情”。)

7.《诗》云(孙云:《御览》作“曰”。)“为章于天”

8. 其在(孙云:《御览》作“在于”,无“其”字。)文物

9. 赤白(孙云:《御览》作“青赤”。)曰章

10. 表者,标(孙云:《御览》作“摽”。)也

11. 章表(孙云:《御览》作“表章”。)之目

12. 经国之(孙云:《御览》无“之”字。)枢机(孙云:《御览》作“要”。)

13. 乃各有故事而(孙云:《御览》作“布”。)在职司也

14. 胡广章奏(一作“表”。孙云:明抄本《御览》作“表”。)

15. 昔晋文受册(孙云:《御览》作“策”。)

16. 三辞(元脱,朱谋垏补。孙云:《御览》有“辞”字。)从命

17. 曹公称“为表不必(孙云:明抄本《御览》作“止”。黄本、活字本、汪本作“止”。)三让”

18. 所以魏初表章(孙云:《御览》作“章表”。)

19. 则未足美(孙云:明抄本《御览》无“美”字。)矣

20. 志尽文畅(孙云:《御览》作“壮”。)

21. 应物掣(一作“制”。孙云:《御览》作“制”。)巧

22. 逮(孙云:《御览》作“迨”。)晋初笔札

23. 世珍《鷦鷯》,莫顾章表(孙云:《御览》无此二句。)

24. 序志显(孙云:《御览》作“联”。)类

25. 张骏(孙云:明抄本《御览》作“駮”。)《自序》

26. 原夫章表之为用也(孙云:《御览》无“也”字。)

27. 表以致禁(孙云:《御览》作“策”。)

28. 以章(元脱,一作“文”。孙云:《御览》作“文”。)为本者也

29. 表体多包(孙云:《御览》作“苞”。)

30. 清文以驰(孙云:《御览》作“驱”。)其丽

31. 浮侈者情为文使,(一作“情为文屈”。孙云:《御览》作“屈”,下有“必使”二字。)繁约得正

奏启(26条)

1. 言(元脱,谢兆申补。孙云:《御览》五九四引有"言"字。)敷于下
2. 秦始(孙云:《御览》有"皇"字。)立奏
3. 事略而意迳(孙云:《御览》作"诬"。)
4. 晁错之兵事(元作"卒",孙汝澄改。孙云:《御览》作"术"。)
5. 谷永之谏(孙云:明抄本《御览》作"陈"。)仙
6. 辞亦通畅(一作"达",又作"辨"。孙云:《御览》作"辨"。)
7. 后汉群贤(孙云:《御览》作"臣"。)
8. 张衡指摘于史职(孙云:《御览》作"谶"。)
9. 王(元作"黄",从《魏志》改。孙云:《御览》亦作"黄"。)观教学
10. 王朗(孙云:《御览》作"郎"。)节省
11. 灾屯流移(孙云:《御览》作"世交屯夷"。)
12. 秦之(孙云:《御览》作"有"。)御史
13. 若夫傅咸劲直(孙云:《御览》作"果劲"。)
14. 各其(孙云:《御览》作"有"。)志也
15. 势必深(孙云:《御览》"必深"作"入刚"。)峭
16. 目以豕(孙云:《御览》作"羊"。)彘
17. 是以世人(孙云:《御览》作"近世"。)为文
18. 次(孙云:《御览》作"刺"。)骨为戾
19. 复似善骂(孙云:《御览》作"詈"。)
20. 然后踰垣(孙云:《御览》作"墙"。)者折肱
21. 捷径者灭趾(孙云:《御览》作"跡"。黄丕烈云:"按冯本'趾'校'跡'。")
22. 诟病为切(孙云:《御览》作"巧"。)哉
23. 直方之举耳(一作"也"。孙云:《御览》作"也"。)
24. 取(孙云:《御览》作"蓋"。)其义也
25. 至魏国笺(孙云:《御览》作"牋"。)记
26. 必敛饬入规,促其音节(孙云:《御览》无"敛饬"以下八字。)

议对(17条)

1. 周爰谘(孙云:《御览》五九五作"咨"。)谋
2. 宅(孙云:《御览》作"百"。)揆之举

3.舜畴五人(一本作“臣”。孙云:《御览》作“臣”。)

4.鲁桓务(孙云:明抄本《御览》引作“预”。)议

5.而甘龙交辨(孙云:《御览》作“辩”。)

6.始立驳(孙云:《御览》“驳”并作“駮”。)议

7.杂(孙云:《御览》无“杂”字。)议不纯

8.贾捐之之(孙云:《御览》无两“之”字。)陈于珠崖

9.刘歆之(孙云:《御览》无“之”字。)辨(孙云:《御览》作“辩”。)于祖宗

10.郭躬(孙云:明抄本《御览》作“芸”。)之议擅诛

11.秦秀定贾充之谥(元作“谥”。孙云:《御览》作“谥”。)

12.而铨贯有(孙云:《御览》作“以”。)叙

13.而谀(孙云:《御览》作“腴”。)辞弗剪

14.探故(孙云:《御览》作“采事”。)实于前代

15.观通变(孙云:《御览》作“变通”。)于当今

16.戎事必(一作“要”,又作“宜”。孙云:《御览》作“宜”。)练于兵

17.亦为游(孙云:《御览》作“浮”。)辞所埋矣

书记(24+2条)

1.陈(孙云:明抄本《御览》五九五作“染”。)之简牍

2.书介(孙云:《御览》五九五作“令”。)弥盛

3.子家与(孙云:明抄本《御览》作“弔”。)赵宣以书

4.又子服敬叔进弔书于滕(孙云:明抄本《御览》作“知”。)君

5.固知行人挈(孙云:明抄本《御览》作“絜”。)辞

6.辞气(孙云:《御览》作“旨”。)纷纭

7.东方朔(孙云:《御览》无“朔”字。)之难(孙云:明抄本《御览》作“谒”。)公孙

8.赵至(孙云:明抄本《御览》作“壹”。)叙(元作“赠”,王嘉丞改。孙云:《御览》作“赠”。顾广圻校亦作“赠”。)离

9.斯又尺牍之偏才(孙云:明抄本《御览》“偏才”二字作“文”。)也

10.详总(孙云:《御览》作“诸”。)书体

11.言(孙云:《御览》作“所”。)以散郁陶

12.托(孙云:《御览》作“詠”)风采

13.故(孙云:《御览》作“固”。)宜条畅以任气

14.优柔(孙云:《御览》作“游”。)以怿怀

15. 战（孙云：《御览》“战”上有“自”字。）国以前
16. 其义美矣（孙云：《御览》作“其辞义美哉”。）
17. 表识（孙云：《御览》作“识表”。）其情也
18. 黄香奏（孙云：明抄本《御览》作“奉”。）牋于江夏
19. 陆机自理（孙云：《御览》作“叙”。）
20. 牋之为（孙云：《御览》无“为”字。）善者也
21. 清美（孙云：《御览》作“靡”。）以惠其才
22. 负贩（孙云：《御览》作“版”。）记缗
23. 其遗风欤（孙云：《御览》作“也”。）
24. 则券之楷（孙云：《御览》“则”作“败”，“楷”作“谐”。）也

风骨（4条）

1. 而翾（孙云：《御览》五八五作“翔”。）翥百步
2. 鹰隼乏（孙云：《御览》作“无”。）采
3. 唯（孙云：《御览》作“若”。）藻耀而高翔
4. 固文笔（孙云：《御览》作“章”。）之鸣凤也

定势（1条）

1. 则师（孙云：《御览》五八五作“轨”。）范于核要

事类（5条）

1. 夫薑桂同（孙云：《御览》五八五作“因”。）地
2. 能在天资（孙云：明抄本《御览》作“才资”。）

3. 此内外之殊分（《御览》作“方”，顾广圻校作“方”。孙云：明抄本《御览》作“贫”。铃木虎雄云：“案《御览》作‘分’，不作‘方’。”）也

4. 是以属意立（孙云：《御览》作“于”。）文

5. 主佐合德（孙云：《御览》无“主佐”二字，“德”作“得”；明抄本《御览》亦无“主佐”二字，“德”作“缕”。）

附会（1条）

1. 豆之合黄（孙云：《御览》五八五“豆”作“石”，“黄”作“玉”。）矣

［作者简介：李平，安徽师范大学文学院教授，中国诗学研究中心研究员。出版有《文心雕龙研究史论》等。］

再论杜牧之《兵部尚书席上作》诗本事

◇文　征

摘　要:本文通过杜牧在洛阳时期的政治局势和任职洛阳的现实处境对他的影响,结合相关史料和杜牧本人的作品,着力于投射杜牧在洛阳时期的心态及其在他的个人生活上的反映。据此本文认为杜牧之《兵部尚书席上作》诗本事,即本文所称的《洛阳故事》中的杜牧形象既不反映杜牧当时的心态,也不契合他当时的处境,因此,《洛阳故事》没有史实依据,不应该在杜牧研究中作为杜牧生平史料来运用。客观看待轶事资料,才能尊重古人和历史。

关键词:杜牧;《兵部尚书席上作》;诗本事;洛阳;湖州

一、引言

《兵部尚书席上作》是收录于晚唐诗人杜牧(803—约852)诗集之别集中的一首诗,与此诗相关的诗本事,是杜牧的风流浪子形象在很大程度上赖以流传的三个轶事之一,基于对杜牧风流浪子形象讨论的局限性的现状和对这一形象进行再讨论的中心目的,本文继拙文《再论杜牧之〈叹花〉诗本事》[①]一文对杜牧在湖州的轶事进行讨论之后,对杜牧《兵部尚书席上作》诗本事,即有关杜牧在洛阳的故事进行再讨论,为行文之便,以下称此轶事为《洛阳故事》。

---

① 文征:《再论杜牧之〈叹花〉诗本事》,载《长江学术》2016年第4期。

二、《洛阳故事》及其相关讨论之评介

《洛阳故事》最早见于孟棨的《本事诗》和于邺的《扬州梦记》。两个版本的文字差别甚微，下文以《扬州梦记》所载介绍故事的内容：

> 牧既为御史，久之分务洛阳。时李司徒愿罢镇闲居，声妓豪华，为当时第一；洛中名士，咸谒见之。李乃大开宴席，当时朝客高流，无不臻赴；以牧持宪，不敢邀致。牧遣座客达意，愿预斯会；李不得已驰书。方对酒独斟，亦已酣畅，闻命遂来。时会中已饮酒，女妓百余人，皆绝艺殊色。牧独坐南行，瞪目注视，引满三卮，问李云："闻有紫云者，孰是？"李指示之。牧复凝睇良久曰："名不虚得，宜以见惠。"李俯而笑，诸妓皆亦回首破颜。牧又自饮三爵，朗吟而起曰："华堂今日绮筵开，谁唤分司御史来？忽发狂言惊满座，两行红粉一时回。"意气闲逸，旁若无人。①

《洛阳故事》称杜牧在洛阳为监察御史时，李司徒家宴客，因杜为御史，李不便邀请，然而杜牧因听说了李家的家妓紫云之盛名，便主动要求前往。席间杜牧对其他宾客视而无睹，独独当众点名问紫云，并当着所有宾客的面要求主人以紫云相赠。整个故事中，杜牧对于美女紫云的关注彰显无遗，这一形象与传统的杜牧风流浪子之名相得益彰。

学界对《洛阳故事》的讨论非常有限。最早的论述来自缪钺。在《杜牧年谱》中缪钺质疑了关于杜牧在湖州的轶事的真实性②，但对于《洛阳故事》，他的讨论集中在故事中家宴的主人李司徒究竟是谁的问题上。根据《旧唐书》中李愿（？—762）和李听（778—839）的传记，他推断李司徒不是如《扬州梦记》所载的李愿，而是李愿的弟弟李听。缪钺认为这首诗的写作时间是在大和九年（835）或者开成一年（836）。③ 这也就是说，缪钺对此轶事的真实性基本认同，但试图通过细节上的纠误使其向史实靠齐。

吴企明则对缪钺以李听坐实此轶事表示怀疑，他认为：首先，《洛阳故事》的时代背景正是甘露之变发生不久，李听不可能在那样动荡的时局下大开盛宴；其次，李听是唐代名将李晟（727—794）之子，"累拜重镇"，监察御史不过是个八品小官，李厅不敢邀请杜牧没有道理；其三，杜牧一向重兵，李晟在朱泚之乱中力挽

① 于邺：《扬州梦记》，商务印书馆1939年版，第2a—2b页。标点符号乃本文作者所加。

② 关于杜牧在湖州的轶事故事的讨论可参见拙作《再论杜牧之〈叹花〉诗本事》。

③ 缪钺：《杜牧年谱》，人民文学出版社1980年版，第38页。

狂澜平息了叛乱，并为德宗（780—804在位）收复了都城长安，杜牧极其尊敬李晟的后人，曾写过一首题为《题永崇西平王宅太尉愬院六韵》的诗赞扬李晟之子李愬及李愬之子。李听与李愬齐名，吴据此认为杜牧不可能像《洛阳故事》所宣称的那样对李听无礼。最后，吴还指出以李听解释《洛阳故事》中的李司徒缺乏文献依据。①

刘云霞则质疑吴企明的论据，她引《资治通鉴》及《旧唐书》的《李听传》所载李听战败之事及杜牧《罪言》提及李听之败，认为因为李听的败绩，以杜牧"不拘细行"的作风，对李听放肆是可能的。同时，刘又引《旧唐书》所记裴度，白居易和刘禹锡洛阳酣宴之事及白居易与李绅在同一时期一起郊游的赠诗，认为甘露事变之后洛阳宴游依旧，所以吴企明以甘露事变，指李听不会大开宴席未必成立。不过刘一方面认为《洛阳故事》既载于《本事诗》，有可能是史实，另一方面也认同吴在庆关于杜牧的风流故事总体上是出自别人的报复或小人的攻击的设想，认为此轶事也可能为伪。②

本文认为裴、白、刘的私人宴饮和白、李的私人郊游与《洛阳故事》中所描述的李司徒的"朝客高流，无不臻赴"大宴宾客，应该是有质的差别的，朋友间私相宴饮或郊游如常，未必说明《洛阳故事》中的广开宴席在当时的情形下还是可能的。不过刘文的例证至少证明哪怕是再重大的政治事件，对每个政局之中每个人的影响并不一样，但当时的政局对杜牧的影响才是刘文应该关注的。本文认为，刘云霞和吴企明对《洛阳故事》的讨论的共同的缺憾是缺乏贴切于杜牧本人当时境况的例证和分析，杜牧当时的境遇和其在政治生涯中所处的阶段与裴、白、刘、李有天壤之别，裴、白、刘、李的宴游如常不能说明杜牧就能同之。此外，杜牧在《罪言》提及李听之败很明白的是他对时局分析的一部分，意在直指朝廷策略之误，不是对某役某将领的批评，况且杜牧本是兵家，岂会因一役之胜负论英雄，并进而对朝廷将领放肆？

然而，《洛阳故事》里杜牧的所作所为是不是真的如吴企明所言对李听"放肆"了也并不应该取决于今人的感觉。孟棨在《本事诗》中把《洛阳故事》归在"高逸"一类，虽然孟棨的意见或许代表不了所有唐人的看法，但因为孟棨编著《本事诗》的目的既然是要帮助读者认识诗歌的本意，他应当不是意在标新立异地把时人眼中的放肆硬说成是"高逸"，相反，他对某一事件的诠释应该是基于能为大多唐代士子所接受的价值伦理观念，所以，说故事中的杜牧对李听放肆也不太

① 吴企明：杜牧条，见傅璇琮编：《唐才子传校笺》，中华书局2002版，第204页。

② 刘云霞：《杜牧〈兵部尚书席上作〉新考》，《安康师专学报》2006年第2期。

合适。

当然，还需指出的是，孟棨本人谈到了自己在编写《本事诗》时甄选材料的标准的时候是这样写的：

其有出诸异传怪录，疑非是实者，则略之。拙俗鄙俚，亦所不取。[①]

由此可见，孟棨的标准只是摈除怪异和鄙俗而已，至于某事件是否真实发生过，他并无考证。有鉴于此，刘云霞文称因《洛阳故事》收录于《本事诗》，所以它可能是真，也一样不恰当。

基于上述研究现状，本文对《洛阳故事》进行再讨论的重点将集中在任职洛阳及当时的政治环境对杜牧的影响及其外在表现的分析上，从杜牧自己的作品和相关史料着手，通过对《洛阳故事》中的杜牧形象与杜牧本人的作品和相关史料中所投射出的杜牧形象的对比，从而得出《洛阳故事》的真实性没有史料支持的结论。

三、任职洛阳对杜牧的影响及其体现

杜牧在洛阳及此前短暂的在京城长安任监察御史的经历，毫不夸张地说，与之前在沈传师和牛僧孺幕府的任职经历有天壤之别，虽然如此，本文认为这种差异本身并没有让杜牧退缩，但是转任洛阳之后被闲置的感觉使得他于个人仕途的发展上产生了巨大的失落感，这不但让他在洛阳期间精神颓丧，也部分导致了他最终从洛阳弃官。本文认为《洛阳故事》中所表现的杜牧形象与杜牧的这一精神状态不符。

要理解杜牧在洛阳期间的心态，还得从杜牧回京之前的仕途履历说起。杜牧入仕之后的第一个主东是沈传师，据两唐书所载，沈传师素有贤名。[②]杜牧亦有《唐故尚书吏部侍郎赠吏部尚书沈公行状》记述沈传师的贤良：从科举考试不愿利用家族的关系入选，到坚辞极可能凭以出任宰相的翰林学士院长官的提拔，从处理政务的公正细致，到如何为治下官民拥戴，从清廉俭朴却接济亲朋，到病

① 孟棨等：《本事诗、续本事诗、本事词》，上海古籍出版社1991年版，第4页。

② 欧阳修、宋祁：《新唐书》（第15册），中华书局2006年版，第4540—4542页。刘昫等：《旧唐书》（第14卷），中华书局2002年版，第4469—4473页。

中散尽家财救助穷困的百姓。[①]虽然沈杜两家因婚姻的关系沾亲[②]，但当初杜牧入选沈传师的幕府，是凭着自己的才干。据《新唐书》记载，沈传师在即将出任江西观察使之时，有宰相想以姻亲相托去沈的幕府工作，遭到沈的坚拒，而入选的杜牧等人都是当时的上上之选。[③]

杜牧对沈传师和在沈的幕府工作的日子的怀念，从《樊川集》中收录的不少诗中栩栩可见，比如《往年随故府吴兴公夜泊芜湖口今赴官西去再宿芜湖感旧伤怀因成十六韵》《怀钟陵旧游四首》《罢钟陵幕吏十三年来泊湓浦感旧为诗》，这些诗言辞感人，总结起来，杜牧描述的就是沈传师的贤明使他帐下文筹武略，人才济济，沈传师不但知道招募人才，更知道利用人才，所以他帐下的各种人才各司其职，所辖之地政务井然有序，百姓安居乐业。杜牧当时是沈的幕府中最年轻的幕僚，但沈对他一样重视，寄予厚望。[④] 在这些诗中，杜牧反复提到的沈传师对他的恩情，其实就是沈的知遇之恩，沈传师为杜牧提供的是一个能容他尽情施展才能的场所。

杜牧在沈传师幕下时的心态，他自己有最好的描述。许多年后杜牧重回宣州在崔郸幕下任职之时，一日暴雨狂风让他回想起沈传师帐下自己，他是这样写的：

> 大和六年亦如此，我时壮气神洋洋。东楼耸首看不足，恨无羽翼高飞翔。尽召邑中豪健者，阔展朱盘开酒场。奔觥槌鼓助声势，眼底不顾纤腰娘[⑤]。

暴风雨的凶猛来袭让年轻的杜牧感到的是无比的兴奋，恨不得能长出一双翅膀，在暴风雨中尽情地展翅高飞。然则身无羽翅，就只好退而求其次，遍邀好友，擂鼓豪饮以助雨势，来宣泄心中充盈的豪情壮志。这些“豪健者”很可能是同在沈传师帐下的与杜牧情投意合同僚，以及当地志趣相同的朋友。彼时彼刻，磅礴的猛雨与杜牧和他的朋友们心中澎湃的激情交相辉映，无人有暇看一眼在旁歌舞

---

① 杜牧：《唐故尚书吏部侍郎赠吏部尚书沈公行状》，见陈允吉校点：《杜牧全集》，上海古籍出版社1997年版，第135—137页。

② 陈允吉校点：《杜牧全集》，上海古籍出版社1997年版，第135页。

③ 欧阳修、宋祁：《新唐书》(第15册)，中华书局2006年版，第4541页。

④ 杜牧：《往年随故府吴兴公夜泊芜湖口今赴官西去再宿芜湖感旧伤怀因成十六韵》《怀钟陵旧游四首》《罢钟陵吏十三年来泊湓浦感旧为诗》，陈允吉校点：《杜牧全集》，上海古籍出版社1997年版，第41—42页。

⑤ 杜牧：《大雨行》，陈允吉校点：《杜牧全集》，上海古籍出版社1997年版，第12页。

的艺妓。这大概就是杜牧和他的同僚在沈传师这位贤明的主公帐下的那种天高任鸟飞的精神状态的活生生的写照了。

在沈传师被内招回朝之后，杜牧应牛僧孺之辟，在扬州牛的幕府任掌书记。缪钺引韩愈所言“凡文辞之事，皆出书记，非闳辨通敏兼人之才莫宜居之”，指出唐代节度使掌书记一职的重要，并表明“牛僧孺任命杜牧为掌书记，可见他对于杜牧才能的重视”①。事实上，杜牧也的确不负所望，在任职扬州牛幕的这段时间，除了处理日常公务，他还写出了他最有名的几篇论文：《罪言》《原十六卫》《战论》《守论》。这些文章切中时弊，所提建议深中肯綮。它们不但被司马光摘录进《资治通鉴》，而且杜牧在这些文章中所表现出来的非凡笔力和对治国平天下的卓越见识，也屡为后世有识者赞赏。相比之下，杜牧第一次回长安，及稍后在洛阳为官的日子与他之前的这些经历从所处的环境和他所受到的待遇两个方面都形成了最大的反差。

大和九年(835)杜牧从扬州牛僧孺的幕府应召回京之际，正是郑注、李训当权之时，朝中的局势，杜牧在题为《李甘诗》的诗里做了如下的描述：

> (郑、李)操持北斗柄，开闭天门路。森森明庭士，缩缩循墙鼠。平生负名节，一旦如奴虏。指名为锢党，状迹谁告诉？喜无李杜诛，敢惮髡钳苦？②

李膺和李密是东汉时期有名的大臣，因为反对宦官，被污为“党锢”，一个被杀，一个自杀。③在杜牧笔下，当时朝中，郑注，李训窃取了大权，能否上达天子全都掌控在郑李两人手中。虽然还没有人像李膺和李密那样被害，许多人却因为反对郑注李训而被陷构治罪，甚至是那些业已声名赫赫的大臣们对自己的安危都战战兢兢如同一只只畏缩在墙角的老鼠，他们害怕被指为“锢党”，无法为自己申辩。被陷害的人则因为自己侥幸还活着而不敢抱怨。

杜牧对当时时局的态度常常被误解。实际上，正确理解那一时期的杜牧不仅对正确地理解杜牧这个历史人物很重要，也对正确理解任职洛阳对杜牧的印象非常关键。为讨论之便，我们得先作一些背景介绍。在这种人人自危的险恶环境中，杜牧的好友李甘公然地站出来反对郑注和李训。杜牧的《李甘诗》就是为纪念这位好友而作。在《李甘诗》里，他描述道：一个秋天的晚上，杜牧和李甘听到有人散布消息说第二天一早，郑注将拜相。李甘当即表示如果郑注拜相，他

① 缪钺：《杜牧传》，人民文学出版社1977年版，第37页。

② 杜牧：《李甘诗》，陈允吉校点：《杜牧全集》，上海古籍出版社1997年版，第7页。

③ 关于李膺和李密的详细事迹可参看范晔：《后汉书》(第8册)，中华书局2012年版，第2191—2198页。

就当庭撕了册封诏书回家等死。[①] 在《李甘诗》中，杜牧并没有写自己是如何回答好友打算撕诏书的言论，可能因此，杜牧对此事的态度常被误解，事实上，从他在《李甘诗》中写道第二天早朝的情景，应该可以想见他当时的态度：

君门晓日开，赭案横霞布。俨雅千官容；勃郁吾累怒。[②]

正襟肃穆的百官极可能也早听到了郑注要封相的谣言，但是没有人敢表露什么，杜牧和他的好友却一起满怀怒气地站在朝堂之上。他的毫无掩饰的怒气，显然表明了他对好友所可能采取的行动是支持的。两个年轻人的豪气并未得到好结果，第二天，郑注虽然没有拜相，但李甘却在次日以"轻肆"罪[③] 被贬官蛮荒之地并被勒令连夜启程。不久他就病死在贬所。[④]

Marie—Christine Verniau Pilière 批评杜牧任监察御史时的表现，她认为当时杜牧的好友李中敏的辞职和李甘的被贬都是因为反对郑注，可是杜牧却选择了转去洛阳任职来逃避，Verniau Pilière 据此认为杜牧在可以作为的时候无所作为。[⑤] 这样的评价很可能是基于学界广泛认同的缪钺对于《唐书》的记载的解读。关于首次回京的职任，杜牧自己在去世之前写的《自撰墓志铭》中称"拜真监察，分司东都"，似乎分任东都并没有什么特别的原因。《旧唐书》的记载与《自撰墓志铭》中的说法相吻合。然而，《新唐书》却记为"移疾分司东都"[⑥]。"移疾"出自何处，不得而知。

缪钺注意到了两唐书之间的差别，他引用了《李甘诗》和杜牧写的另一首题为《昔事文皇帝三十二韵》，推测继李中敏辞官和李甘远贬之后，"杜牧自然也感觉危惧"[⑦]。缪钺之所以认为杜牧"感觉危惧"，是因为杜牧在《昔事文皇帝三十二韵》中提到了自己的忧惧。不过，本文认为缪钺其实误读了这首诗所指的时段。在《昔事文皇帝三十二韵》一诗的开头，杜牧提到"昔事文皇帝，叨官在谏垣。"杜牧第一次回京出任的是御史大夫，隶属御史台。他于开成四年(839)二度回京所任的官职是左补阙兼史馆修撰，左补阙才是谏官，此时的杜牧才是"在谏垣"。所

---

① 杜牧：《李甘诗》，陈允吉校点：《杜牧全集》，上海古籍出版社1997年版，第7页。

② 杜牧：《李甘诗》，陈允吉校点：《杜牧全集》，上海古籍出版社1997年版，第7页。

③ 欧阳修、宋祁：《新唐书》(第14册)，中华书局2006年版，第4291页。

④ 杜牧：《李甘诗》，陈允吉校点：《杜牧全集》，上海古籍出版社1997年版，第7页。

⑤ Marie-Christine Verniau Pilière，"Du Mu：comment rendre justice a l'homme et a l'oeuvre?" *Etudes Chinoisés* VI (1987)：52.

⑥ 欧阳修、宋祁：《新唐书》(第14册)，中华书局2006年版，第4291页。

⑦ 缪钺：《杜牧传》，人民文学出版社1977年版，第46页。

以此诗所指的是杜牧二度还朝为左补阙时的情形，缪钺据此诗推测杜牧第一次在京城做监察御史，称“（杜牧的）这种心境也实在太苦了，所以不久他就以身体有病为借口，表示不能胜任繁剧”。这显然不能反映当时的真实情况。[①]

杜牧本人在《李甘诗》的结尾处直承自己四年后第二次入京任谏官后一直想帮好友申冤，但“胆薄忧惧”[②]，换句话说，见朝内依旧奸人当道，觉得申冤不成会累及自身，可见杜牧并不避讳自己的短处，但却并未见提及自己当年在李甘被贬后“感觉危惧”，因而“病移”之事，相反他在黄州任刺史时所写的《郡斋独酌》一诗里还对比自己第一次回京任职之时，“御史诏分洛，举止何猖狂”，对比第二次回京的“阙下谏官业，拜疏无文章”，意指自己当年在受命分司洛阳之初依然锐气十足，更未见“移疾”之迹，倒与沈传师帐下的那个想在暴风雨中展翅高飞的杜牧相呼应，与《自撰墓志铭》相印证，也和杜牧在长安对好友反对郑注李训的支持态度相吻合。应该说正是因为杜牧不是因为胆怯而找借口躲去了洛阳，他在洛阳所表现出的失望和挫折感才可以理解。至于他本人感到羞愧并为此耿耿于怀的他第二次入京后的“胆薄忧惧”，本文认为是和他在洛阳稍后产生的思想转变有关，这一点容另文讨论。

显然到了洛阳的杜牧很快就敏锐地感觉到了洛阳的时代气氛，他的《洛阳长句二首》即是时代背景的写照，下面仅以第一首为例：

> 草色人心相与闲，是非名利有无间。桥横落照虹堪画，树锁千门鸟自还。芝盖不来云杳杳，仙舟何处水潺潺。君王谦让泥金事，苍翠空高万岁山。[③]

整首诗弥散着强烈的闲、空、寂的气氛。首联先点出洛阳的“闲”，比起长安的激烈斗争，在洛阳是非名利都似乎是似有似无的。其他三联接着写出了空和寂：夕阳下彩虹如画，但却无人欣赏，浓荫下扇扇宫门紧闭只有倦鸟归还。空旷的天空连云都很难看到一朵，远处的流水在一片死寂中清晰入耳。万岁山上原该是喜人的葱翠，却因为空荡荡一片荒寂而变得毫无意义。诗中的“芝盖”“仙舟”指君主的车驾仪仗，“泥金事”是指帝王的封禅。整首诗突出的主题是帝王不再眷顾

---

① 缪钺：《杜牧传》，人民文学出版社1977年版，第47页。缪钺在其《杜牧年谱》中称“李甘贬后……（杜牧）盖恶李训、郑注之专权，即移疾，分司东都也”，与其在《杜牧传》中的观点相仿，见缪钺：《杜牧年谱》，人民文学出版社1980年版，第35页。

② 杜牧：《李甘诗》，陈允吉校点：《杜牧全集》，上海古籍出版社1997年版，第7页。

③ 杜牧：《洛阳长句二首》第一首，陈允吉校点：《杜牧全集》，上海古籍出版社1997年版，第27页。

的洛阳的荒芜，并且自然地让人联想到在这里的人当然也不会受到朝廷的关注。

实际上，作为前朝古都的洛阳不但是长安的门户，也是长安经由水陆与全国各地联络的重要枢纽，原是极受唐室的重视的。据郭绍林的《洛阳与隋唐政治》一文的归总，高宗显庆二年唐政府正式确定洛阳的东都的地位，中唐以前的君主常常会巡幸洛阳。但是经历安史之乱之后，洛阳遭到严重地破坏，人口大量减少，残破不堪，不再能担当东都之职，玄宗之后的唐帝王再无巡幸过洛阳。①

洛阳的行政机构的设置，据《唐书》记载，原本类似与长安相类似，只是规模通常较小。杜牧所工作的御史东台便是其中之一。御史一职，官阶不高，但却可以监察百官，弹劾那些哪怕是官爵很高但不称其职或者行事不端的官员。②然而晚唐洛阳的衰落也导致了在洛阳的政府机构职权的变化。勾利军从东都洛阳官职名称的变化考察入手，指出唐初的职位都有切实相关的职权，后来在洛阳的相对应于长安的机构慢慢变成了多用于安排闲散官员的地方，职称多用“分司”一词，至晚唐很少还有机构有实际的职权。③这也正如王鸣盛（1722—1797）在《十七史商榷》中所指出的那样洛阳分司官员“不关政事而食其禄”。④

如果杜牧是主动躲避到洛阳去的，洛阳应该是一个理想的避风港。但是很显然，洛阳的闲、空、寂的气氛带给杜牧的不是侥幸和宁静，而是强烈的失望和落魄感。他那首著名的《张好好诗》正是写于他到洛阳不久，偶遇早年在沈传师幕府公事的沈传师帐下歌妓张好好之时。这首诗的前半部分回顾了张好好因为沈传师的赏识而在演艺和个人生活上的成功，看得出杜牧与张很熟悉，他们在洛阳意外相遇极可能谈论了他们各自的境遇。在诗最后部分，通过张好好的眼睛，杜牧展现了在洛阳的痛苦失意的自我形象。他写道：

（张好好）怪我苦何事，少年垂白须？朋游今在否，落拓更能无？⑤

杜牧借张好好之口点出心情沉重的自己，并界定自己当时的状况为“落拓”。“落拓”一词据此诗的上下文来看应是“潦倒”之意。按说身为监察御史对于青年杜牧来说怎么也不能算是潦倒，所以他的这种失意落拓感实际上是失去了如沈传师帐下的那种宾主融洽，与同道之士尽情施展才能的氛围以及闲置在洛阳这个

① 郭绍林：《洛阳与隋唐政治》，《洛阳大学学报》1996年第3期。

② 欧阳修、宋祁：《新唐书》（第4册），中华书局2006年版，第1237页。

③ 勾利军：《唐前期东都职官的称谓变化与东都机构的发展脉络》，《河南师范大学学报》2004年第6期。

④ 王鸣盛：《十七史商榷》，凤凰传媒集团2008年版，第583页。

⑤ 杜牧：《张好好诗》，陈允吉校点：《杜牧全集》，上海古籍出版社1997年版，第6页。

空、闲、寂，为唐室所遗忘的地方的精神上的潦倒。

带着这一杜牧自我描绘的形象去读另一首题为《故洛阳城有感》的诗，就很容易体会出杜牧心情的沉重不仅是为洛阳的今昔，也是为了洛阳城中的自己：

一片宫墙当道危，行人为尔去迟迟。筚圭苑里秋风后，平乐馆前斜日时。锢党岂能留汉鼎，清谈空解识胡儿。千烧万战坤灵死，惨惨终年鸟雀悲。①

曾是东汉都城的洛阳，已风华不再，故城高高的宫墙、"筚圭苑"和"平乐馆"都是大汉王朝的遗迹，而今只能在秋风斜阳里让人想象昔日的辉煌。"锢党"是指《李甘诗》中所提到的被诬为锢党的李膺，李密等良臣，他们的良苦用心并不能挽救汉室江山的倾颓。诗人在这里借汉朝旧事指本朝之事，既指曾经兴盛而今破败的洛阳，也指贤臣被迫害，国势衰落的现状。"清谈识胡儿"是以晋代王衍早识石勒会为祸天下，却最终死在石勒的手下的典故指安禄山之乱。在尾联中，作者点出洛阳历经战乱，连鸟雀也终年悲鸣的凄惨景象，蕴含着他对于国家前路的无比忧虑，而对此，他除了独自徘徊，吊古思今"去迟迟"之外，在洛阳任职的现实状况让他无法有所作为。对比在沈传师帐下与昔日同僚们一起神采飞扬的杜牧，诗人心中的沉重与失落以及精神上的潦倒感自是不言而喻。

杜牧的这种心态贯串于他任职洛阳的始终，自然也在洛阳任职末期所写的一首送朋友韦楚老回长安任职的诗中显露无遗：

洛桥风暖细翻衣，春引仙官去玉墀。独鹤初冲太虚日，九牛新落一毛时。行开教化期君是，卧病神祇祷我知。十载丈夫堪耻处，朱云尤掉直言旗。②

缪钺认为这首诗写于开成二年(837)，也即是杜牧即将放弃洛阳的官职携医去看弟杜顗的眼疾前不久。③这首诗的首联点明了洛阳春日天气和暖，韦楚老将离开洛阳回京任职。颔联中，杜牧在上联以冲天而起的"独鹤"指要去长安任职的韦楚老，对应于下联里以"九牛"身上落下的"一毛"指自己。因为开成二年春距杜牧来洛阳已颇有时日，这个"新"字应该不是指自己到洛阳，加之韦楚老是杜牧关系颇密切的好友，这里极可能是指他已和韦楚老谈及的自己即将放弃洛阳官职

① 杜牧：《故洛阳城有感》，陈允吉校点：《杜牧全集》，上海古籍出版社1997年版，第27页。

② 杜牧：《洛中监察病假满送韦楚老拾遗归朝》，陈允吉校点：《杜牧全集》，上海古籍出版社1997年版，第27页。

③ 缪钺：《杜牧年谱》，人民文学出版社1980年版，第42页。

之举。[①] 此联不能简单地理解为美言友人，自谦自己的无足轻重，韦楚老入京所任的官职是右拾遗，根据《旧唐书》的《职官志》所载，官阶比杜牧所任的御史大夫要低，因此赞誉朋友其实隐含了作者对洛阳的职位无足轻重的看法和对任职洛阳的强烈不满。颈联延续着这样的对比，上联指韦楚老去了京城将会受到君王的重视，而自己则只能在洛阳于病中祈祷神祇的保佑。尾联上下联都在评论自己，此联可能会在理解上有歧义，本文认为作者想表达的是自己入仕近十年了，还只能如汉代的小吏朱云一样徒劳地拉扯着直言的大旗，这让他感到惭愧。[②] 这样的理解和整首诗所表述的对自己任职洛阳的不满一致，也从侧面显示了杜牧并非主动躲去了洛阳，相反，在洛阳所任的闲职让他感到无比郁闷和无奈，情绪低落至极。这首诗特别有意味的地方是虽是为送别友人而作，却不断地评论自己的处境，充分反映了杜牧当时深为自身处境所扰的心态，他离开洛阳固然是为了带医生去给杜顗医眼疾，但不难想象，如果在洛阳仕途得意，他或许会有其他变通的方法为杜顗疗疾。应该说，从《张好好诗》里到洛阳不久的落拓的自我形象，到离开洛阳前不久的“九牛落一毛”自我定位，杜牧自己作品中所投射出的完全不是《洛阳故事》中的那个神清气爽，悠然自得的形象。换句话说，《洛阳故事》中的杜牧形象完全不符合杜牧当时的精神状态。

四、任职洛阳期间政局的波动对杜牧的影响及其体现

闲置于洛阳固然使杜牧感到失意和落魄，不过对杜牧的一生都产生了深刻影响的，其实还是他在洛阳期间长安局势的变化让他看到仕途之上，“贤者须丧亡”，“谗人”却“堆堵”的无可避免。[③] 这一现象使杜牧一生都陷入一种矛盾的心态：一方面他想于仕途进取，另一方面他又想避开那些“堆堵”的“谗人”。洛阳是他的这种矛盾心态的起点，所以，在洛阳的日子，迫于这种精神上的巨大困扰，他除了思考在官场上亲历的种种问题，其实也思考着自己的前路在哪里，根本无心于日常应酬。

---

① 缪钺指出杜牧告假百日依唐律去官（缪钺：《杜牧年谱》，人民文学出版社1980年版，第39页），杜牧既是告满百日，其实也就是放弃了洛阳之职。

② 朱云自汉元帝时入仕，至成帝时还是一位地位卑微的小吏，为人敢言，因当朝请斩成帝的老师丞相张禹，成帝大怒，下令杀他，他两手攀住殿栏不肯就范，以致殿栏折断。后因左将军辛庆忌力保得免。成帝命保留折断的栏杆以表彰直臣，但张禹高官厚禄未受丝毫影响。朱云事迹详见班固：《汉书》（第9册），中华书局2013年版，第2912—2916页。

③ 杜牧：《李甘诗》，陈允吉校点：《杜牧全集》，上海古籍出版社1997年版，第7页。

众所周知，杜牧任职洛阳不久，长安就发生了著名的甘露之变。这场事件起于李训和文宗皇帝筹谋除去宦官势力，结果计谋败露。郑注和李训被诛的同时，由于宦官势力的大规模报复，仅在京城之内就有数以千计的朝廷大臣和他们的家人被斩杀，朝内人人自危。此后很长时间，官员上朝都要与家人辞别，因为怕遭遇不测。[①]事变的结果是阉党控制了朝廷内一切政务，司马光在《资治通鉴》里有如是记载：

自是天下事皆决于北司，宰相行文书而已。[②]

大权在握的宦官“迫胁天子，下视宰相，陵暴朝士如草芥。”[③]杜牧虽然因为任职洛阳而幸运地避过长安的劫难，但是京城的巨大政治动荡对杜牧的冲击是非常强烈的，对此，杜牧于他的诗作中有曲折的反映。此前，杜牧和好友李甘在长安豪气干云地一心只想铲除在朝内专权的郑注、李训，然而当郑李伏诛之后，大权又落在了新的篡权者手中，对比当初，新的篡权者显然更加残暴，朝中的局势更加严酷。这样的结局使得杜牧心中对于“干斗气”的好友李甘为了反对郑注、李训，却如此轻易迅速地死于贬所化为“炎荒土”感到迷茫，君子为与第一拨小人斗争而死，可是第一拨小人失败之后，第二拨小人又起。在洛阳的日子，杜牧对君子和小人关系的困扰可以用他较晚时期写于一篇给一位亡友的祭文中的一段来总结：

君子小人，鼻目并列，与小人校，会无百一，于百一中，以秀夺实。凡禀阴阳，生于其间，阳常不胜，贤者宜艰。自古皆然，欲复何言。[④]

杜牧认为君子和小人就像鼻子和眼睛一样总是同时存在，但是与小人比较，君子的数量却是少之又少，而在这少之又少的君子之中，大多都是有德有才却无法成就一番事业。君子与小人又像世间万物都有的阴阳二气那么总是共存，然而阳常常不能胜阴，贤者的一生自古就总是很艰难。

实际上杜牧并非不知道迎合这些小人，自己便可以得到利益，在给友人的一封信中，他曾经这样说过：

① 司马光：《资治通鉴》(第84册)，中华书局1936年版，第19b页。

② 司马光：《资治通鉴》(第84册)，中华书局1936年版，第18a页。

③ 司马光：《资治通鉴》(第84册)，中华书局1936年版，第18a页。

④ 杜牧：《祭故处州李使君文》，陈允吉校点：《杜牧全集》，上海古籍出版社1997年版，第130页。

然其天与其心，知邪柔利己，偷苟谗谄，可以进取，知之而不能行之。非不能行之，抑复见恶之，不能忍一同坐与之交语。①

杜牧的问题是他明知如何可以利己，但无法靠迎合小人来谋私利，不但如此，他甚至会把心中的厌恶溢于言表，不能容忍与小人们一处就坐或者交谈。这自然使得杜牧在官场中处于进退两难的境地，一方面他有建功立业的雄心，另一方面不亲近小人就很难进升。在洛阳的杜牧已经清楚地认识到这一点，所以在洛阳的日子，实际上也是他痛苦地思考前途出路的日子，他这一时期的心路历程首先表现在他与李戡的交游上。

杜牧对李戡的赞誉极高，在杜牧笔下，李戡是一个堪比孔子的人物，在给李戡写的墓志铭中，杜牧首先写到李戡出生之际，其母梦到孔子以一婴儿相授来暗示孔子与李戡之间的联系。②然后又暗示了李戡与孔子之间一系列可相类比的事迹，在此我们不妨把杜牧笔下的李戡和《论语》中的孔子比照一下。

孔子说："吾十有五而志于学，三十而立。"③李戡则"年十余岁即好学"，"年三十，尽明《六经》书，解决微隐，苏融雪释，郑玄至于孔颖达辈凡所为疏注，皆能短长其得失"④。孔子修《诗》以教礼义，李戡则批评元白的纤艳不逞的诗风，收集唐代"发愤"之作，编纂成集，以引导后人。⑤孔子说："不患无位，患所以立。"⑥而李戡在洛阳经济上极端困顿之时，当时人盛传的"盗籍外戚"萧洪想要聘用他，他拒绝说宁死都不愿见此人之面，更别说为其党人了。⑦不过，这方面更典型的事例，也是让杜牧最为敬佩的还是李戡罢考科举一事。

众所周知，科举考试是唐代读书人入仕的重要途径。李戡并无世荫可袭，参

---

① 杜牧：《上池州李使君书》，陈允吉校点：《杜牧全集》，上海古籍出版社1997年版，第121页。

② 杜牧：《唐故平卢军节度巡官陇西李府君墓志铭》，陈允吉校点：《杜牧全集》，上海古籍出版社1997年版，第87—88页。

③ 杨伯峻：《论语译注》，中华书局1958年版，第12页。

④ 杜牧：《唐故平卢军节度巡官陇西李府君墓志铭》，陈允吉校点：《杜牧全集》，上海古籍出版社1997年版，第87页。

⑤ 杜牧：《唐故平卢军节度巡官陇西李府君墓志铭》，陈允吉校点：《杜牧全集》，上海古籍出版社1997年版，第87页。

⑥ 杨伯峻：《论语译注》，中华书局1958年版，第38页。

⑦ 杜牧：《唐故平卢军节度巡官陇西李府君墓志铭》，陈允吉校点：《杜牧全集》，上海古籍出版社1997年版，第87页。萧洪盗籍外戚之事起因是唐文宗为生母穆宗皇后肖氏寻母弟，萧洪当时是户部茶纲的役人，他谎称有姊流落，冒认太后母弟并得以封官进爵，后事败，流放途中被赐死。详见刘昫等：《旧唐书》(第52卷)，中华书局2006年版，第2200—2201页。

加科举对他来说便尤其重要。然而,李戡在京城礼部考试等候入场之时,考场门口的小吏大呼其名,等他走近又瞪起眼睛上下打量以验明正身,然后才让他入场。李戡对此举极为不满,因为他认为选贤的人首先应该尊敬贤才。因为这个原因,他在考试开始后"袖手不出",第二天更是径直返回家乡去了。[①]

杜牧在沈传师幕府中的时候就听同事称道李戡罢考一事,心中对李戡极为仰慕,所以大和九年(835)杜牧到洛阳的时候听说李戡也在此地立刻就去造访,希望能"访求得失,资以为官",显然杜牧与李戡十分投契,两人一旦相识便"旦夕往来"。李戡于开成元年(836)二月应平卢军节度使王公彦之聘离开洛阳去担任王的节度巡官,一年后王调任,李戡西归途中病倒,回到洛阳就去世了,所以杜李两人交往的时间前后加在一起大约不足一年,尽管如此,杜牧认为自己从与李戡的友谊中的收获非常丰厚,[②] 因为李戡以自己如孔子般的德行帮助杜牧厘清对仕途之上君子与小人关系上的思考。

在给李戡题写的墓志铭中,杜牧写道:

> 命如烟云;道比宫宅。烟云飘扬,莫知往来。为道不至,无以偃息。有道有命,偶然相值。命不在我,不肖亦贵。岂可指此,与彼为市?呜呼定臣,曰德孔脩;曰学必圣。饬我兢兢,一不言命。可传其心,以教后生。[③]

在这里,杜牧盛誉李戡之德的同时,对转任洛阳以来一直困扰他的仕途上君子与小人之间关系的难题,通过命和道两个概念以及李戡对道德的坚守做了探讨。在杜牧看来,命运如烟如云,无法控制,能够坚守道德而且能在仕途上一帆风顺的是很难得的巧合,李戡本人至死也不过是个幕府小吏,而杜牧的好友李甘则贬死在蛮荒的贬所,与此相对应的是奸佞之人一拨又一拨地高官厚禄。不过,杜牧认为这不能作为去和奸佞之徒为伍的原因,因为道德好比是房屋,没有房屋一个人就没有了安身立命之所。从这篇铭文中约略可以看出,在与李戡的交往中,杜牧极可能与李戡谈论过自己的苦闷,杜牧表明,李戡一直敦促他要兢兢业业地恪守道,从来不去讨论命的问题。这一点也很类似与孔子的对不可知存而不论的态度。很明显,李戡的做法得到了杜牧的赞同,所以在铭文的最后,杜牧认为李

① 杜牧:《唐故平卢军节度巡官陇西李府君墓志铭》,陈允吉校点:《杜牧全集》,上海古籍出版社1997年版,第87页。

② 杜牧:《唐故平卢军节度巡官陇西李府君墓志铭》,陈允吉校点:《杜牧全集》,上海古籍出版社1997年版,第87页。

③ 杜牧:《唐故平卢军节度巡官陇西李府君墓志铭》,陈允吉校点:《杜牧全集》,上海古籍出版社1997年版,第88页。

戡不谈论无法掌控的命而坚守道的做法应该传之于后，为后学的榜样。杜牧在这篇铭文中坚守德行的观点，实际上是他一生都没有放弃过的最后底线。

如果说与李戡的交往帮助杜牧理清了道与命的迷思，在洛阳与冀处士这样的奇士交往则不仅给了杜牧棋逢对手，一抒胸臆的机会，也给了他解决困境的另类的启发。在《洛中送冀处士东游》这首诗中，杜牧笔下的冀处士是一个健壮儒生，他既没有兴趣事农桑，也无意于仕途。他在四十多年里云游四海，结交了许多能人奇士，与杜牧相遇，正是杜牧对任职洛阳极端苦恼的时候，在这首诗里，杜牧写道："我作八品吏，洛中如系囚。"[①]然而与冀处士对古今治乱的深刻洞见所产生的契合给了他一种豁然开朗的感觉：

> 拂榻与之坐，十日语不休。论今星璨璨；考古寒飕飕。治乱掘根本，蔓延相牵钩。武事何骏壮；文理何优柔！[②]

他们谈古论今，纵论文理武事，在对历史上的兴衰的剖析，对历史英雄人物在文理武事上的成就的向往和倾慕中杜牧似乎暂时忘记了自己的烦恼，与冀处士长谈数日都不能尽兴。在杜牧看来，像冀处士这样的人才是朝廷的人才，才是他希望能够与之共事的人。所以在诗中，杜牧希望冀处士能够被皇帝梦到，这样皇帝可以画影图形来聘请他。当然这样的事情不会发生，与冀处士分别之际，感伤之余，杜牧也认同冀处士超凡脱俗的人生态度：

> 嵩山高万尺，洛水流千秋。往事不可问，天地空悠悠。四百年炎汉，三十代宗周。二三里遗堵，八九所高丘。人生一世内，何必多悲愁。歌阕解携去，信非吾辈流。[③]

杜牧认为历史上的朝代的辉煌，历史人物建立起来的不朽的丰功伟绩，时过境迁也就遗迹难寻。想到自己无限的烦恼，官场的黑暗和残酷，他疑惑坚守着自己的德行在官场中挣扎是不是真的值得。在倾慕冀处士的洒脱的同时，杜牧也思索着自己的未来，踌躇着自己的抉择。本文认为杜牧最终决定离开洛阳，虽然有要为弟求医的实际需要，也是与他在洛阳期间的这些思考和对任职洛阳的极

---

① 杜牧：《洛中送冀处士东游》，陈允吉校点：《杜牧全集》，上海古籍出版社1997年版，第8页。

② 杜牧：《洛中送冀处士东游》，陈允吉校点：《杜牧全集》，上海古籍出版社1997年版，第8页。

③ 杜牧：《洛中送冀处士东游》，陈允吉校点：《杜牧全集》，上海古籍出版社1997年版，第8页。

度失望分不开的。

杜牧后来在黄州为刺史时，回首在京为官的日子，写过如下一段：

> 某入仕十五年间，凡四年在京，其间卧疾乞假，复居其半。嗜酒好睡，其癖已痼，往往闭户便经旬日。吊庆参请，多亦废阙。①

“四年”是指他835年在京为监察御史以及后来839年春到842年春在京做左补阙的日子，也就是他真正认识到仕途险恶之后内心最痛苦挣扎的那个时期。他最终选择了避免与他所说的“不肖”打交道，甚至是他应该参加的“吊庆参请”他也常常回避。从以上分析的杜牧的心路历程，我们不难看出，要在官场上坚持下去并坚守自己的德行，回避往往是唯一的选择。从逻辑上推论，在836年他从长安转去洛阳任职期间，也应该是如此。如果他回避该出席的活动，很难想象他会像《洛阳故事》所宣称的那样勉强一个高层官员邀请他去一个他很可能会碰到他不屑为伍的那些人的地方。因此，《洛阳故事》中的杜牧的心态和行为与杜牧当时的境况和心境都不相符合。

五、结论

综上所述，杜牧在洛阳时期由于政治局势和个人际遇的关系，使得回京之初还踌躇满志的杜牧陷入了空前的事业危机和对于仕途的艰难思考，他在洛阳的日子实际上是他寝食难安的一段岁月，他的思想被他建功立业的理想和官场的黑暗现实之间的尖锐矛盾所占据，他的个人生活也反映了这种状况。一方面，他避免参加那些甚至是官场必要的应酬；另一方面，他积极地通过与有德有学之士的交往，找寻着困扰着他的这些问题的解决方法，思索着他自己的前途方向。他的最终结论是坚守道德，不与奸佞之徒为伍，这是他一生坚守的最后底线。《兵部尚书席上作》一诗，除了本身并未收入杜牧的外甥裴延翰所编的《樊川文集》，真伪难定，先天不足，其诗本事《洛阳故事》所呈现的杜牧形象，与杜牧本人作品中所投射出的此一时期的自身形象的心态和处境都不相匹配，因此，本文认为《洛阳故事》没有史料支持，不应当作史实处理。

杜牧第一次回京和在洛阳任职是杜牧官宦生涯的第一个重要的转折点。由于沈传师和牛僧孺两位贤明的长者的爱护和器重，初入仕途的杜牧以为官场之大可以以自己一身的才学和一腔正气展翅高飞。第一次回京和在洛阳的日子使

① 杜牧：《上李中丞书》，陈允吉校点：《杜牧全集》，上海古籍出版社1997年版，第117页。

他从一个热血青年变成了一个此后一生都徘徊于进退两难的苦闷之中的人，有的时候他似乎看到希望，觉得有大有作为的机会，有时却又陷入小人当道，宁可避而远之的情绪之中。从某种意义上说，杜牧的第一次回京和在洛阳任职可以说是杜牧一生寻找出路的起点，拙作《再论杜牧〈叹花〉诗本事》中所讨论的湖州是他的终点。

[作者简介：文征，美国威斯康星大学文学博士，现任教于美国卡尔顿学院。]

新书推介

探索传统诗学与新文学革命之关系的重要收获

——评郭自虎教授的新著

《传统诗学对胡适新文学革命的影响——以元白诗派、性灵派为例》

◇鲁华峰

一百多年前那场轰轰烈烈的新文化运动,以文学革命发端,开启了近代中国社会从传统向现代的深刻转型。它对现代中国社会所产生的深远影响,是无论怎样评价也不过分的。因此,每当我们审视现代中国的种种现状时,都会下意识地去回望它,关注它,思考它的利与弊,得与失。

这一百多年来,中国全速向现代化迈进,学习西方,拥抱西方,成为时代的主旋律,自觉或不自觉地把传统文化当成了包袱,以至于竭尽全力地想甩开它。正因为如此,在很长的一个时期,我们对新文化运动的关注,也就格外重视它对传统的"破",刻意凸显它的"新"。对新文学而言,自然更是如此。曾几何时,学术界,特别是现当代文学界,总想刻意划清它与古代文学的界限,而对它与古代文学之间的联系或刻意回避,或视而不见。其原因我以为主要有两个:一个是在过去的一百余年中,中国迈向现代化的意愿空前强烈,悠久深厚的历史文化传统被看成是走向现代化的绊脚石,对破旧立新的要求远远大于对传统的继承和弘扬。二是中华人民共和国成立以后,中国现当代文学逐渐被确立为一个独立的学科,取得与中国古代文学并列的学科地位,刻意凸显其与中国古代文学学科的差异，也是维护其学科独立性的必然要求。然而，时至今日，中国在现代化的道路上已经阔步前行了一个世纪，古老的中国浴火重生，当我们的文化自信心逐渐恢复之后，对传统文化自然就少了很多过激的否定与批判，而增添了更多的温情与敬意。站在新的时代起点上，当我们在对待新文学与旧文学的关系时，也开始从刻意割裂转为更重关联了。

新与旧原本就不是二元对立的关系。旧的机体中孕育着新的生命，而新的生命中则会遗传着旧的基因。20世纪的中国新文学不论如何刻意求新求变，本质上都是从传统文学中脱胎而来的，而中国旧文学的传统又极其深厚，这就决定了新文学中旧文学所留下的烙印总体上比西方文学的影响要来得深。相比于戏剧、小说等通俗文学形式，传统诗学对新诗的影响尤为深刻。这是中国古代诗学太过发达，传统太过悠久，积淀太过深厚所导致的必然结果。对此，作为新文化运动主将的胡适也从不讳言，他说："我所知道的'新诗人'，除了会稽周氏兄弟之外，大都是从旧式诗、词、曲里脱胎出来的。……我自己的新诗，词调很多，这是不用讳饰的。""此外新潮社的几个新诗人——傅斯年、俞平伯、康白情——也都是从词曲里变化出来的，故他们初做的新诗都带着词或曲的意味音节。此外各报所载的新诗，也很多带着词调的。"[①]新诗与传统诗歌既然有如此密切的内在关联，学术界理应对此展开学理上的深入探究，这既是文学遗产如何继承与转化的问题，也是新文学如何继承传统以开拓创新的问题，其学术价值的重要是不言而喻的。郭自虎教授的新著《传统诗学对新文学革命的影响——以元白诗派、性灵派为例》一书，就是这一重要学术领域的重要收获。

对学术研究工作来说，探讨问题与现象之间的关联与影响，本是一件极其困难的事情，因为两个相关问题之间的联系千丝万缕、纷繁复杂，哪个才是最本质的呢？这往往需要研究者有宏通、敏锐的学术眼光，有抽丝剥茧、去伪存真的识力。对传统诗学与新文学革命之关系这样宏大的学术课题来说，更是如此。对此，郭著在对这一重大学术问题展开讨论时，并没有泛泛而论，而是紧紧扣住"白话"和"情趣"这两个核心点。作者认为："以'白话'与'情趣'这两个分属于诗歌形式和内容方面的着力点，对传统诗歌与胡适新文学革命的渊源关系做一番纵向考察，从一个侧面揭示古典诗歌内部的新变因素如何成为胡适倡导白话诗的宝贵资源，为新文学革命奠定深厚坚实的基础。"（见郭著《序言》）[②]的确，这两个

① 胡适：《谈新诗——八年来的一件大事》，载《胡适全集》第1卷，安徽教育出版社2003年版，第235—239页。

② 郭自危：《传统诗学对胡适新文学革命的影响——以元白诗派性灵派为例》，安徽师范大学出版社2017年版，第2页。

关键点，正是传统诗学与新文学革命之关系的“牛鼻子”，抓住了它们，也就抓住了问题的本质，可谓慧眼独具。与此相对应，郭著在两千多年的传统诗学长河中，精心选择了元白诗派和性灵派这两个主要对象展开了深入讨论，元白诗派以语言通俗平实为突出特点，性灵派以“性情”作为诗歌的艺术追求，分别是“白话”和“情趣”的典型代表，以二者为例，自然是极贴切，也极有说服力的。

在许多人看来，新文学革命几乎跟白话文运动是同义词，这是因为新文学革命本身是以语言工具的革命为前提条件的。用白话取代文言，语言工具的这一革命性变革释放出了巨大的能量和活力，给中国文学带来了全新的面貌，进而推动了中国社会全面深刻的变革。20世纪的中国多灾多难，救亡图存是这个时代的主旋律，文学担负着唤醒民众、改造社会的艰巨而又特殊的使命，和文言相比，与口语一致、浅近通俗的白话文无疑就是这个时代的作家们手中最高效的武器。正是基于这一基本事实，郭著在选择“白话”和“情趣”这两个立足点时，重心又在“白话”上面。全书围绕白居易、杨万里、袁枚等几位代表性诗人，分别从历代诗人对元白的继承与创新、选择和运用白话进行诗歌创作的内在动因、运用白话来解放诗歌语言以增强表达功能、白话对诗趣的追求等多个方面，来探析胡适白话文学思想的历史渊源，最后又以此为基础，讨论胡适是如何吸收古典诗歌的养料，创造出富有活力的白话诗。通过多维视角的透视，清晰地勾勒出胡适新文学思想与传统诗学之间的渊源关系，无论是研究路径还是结论，都是能够令人信服的。

郭著整体构思上的这种选择和安排，有着深刻的内在逻辑。首先，传统诗歌为新文学革命提供了历史依据。胡适以进化的眼光来观察文学发展的规律，古典白话诗为其倡导现代白话诗提供了历史依据，表明提倡白话文学是不可阻挡的历史趋势。其次，传统诗歌成为白话文学创作实践的根据。作为历史材料的证明，胡适就列举出唐诗中杜甫、白居易以及宋代的王安石、陆游等著名诗人，认为“白话可以作诗，本来是毫无疑问的”。第三，传统诗歌理论成为新文学理论主张与新变观的参照。白居易以诗歌干预现实的理论主张，袁枚的诗学新变观，作为诗歌传统的精神资源，对胡适新文学革命口号的提出，具有极强的启示意义。郭著沿着这种内在逻辑来展开具体讨论，其整体构思就显得合情合理，观点和结论也就具有很强的说服力。

郭著以胡适的白话文学思想作为全书立论的理论基础。胡适的白话文学思想集中体现在其《白话文学史》一书中，而该书并不是单纯的学术研究著作，“它不仅和‘五四’新文化运动紧密相关，其背后还牵连着清末以来一系列的社会变革要求”[1]，这一点明眼人一看就明白。正因为如此，《白话文学史》在带来巨大的理论突破和创新的同时，其学术上的漏洞和不够谨严之处也就在所难免。比如，白话文革新的领域主要在于散文而非诗歌，但胡适在书中对散文所举的实例比诗歌少得多。骆玉明先生曾指出：“在中国古代散文中，存在白话与文言的对立，两者连语法都是不同的，但在诗歌中并未形成如此截然分明的对立；诗歌语言在最典雅与最浅俗的两极之间，有极大的变化余地（杜甫诗就是典型范例）。胡适大概由于过分强调‘白话文学’与‘古文文学’、‘平民文学’与‘贵族文学’的对立，对此注意不够。”[2]对此，我们今天无须苛责于胡适，因为他自己已经说得很明白了，他写《白话文学史》的目的主要有两个：“第一，我要大家知道白话文学不是这三四年来几个人凭空捏造出来的；我要大家知道白话文学是有历史的，是有很长又很光荣的历史的。……我们懂得了这段历史，便可以知道我们现在的责任是要继续那无数开路先锋没有做完的事业，要替他们修残补阙，要替他们发挥光大。第二，我要大家知道白话文学……就是中国文学史的中心部分。……这一千多年中国文学史是古文文学的末路史，是白话文学的发达史。”[3]其为白话文运动张本的用心昭然若揭。对于后来的研究者来说，对胡适学术上的这种缺陷自然不能视而不见。所以，郭著只探讨传统诗学对新文学革命的影响，而不去涉及其他文体，这就有效避免了胡适白话文学思想中的偏颇与漏洞，显示了作者严谨求实的学术风范和幽微烛照的洞察力。

当然，如前所述，诗歌的情况与散文不大一样，白话和文言的差异在散文中表现得十分明显，而在诗歌中则不大容易区分。比如，元白这样的通俗诗派，他们的诗歌语言虽然比较通俗平易，但是否能算白话诗，这是一个极具争议的问题。在本书中，作者虽然付出很大的努力，比如以古典白话与现代白话将元白等与胡适作区分，但我感觉，这个问题依然没能得到彻底的澄清，这不能不说是本书的一点遗憾和瑕疵。

传统文学与新文学之间的联系极为密切而复杂，其重要性不言而喻，是学术界不能不时时面对和思考的。郭自虎教授已经在这一重大课题上开创了新的局

---

① 骆玉明：《关于胡适的〈白话文学史〉》，胡适撰、骆玉明导读：《白话文学史》，上海古籍出版社1999年版，第2页。

② 骆玉明：《关于胡适的〈白话文学史〉》，胡适撰、骆玉明导读：《白话文学史》，上海古籍出版社1999年版，第9—10页。

③ 骆玉明：《关于胡适的〈白话文学史〉》，胡适撰、骆玉明导读：《白话文学史》，上海古籍出版社1999年版，第1—3页。

面,取得了重要的突破,我们期待他在这个领域中继续深入探索,带给学术界更多的惊喜。

[作者简介:鲁华峰,安徽师范大学文学院副教授,安徽师范大学中国诗学研究中心兼职研究员。]